COMPETIR NO NOVO MUNDO DO TRABALHO

KEITH FERRAZZI
com Kian Gohar e Noel Weyrich

COMPETIR NO NOVO MUNDO DO TRABALHO

ACTUAL

TÍTULO ORIGINAL
Competing in the New World of Work
How Radical Adaptability Separates the Best from the Rest

Publicado por acordo celebrado com a Harvard Business Review Press.

AUTORES
Keith Ferrazzi, Kian Gohar e Noel Weyrich

CONJUNTURA ACTUAL EDITORA, uma chancela de Edições Almedina, S.A.
Avenida Emídio Navarro, 81, 3D -3000-151 Coimbra – Portugal

TRADUÇÃO
Carla Pedro

REVISÃO
Inês Castelhano

CAPA
Joana Carvalho

PAGINAÇÃO
Aresta Criativa – Artes Gráficas

IMPRESSÃO E ACABAMENTO
????????
janeiro 2023

DEPÓSITO LEGAL
????????

ACTUAL | GRUPOALMEDINA

BIBLIOTECA NACIONAL DE PORTUGAL – CATALOGAÇÃO NA PUBLICAÇÃO

FERRAZZI, Keith, e outros

Competir no novo mundo do trabalho / Keith Ferrazzi,
Kian Gohar, Noel Weyrich. - (Fora de coleção)
ISBN 978-989-694-690-6

I – GOHAR, Kian
II - WEYRICH, Noel

CDU 005

Para a equipa radicalmente adaptável da Ferrazzi Greenlight.
Que, no futuro, continuemos a coelevar
e a transformar as equipas que mudam o mundo.

ÍNDICE

1.
ADAPTABILIDADE RADICAL

O deserto de Black Rock, a norte do estado norte-americano do Nevada, é talvez o pior sítio do mundo para milhares de pessoas se juntarem na última semana de agosto. As temperaturas ao meio-dia nos desertos de sal estéreis rondam os 43 °C. As ligações elétricas mais próximas e torneiras com água corrente ficam a mais de 15 quilómetros de distância. Precisamos de óculos e máscaras faciais para nos protegermos das súbitas tempestades de areia com ventos que sopram a 80 quilómetros por hora. Ainda assim, desde 1991 que o deserto de Black Rock atrai 80 mil pessoas por ano para a celebração do Burning Man.

O Burning Man é, intencionalmente, um evento estranho e «do outro mundo», em que muitas das regras do mundo exterior não se aplicam. Durante nove dias, uma comunidade de pessoas aflui ao deserto de Black Rock para participar numa experiência social na qual o dinheiro é proibido e em que se celebra a criatividade extrema. É o único local onde alguma vez verá fãs dos Grateful Dead e músicos clássicos a comporem novas harmonias em conjunto, enquanto pirómanos anárquicos se juntam às elites das tecnologias para construírem gigantescas obras de arte em chamas, espiritualistas da nova era partilham pensamentos profundos com executivos da área dos negócios e ambientalistas trabalham lado a lado com amantes de armas na manutenção do acampamento e na proteção do frágil ecossistema do deserto.

Tudo funciona, não apesar do duro ambiente do deserto, mas graças a ele. As dificuldades partilhadas pela comunidade ao enfrentar estas condições adversas sustentam um forte sentido de compromisso para com uma missão comum e um sentimento de pertença por entre um calor abrasador, noites geladas e o turbilhão das tempestades de areia. «As comunidades não resultam do mero sentido da boa vontade», disse Larry Harvey, cofundador do Burning Man. «Elas nascem de uma luta comum»[1]. A luta pela existência é o que move a colaboração no Burning Man. O impiedoso deserto é um duro teste à criatividade.

Há 16 anos que Keith Ferrazzi ia ao Burning Man, mas a pandemia arruinou os planos para o encontro de 2020. Nessa altura, refletiu com um dos coautores deste livro, Kian Gohar, que também costuma ir, sobre os paralelismos entre as lutas comuns ao mundo inteiro e as lições dadas pelo mundo do Burning Man. Os fundadores do evento caracterizam-no como uma «experiência numa comunidade temporária, dedicada à autoexpressão radical e à autodependência radical»[2]. Depois de muitos meses de investigação, alguns membros da nossa equipa que já tinham participado no evento aperceberam-se de que esta descrição também assenta que nem uma luva à pandemia. O Burning Man é uma experiência de pequena dimensão e deliberadamente social, e a pandemia acabou por se tornar a sua própria espécie de experiência social no local de trabalho, uma experiência acidental e trágica que ocorreu à escala mundial.

Sem sombra de dúvida, a pandemia impôs ao mundo níveis trágicos de adversidade e uma experiência social indesejada em torno do sofrimento e da privação. Ainda assim, devido às dificuldades que colocou nas nossas vidas e ao modo como exigiu que reagíssemos, a pandemia também se revelou uma fonte de tremenda visão, criatividade, inovação e espírito comunitário para muitos de nós, tal como na experiência partilhada de se ser bem-sucedido no deserto. Esperamos que seja um ponto de inflexão poderoso e positivo para todos nós, e neste livro esperamos conseguir partilhar as mais importantes lições de liderança que se aprenderam.

A adaptação acaba por ser *aquilo* que o ser humano faz melhor do que qualquer outro animal do planeta. Não somos os maiores, não somos os mais rápidos e não temos os dentes mais afiados nem as garras mais fortes, mas somos a espécie dominante na Terra graças à nossa extrema e inexorável adaptabilidade à mudança.

O TRABALHO NÃO ESTÁ A RESULTAR

Durante décadas, nós — Keith e Kian — proclamámos que a disrupção da indústria foi muito penosa precisamente por os líderes *não terem conseguido* adaptar as suas estratégias e formas de trabalhar às exigências singulares da disrupção em rápida aceleração. Juntos, concebemos e mediámos centenas de compromissos junto de equipas de liderança a nível global, dando formação a executivos para potenciarem a inovação e as tecnologias exponenciais de modo a construírem um futuro melhor. Pela nossa experiência, é sempre um desafio convencer estes executivos de que as suas culturas de equipa estão presas ao passado e são gritantemente inadequadas para o que aí vem. As competências requeridas para liderar equipas têm vindo a mudar há décadas, e está na hora de reconhecer as vantagens de ir ao encontro destas tendências. A maneira como trabalhamos já não funciona há muito tempo, mas temos continuado presos a formas ultrapassadas de trabalhar como se nos agarrássemos desesperadamente para não cair num abismo.

Foi então que, em 2020, o mundo foi apanhado por um nível de disrupção que poucos poderiam ter imaginado. A necessidade de um novo nível de adaptabilidade no local de trabalho tornou-se premente e não apenas uma competência dos melhores. Todas as práticas que Keith e Kian vinham a recomendar há anos às equipas de executivos tornaram-se elementos obrigatórios, em vez de desejáveis. Num único ano, a adversidade introduziu mais mudanças na maneira de fazer negócios do que tínhamos visto em décadas. Foi um estranho novo mundo de trabalho e, de variadas formas, foi também um fantástico laboratório — que nos ofereceu a todos um quadro em branco no qual pudemos reinventar a maneira como trabalhamos, a forma como realizamos experiências no trabalho e quem queremos convidar para se juntar à conversa.

No nosso entender, abriu-se de par em par uma janela de oportunidade e ficámos empolgados ao ouvirmos muitas pessoas reconhecerem que a crise tinha despertado o melhor que havia nelas e nas suas equipas. «Sabemos como fazer isto», disse Cathy Clegg, líder das iniciativas de transformação no departamento de produção da GM. «É aqui que a GM brilha verdadeiramente». Quando foram forçados a improvisar, Cathy

Clegg e outros líderes estiveram à altura do desafio com níveis sem precedentes de tenacidade, inovação e algumas das chamadas *soft skills** da liderança: humildade e vulnerabilidade. Foi-nos dada permissão para explorarmos sem limites, o que nos fez sentir a mesma liberdade que sentíamos para andar de bicicleta à meia-noite pelo deserto sem estradas durante o Burning Man.

Quando os líderes foram obrigados a pôr de lado a burocracia e a delegar mais as tomadas de decisão, os resultados fluíram mais depressa do que nunca. As empresas responderam colaborando mais intensamente e comunicando com maior profundidade. Os membros das equipas eram mais sinceros uns com os outros e falavam mais livremente e de forma mais direta porque a situação de emergência não criava oportunidades para evitar o conflito de ideias e para ter uma comunicação passivo-agressiva. Os membros da equipa também se tornaram mais generosos. Abandonaram o comportamento isolado de «isso não é da minha competência» e, genuinamente preocupados, perguntavam: «Como posso ajudar?». A crise fez as equipas tomarem medidas, e isso tornou-as melhores.

Em todo o mundo, tanto as pequenas como as grandes empresas foram forçadas a descobrir novos processos, novos mercados e novos modelos de negócio que revelaram ser fontes duradouras de vantagem competitiva. Os restaurantes londrinos de topo, com estrelas Michelin, entraram no negócio das entregas ao domicílio e dos *kits* com refeições prontas a cozinhar[3]. A Stagerkings, uma empresa australiana de criação de palcos para teatro, transitou para o fabrico de secretárias para os escritórios de casa, com a marca IsoKing — e procurou expandir-se para a Europa[4]. A Diaspora Co., empresa de temperos, com os fornecedores na Índia em confinamento, passou a aceitar pré-encomendas como estratégia de fluxo de caixa e viu as vendas dispararem 35%[5]. Em Taiwan — onde as companhias aéreas sem passageiros, em inícios de 2020, deram nova ênfase ao envio de encomendas —, a China Airlines registou um segundo trimestre surpreendentemente rentável[6]. Mesmo num contexto de negócios radicalmente perturbado, as empresas perceberam que

---

* Competências transversais e comportamentais, por oposição às *hard skills*, competências técnicas. [N. da T.]

poderiam prosperar se descobrissem o código da adaptabilidade radical e dominassem as suas aprendizagens.

No entanto, ao mesmo tempo, trabalhar num ambiente de crise deixou muitas pessoas *stressadas* e desgastadas. As horas demoravam a passar e todos os sistemas e processos improvisados sofreram falhas frequentes. Sem o apoio adequado para sustentar estas novas formas de trabalhar, muitas empresas entraram no mero modo de «adaptação à crise». Sem as ferramentas certas e a formação devida, algumas empresas sentiram-se sobrecarregadas e derrotadas. Muitas pessoas tiveram grandes dificuldades em ver a magia e as possibilidades. Queriam que tudo aquilo acabasse. Só queriam regressar ao trabalho.

Essa noção acometeu Keith com um sentido de urgência, a roçar o pânico. E se este novo mundo do trabalho acabasse por ficar eternamente associado à pandemia? E se a tradição e a inércia revelassem ser tão fortes que todos os velhos maus hábitos fossem novamente restaurados assim que a pandemia terminasse? As crises são tão desgastantes que o mais natural é que se queira regressar ao conforto do que nos é familiar. Mas se fizéssemos isso e retomássemos o trabalho da mesma maneira que antes, esse regresso seria outro desastre — podendo durar muito depois de a pandemia ter passado à história.

Na Ferrazzi Greenlight, onde a nossa missão é acelerar a transformação das equipas, percebemos que algumas equipas a que estávamos a dar formação se tinham adaptado extremamente bem em determinadas áreas, ao passo que outras se tinham revelado inovadoras em áreas muito distintas. Keith começou a compor organicamente uma metodologia para clientes, composta por visões e melhores práticas adquiridas com os outros. Começou a realizar pequenas reuniões de clientes para troca de ideias. Foi quando percebeu que aquilo que era preciso era um fórum central para explorar e partilhar o que os melhores dos melhores estavam a fazer para sobreviver.

Tornou-se claro para nós, na Ferrazzi Greenlight, que não deveríamos, de maneira nenhuma, regressar ao modo como as coisas eram anteriormente. Não podíamos dar-nos ao luxo de perder uma dinâmica tão duramente assimilada. Por isso, comprometemo-nos a converter as experiências e lições aprendidas durante a crise em grandes conquistas para os nossos clientes, para as nossas empresas e para ambos.

Queríamos preservar todas as práticas que tínhamos aprimorado durante a crise. Ao mesmo tempo que estamos empenhados nisso, comprometemo-nos a tornar o nosso trabalho neste novo mundo mais resoluto, com mais significado e mais humano.

Que nunca mais estejamos simplesmente de regresso ao trabalho.

Sigamos em frente!

A BASE DE INVESTIGAÇÃO PARA ESTE LIVRO

No Instituto de Investigação da Ferrazzi Greenlight lançámos aquilo que na altura achámos que seria um projeto de alguns meses, chamado Go Forward to Work (GFTW). Recrutámos agentes de mudança junto de grandes empresas, empreendedores e alguns dos mais reconhecidos líderes — pessoas que partilhavam da nossa visão de como as regras de trabalho estavam a ser reescritas dia após dia e não queriam desperdiçar a oportunidade. Queríamos criar um lugar para parar e cocriar aquilo que seria o futuro no espaço de cinco anos: um local para analisar a mudança que seria necessária e que oportunidades empolgantes estavam perante nós, tudo à luz das melhores práticas que estávamos a ver e a partilhar coletivamente com as nossas experiências pandémicas.

Para tal, desenvolvemos parcerias com a Harvard Business Review Press, a Dell Technologies, a Salesforce, a SAP, a EY, a Anaplan, a LHH, a WW, a Headspace, a World 50 e muitas outras marcas e associações. As nossas equipas de investigadores apoiaram a produção de dezenas de histórias publicadas na *Forbes*, *Fast Company*, *The Wall Street Journal* e *Harvard Business Review*. Alcançámos milhares de líderes através de dinâmicas de equipa, sessões de *coaching* e reuniões virtuais em parceria com os membros académicos do nosso GFTW (profissionais e líderes de opinião que orientaram e publicaram a nossa investigação) e membros do GFTW (agentes internos de mudança entre sectores e empresas). Alavancámos *podcasts* e conferências *online* com apelos diretos à ação para se juntarem a este movimento e contribuírem para a nossa investigação coletiva em GoForwardToWork.com.

Sabíamos que tínhamos a responsabilidade de não deixar que esta oportunidade única passasse sem a agarrarmos, por isso, documentámos todas as inovações e melhores práticas que estavam a surgir rapidamente e avaliámos de que forma poderiam liderar a nossa visão nos próximos anos. E usámos redes abertas de conhecimento na conceção de uma metodologia baseada na investigação para perceber o que significa a liderança num mundo radicalmente volátil.

ESTÁ A SURGIR UM NOVO MUNDO DO TRABALHO

Antes da pandemia, Keith e Kian tinham marcado presença em centenas de eventos acerca do *futuro do trabalho*, um termo que, no nosso entender, era apenas uma descontraída expressão de positividade para a pontificação intelectual por parte de líderes de opinião e executivos que achavam que o futuro do trabalho estava num horizonte distante. Mas nós os dois debatemo-nos com este termo, porque o chamado futuro do trabalho tinha estado a acontecer em tempo real, perante nós, durante anos antes da pandemia. Embora andássemos a gritar aos quatros ventos a necessidade de as equipas de executivos abraçarem a mudança, muitas empresas simplesmente ignoravam e operavam de uma maneira similar ao passado. Mas subitamente, em 2020, este futuro do trabalho tornou-se *o presente do trabalho*, e todos os líderes perceberam que tinham de prestar atenção. Tinham de mudar ou ficar para trás.

A nossa investigação GFTW identificou características comuns entre aqueles que estavam a prosperar e revelou as dificuldades com que a maioria dos líderes se estava a confrontar. Constatámos que a urgência da situação estava a descongelar as rotinas paradas no tempo e os protocolos ossificados que durante muito tempo tinham colocado obstáculos ao crescimento e à mudança. Demos por nós a ver um novo mundo do trabalho a emergir do velho mundo (ver Figura 1-1). No novo mundo pandémico, as empresas experimentaram coisas que nunca teriam tentado em circunstâncias normais no velho mundo. Projetos em que ninguém queria agarrar subitamente fizeram sentido. Projetos de transformação digital que antes tinham um plano de implementação de cinco anos materializaram-se literalmente da noite para o dia. Os tempos do ciclo de desenvolvimento dos produtos reduziram-se a frações dos tempos anteriores. Pequenas experiências acidentais deram frutos que

Figura 1-1. Comparação entre o velho e o novo mundo do trabalho

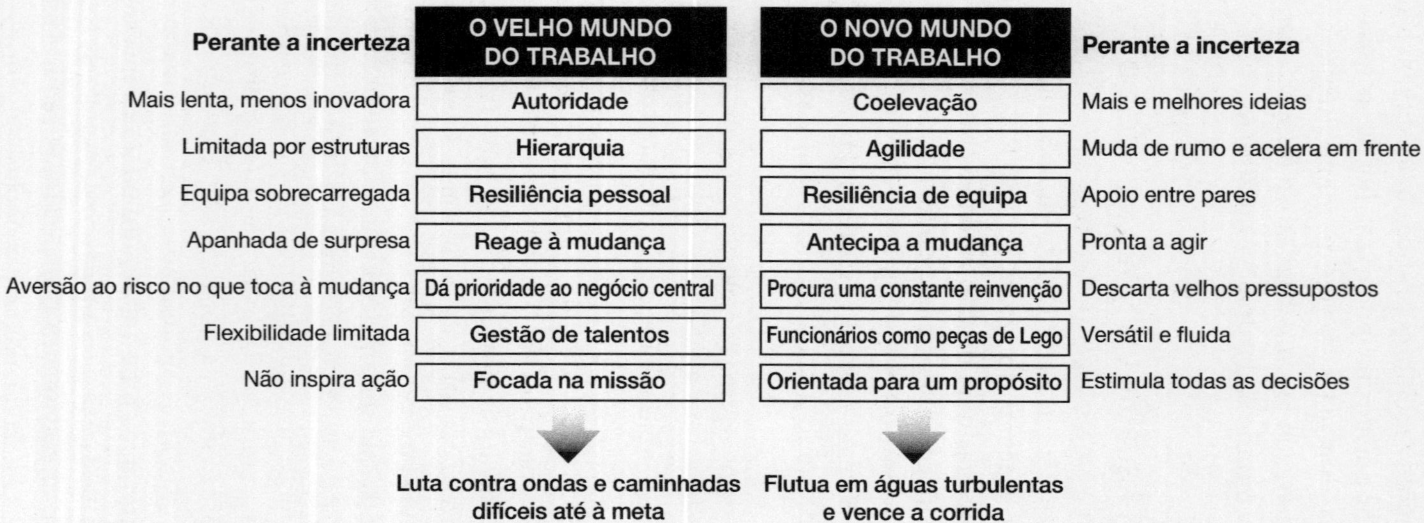

levaram a grandes sucessos. As empresas repensaram a sua pegada física no local de trabalho e fecharam os seus edifícios de escritórios. Mostraram-se, mais do que nunca, abertas a acordos de trabalho flexível e mudaram semana após semana, cocriando importantes escolhas estratégicas rapidamente. Os níveis de apoio mútuo foram impressionantes, à medida que os membros das equipas se *coelevavam* — elevaram-se uns aos outros, num espírito de corpo de desenvoltura e experimentação.

«A covid tornou-se o inimigo comum», recordou Pam Klyn, vice-presidente do departamento de produto e marcas na Whirlpool. Quando a pandemia obrigou ao encerramento dos laboratórios de Investigação & Desenvolvimento (I&D) da Whirlpool, os trabalhadores recorreram à testagem das peças das máquinas de lavar nas caves e garagens das suas casas. Eles trocavam peças para serem testadas, encontrando-se com colegas membros das suas equipas nos locais combinados, em lanços específicos de vias rápidas interestaduais. Quando o novo centro técnico da Whirlpool estiver pronto a abrir, no Sudoeste do Michigan, as equipas de Klyn já lhe disseram que querem trabalhar para o futuro, não querem retroceder. «Tem tudo que ver com sustentabilidade energética», explicou Klyn. «As pessoas querem preservar o que conquistaram.»

ADAPTABILIDADE RADICAL: UM MODELO PARA O SUCESSO NO NOVO MUNDO DO TRABALHO

A partir das entrevistas que realizámos no âmbito da nossa investigação, junto de mais de 2 mil líderes durante a pandemia, identificámos um padrão consistente de competências de liderança bem-sucedidas por entre as várias indústrias e sintetizámo-las numa nova metodologia de liderança para um futuro em que se observa uma aceleração da mudança e da incerteza. Chamamos a esta metodologia *adaptabilidade radical* (ver Figura 1-2); apresenta todas as lições de liderança surgidas durante a crise, sob a forma de um modelo sustentável para liderar a mudança contínua ao longo dos próximos anos de repentina agitação, oportunidade e transformação.

Os sete capítulos que se seguem representam as melhores práticas sobre como construir um futuro radicalmente adaptável para competir neste novo mundo do trabalho. Os Capítulos 2 a 5 descrevem como criar uma *equipa* radicalmente adaptável, e os Capítulos 6 a 8 mostram como alavancar essa equipa de modo a criar uma *organização* radicalmente adaptável. No seu conjunto, estes sete capítulos formam um ciclo infinito que reforça a adaptabilidade radical e a transformação.

Os Capítulos 2 a 5 debruçam-se sobre as competências-chave de liderança que, quando sobrepostas, criam um estado de fluxo circular para as equipas operarem no seu desempenho máximo.

Figura 1-2. Adaptabilidade radical

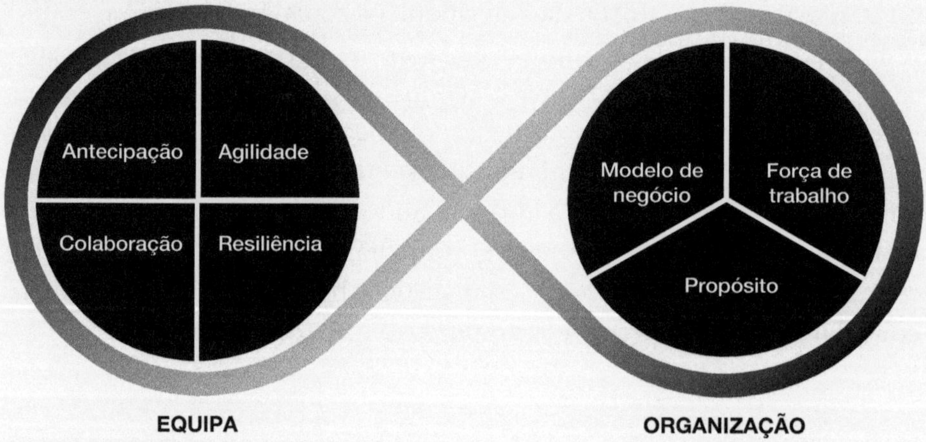

1. *Colabore através da inclusão.* Abrace a possibilidade de uma maior diversidade do trabalho de equipa de forma virtual, remota e híbrida para impulsionar consideravelmente a inovação.
2. *Lidere através de uma empresa ágil.* Alargue e expanda o *éthos* cultural dos *sprints* de curto prazo que nos mantiveram na nossa trajetória durante a crise, e encontre um sistema operativo que nos permita prosperar de forma sustentável por entre a contínua volatilidade.
3. *Promova a resiliência da equipa.* Recupere e siga em frente perante as adversidades e reconheça que os bons líderes lutam para manter as energias emocionais e físicas da equipa.
4. *Desenvolva uma antecipação ativa.* Aprenda a antecipar o que está para vir, de modo a evitar riscos insuspeitos e a explorar sistematicamente novas possibilidades.

Os últimos três capítulos apresentam um modelo operacional para que a sua equipa radicalmente adaptável crie uma organização radicalmente adaptável, alocando as competências radicais e adaptáveis da equipa — colaboração, agilidade, resiliência e antecipação — a três aplicações que devem estender-se a toda a empresa.

5. *Crie um modelo de negócio à prova de futuro.* Desenvolva um processo contínuo de experimentação para criar e concretizar a visão futura da empresa sobre si mesma.
6. *Crie uma força de trabalho que se encaixa.* Redesenhe a sua força de trabalho de modo a alicerçar um futuro flexível, ágil, economicamente viável e criativo.
7. *Otimize o seu propósito.* Crie um movimento de adaptabilidade radical, identificando e comunicando o propósito de longo prazo da sua organização.

A essência da adaptabilidade radical está no facto de ser preditiva, proativa e progressiva, contrariamente à típica resposta à mudança, que é inerentemente reativa e conformista. Por definição, a adaptabilidade é a capacidade de ajustamento a novas condições. A adaptabilidade é um mecanismo de reação. *A adaptabilidade radical é um mecanismo transformacional.* A adaptabilidade radical prepara-o para antecipar constantemente a mudança, para a reinterpretar e se transformar a si mesmo através da mudança. Através da adaptabilidade radical, consegue abraçar o novo mundo do trabalho e crescer com ele, ao passo que outros apenas se ajustam e adaptam a ele.

COMPETIR NO NOVO MUNDO DO TRABALHO

Acreditamos que a adaptabilidade radical é o que melhor descreve o que cada empresa pode e deve fazer nos próximos 18 meses para dar um salto de cinco anos. Se assim não for, a sua empresa será deixada para trás pela concorrência. Em 2020, acelerámos a mudança que esteve anos a ser planeada, apesar de a pandemia ter sido extenuante. Ao seguir em frente, acreditamos que pode prosperar e ter mão no futuro, *se* usar a metodologia de investigação oferecida pela adaptabilidade radical e a concretizar de maneiras que fortaleçam a sua organização e não a desgastem. A urgência de mudança é real. O desafio está em saber como manter a sua energia e paixão através da mudança e não se deixar desmoronar com a pressão e ritmo dessa mudança.

Tornou-se claro para nós que sustentar a vantagem competitiva num mundo pós-pandémico irá obrigar a que os líderes dominem a adaptabilidade radical todos os dias e em todas as funções da organização. As especificidades são diferentes para cada empresa, mas a estrutura da adaptabilidade radical inspirará líderes a catapultarem as suas organizações, a recuperarem o tempo perdido, a aceitarem novas realidades e a conquistarem novas fronteiras.

Embora a palavra *transformação* atualmente seja usada de forma excessiva, a adaptabilidade radical requer uma verdadeira liderança transformadora. Os tradicionais processos de trabalho, modelos de negócio e estruturas das forças de trabalho não nos prepararão para o futuro que está a surgir mais depressa do que a maioria imaginaria. A título de exemplo, faça uma pausa para visualizar aquilo que acha que será a realidade do seu emprego ou sector onde trabalha dentro de cinco anos. Há uma boa probabilidade de todas essas coisas precisarem de ser feitas nos próximos 18 meses se quiser ser algo mais do que um seguidor e se não quiser perder terreno para a concorrência. Os obstáculos para o sucesso aumentaram exponencialmente e o campo de jogo ficou simultaneamente mais rochoso. Este novo mundo do trabalho requer um novo conjunto de atitudes, processos e práticas que alcançarão não apenas 10% de melhorias face a outrora, mas também dez vezes a transformação necessária para o preparar para um futuro que é mais rápido do que pensa.

A diferença está toda na forma como escolher seguir em frente.

Enraizado na nossa apetência humana inata para a adaptabilidade está o nosso impulso instintivo de dar significado às cinzas da catástrofe. Os desastres sempre funcionaram, para a Humanidade, como motores de inovação e progresso. O Grande Incêndio de Chicago, de 1871, também muniu Chicago das mais avançadas leis de prevenção de incêndios em todo o mundo. A epidemia de cólera na década de 1800 fez a cidade de Nova Iorque criar códigos sanitários de alta qualidade. O mortífero terramoto de 1995 em Kobe trouxe ao Japão os regulamentos de construção mais rigorosos e inteligentes do mundo. Da mesma forma, a pandemia da covid-19 deu-nos um novo conjunto de códigos de primeira linha para o mundo do trabalho se quisermos avançar com eles.

Os desastres não são meros destruidores. Eles revelam. Deixam a descoberto as fraquezas nas estruturas humanas — tanto físicas como sociais —, cuja utilidade já tinha mais do que passado de prazo quando o desastre aconteceu. Foi isso que sucedeu em 1871, quando os edifícios em Chicago — com estruturas em madeira — da abarrotada baixa da cidade arderam como fósforos. Foi também o que sucedeu em 2020, quando hierarquias e burocracias foram expostas pelas suas insuficiências, ao mesmo tempo que equipas e redes de pessoas surgiam e afirmavam: «Isto é quando estamos no nosso melhor.»

A pandemia revelou, em maior ou menor grau, grande parte do que não estava a funcionar no mundo do trabalho há muito tempo: abordagens hierárquicas descendentes, demasiado planeamento, processos esgotantes, reativos, burocráticos, estáticos e orientados para a missão com um foco muito limitado. Agora fomos todos convidados a aderir a um novo mundo do trabalho que já estava a emergir há muitos anos e que é colaborativo e inclusivo, ágil, resiliente, antecipatório, reinventivo, flexível e motivado para o propósito.

As novas formas de pensar não são instantâneas. Por vezes, é necessária a imersão num mundo novo e estranho para reconhecer que o mundo familiar não nos estava a servir muito bem.

LIDERAR NO NOVO MUNDO DO TRABALHO

Há alguns anos, Keith levou ao Burning Man um dos maiores executivos de topo a nível mundial do ramo automóvel, alguém a quem chamaremos François, por motivos de confidencialidade. François apareceu com uma *t-shirt* desportiva, calções caqui e um espírito curioso, mas altamente cético.

Assim que recuperou do pequeno choque de ver o que todos os outros vestiam (ou não vestiam), François dirigiu-se naturalmente para as centenas de fanáticos dos carros que criam os veículos mutantes do

Burning Man — máquinas automóveis bizarras que são um misto de genialidade de engenharia e inspiração artística. Um artigo publicado em 2019 pela *Motor Trend* sobre o Burning Man incluía imagens de um dragão que cuspia fogo criado a partir do *chassis* de uma carrinha *SMC Safari*. Uma outra foto mostrava um veículo que parecia um tubarão de aço de 12 metros de comprimento com as entranhas de um *Cadillac*, e uma outra mostrava um autocarro de dois andares transformado em quatro plataformas e repleto de luzes LED[7].

François passou imenso tempo com os criadores dos veículos mutantes. Um deles era um génio excêntrico que, ficou François a saber, era engenheiro de *design* numa das empresas concorrentes de François e fez reflexões fantasiosas sobre as possibilidades do futuro da mobilidade e sobre o quanto teria de trabalhar para tornar esse sonho uma realidade. François partia do princípio de que conhecia muito bem o sector automóvel, mas este génio louco mostrou-lhe o quanto lhe faltava em inspiração e imaginação. Esta conversa teve um enorme impacto para ele.

Numa das noites, levou o génio excêntrico para experienciar algo a que Keith chama de *exercício da alteridade* [colocar-se no lugar do outro]. Keith pede a cada convidado que regresse à hora de jantar com um desconhecido sobre o qual tenha uma opinião forte — alguém que, fora do mundo do Burning Man, considerariam uma pessoa estranha e excessiva e que iriam evitar. Durante a refeição, Keith facilitou a conversa, tal como faria num exercício de formação de equipas, levando os convidados do jantar a conhecer o estranho que noutras circunstâncias talvez considerassem como sendo «o outro», como uma forma de desenvolver empatia e compreender o desconhecido. Tanto nos negócios como na vida, a empatia é um caminho seguro para alargamos as nossas perspetivas e o nosso sentido de oportunidade.

Antes do final do Burning Man, François confidenciou que a experiência vivida o tinha feito questionar tudo sobre o seu estilo de liderança. Questionou-se sobre o porquê de não ter dado hipótese aos seus funcionários mais criativos de se expressarem através do seu trabalho, muito à semelhança do que tinha feito o extravagante génio da engenharia. E questionou-se sobre se o entusiasmo e empenho a que tinha assistido junto dos criadores de veículos mutantes poderia ser libertado na sua própria equipa quando regressasse ao trabalho. Começou a questionar-se se tinha inconscientemente servido como ferramenta de uma hierarquia e burocracia que já não se lhe adequava, nem aos seus funcionários nem à empresa. No final da semana, François trocou a *t-shirt* desportiva e os calções caqui por uma tanga de cores fluorescentes.

Depois do Burning Man, François regressou ao seu mundo familiar a sentir-se revigorado e desejoso de transmitir a inspiração à sua equipa. Decidiu criar formas de ouvir as suas ideias mais atentamente — tanto formal como informalmente — e decidiu dar-lhes mais liberdade para tomarem decisões a níveis mais profundos da empresa e confiar neles para cocriarem soluções mais arrojadas, com menos verificações burocráticas. Nessa altura, a transição da indústria automóvel para a energia elétrica estava em ascensão e, embora o compromisso da empresa para com a transformação estivesse longe de estar articulado, alguns membros da equipa de François insistiram em trabalhar naquilo que poderia e deveria ser a estratégia de transformação. Nos 18 meses que se seguiram, desenvolveram alguns novos *designs* verdadeiramente brilhantes e levaram a empresa a ter resultados otimizados em matéria de desenvolvimento de produto — que, de outra forma, não teriam acontecido.

Os muitos meses despendidos na estranheza de uma pandemia expuseram-nos à mesma possibilidade de transformação pessoal que François viveu no Burning Man. Tanto podíamos enfiar-nos numa tenda e esperar que a tempestade de areia passasse como podíamos tentar passar e encontrar o nosso caminho noutras dimensões, ao explorarmos o desconhecido através da adaptabilidade radical. Durante a pandemia, testemunhámos quão rápido e longe as pessoas conseguem ir quando lhes é dada a oportunidade de estarem à altura dos acontecimentos e gerirem a sua saída de crise após crise. É esse o carácter da adaptabilidade radical.

MOLDAR O FUTURO

Construir um novo mundo do trabalho não será fácil. Os próximos anos de recuperação e renovação constituem uma oportunidade histórica de refazermos as nossas organizações e os nossos futuros, mas só se aceitarmos isto como um ponto de inflexão para uma verdadeira reinvenção. A forma radicalmente adaptável de liderar descrita neste livro pretende ser uma aplicação «à prova de futuro» [capaz de perdurar] do seu estilo pessoal de liderança e da sua empresa. É por isso que é construída com base no pressuposto de que, no futuro próximo, iremos todos avançar para trabalhar num novo mundo de constante mudança e disrupção. É essa a promessa deste livro: ajudá-lo a desenvolver um estilo e estratégia sustentável de liderança que o oriente pelas marés baixas, *tsunamis* e mares tranquilos. Acreditamos convictamente que a lição número um da pandemia tem de ser a de que todos temos de desenvolver uma estratégia para sobrevivermos a choques similares no futuro, quer sejam acontecimentos quer seja a implacável disrupção da mudança tecnológica e social.

Agora que este livro está a ir para a gráfica, para ser impresso, a nossa investigação GFTW continua, e estendemos-lhe o convite para que se junte ao movimento e contribua para o estudo, em GoForwardToWork.com. As páginas que se seguem representam as melhores práticas e perspetivas decorrentes de mais de um ano desta investigação coletiva. No entanto, para se executar a adaptabilidade radical, as metodologias, por si só, não serão suficientes para competir num novo mundo do trabalho.

Porquê? Lembre-se deste nome: Tilly Smith.

Em finais de 2004, Tilly Smith, uma menina de dez anos do Surrey, em Inglaterra, estava a passar férias com os pais, nas férias de Natal, num pequeno e isolado *resort* em Phuket, na Tailândia.

Tilly estava a passear na praia com a mãe quando a água aos seus pés começou a ficar estranha. «O mar estava espumoso, como a parte de cima de uma cerveja, e estava a borbulhar», recordaria mais tarde[8].

Na escola, duas semanas antes das férias, Tilly tinha visto um documentário sobre o devastador *tsunami* de 1946 no Havai, que tinha provocado a morte a 96 pessoas na cidade à beira-mar de Hilo[9]. O vídeo descrevia de que forma o *tsunami* tinha apanhado de surpresa os habitantes de Hilo, porque não conseguiram reconhecer os sinais de perigo quando as águas na Baía de Hilo começaram a espumar e a efervescer minutos antes de a grande onda chegar.

Assustada com o que sabia sobre a água a borbulhar aos seus pés, Tilly puxou o braço da mãe e avisou-a de que ia haver um *tsunami*. A mãe mostrou-se cética, mas Tilly começou a gritar e a contar-lhe a aula.

A mãe de Tilly acabou por ceder e tanto ela como o marido espalharam a palavra. Os seguranças do hotel retiraram as pessoas da praia e o grande *tsunami* do Oceano Índico chegou minutos mais tarde. Nas horas que se seguiram, mais de 200 mil pessoas foram mortas pelas ondas do *tsunami* em toda a bacia do Oceano Índico. As cidades costeiras da Tailândia tiveram dezenas de milhares de mortes, mas a praia isolada onde Tilly e a sua família estavam foi a única na Tailândia com zero fatalidades[10].

Quando Tilly regressou a casa, em Inglaterra, foi aclamada como heroína por ter salvado mais de uma centena de vidas naquele dia, e tudo porque tinha aprendido tão bem a lição na escola[11]. Mas não foi propriamente isso que fez dela uma heroína.

Foi importante, é claro, que Tilly tivesse conhecimentos e perceção sobre os *tsunamis* e sobre o porquê de a água estar tão estranha, mas isso foi apenas metade da equação. O que fez de Tilly uma heroína foi a sua determinação, a sua convicção daquilo que sabia, e a coragem de que precisou para pôr o seu conhecimento e perceção em ação.

Tilly sabia algo importante sobre o mundo que a mãe não sabia. Quando a mãe de Tilly começou por tentar desdramatizar os avisos da filha, Tilly não recuou.

Em vez disso, ficou zangada, dizendo à mãe: «Ok, vou deixar-te aqui, porque de certeza que vai haver um *tsunami*.» Isso foi suficiente para a mãe de Tilly ficar impressionada e achar que a filha poderia ter razão, tendo alertado os seguranças do hotel com o pai de Tilly. Minutos depois, quando se deu o *tsunami*, todos os hóspedes e funcionários estavam abrigados, em segurança, nos andares mais altos do *resort*[12].

A coragem, e não o conhecimento, foi o que fez de Tilly Smith uma heroína. O conhecimento foi essencial, mas sem a coragem das suas convicções — sem expressar a sua justificada raiva à mãe naquele momento crucial — os seus conhecimentos sobre *tsunamis* teriam morrido com ela naquele dia, bem como com os seus pais e todas as outras pessoas que estavam na praia.

De todos os empenhados agentes da mudança que contribuíram para este livro, este é o desafio deles para si: ser este tipo de herói. Ser como Tilly. Ser a voz solitária que se faz ouvir porque consegue ver o que está para vir no novo mundo do trabalho. Guarde este conhecimento, absorva estas perspetivas e depois ponha em prática a coragem necessária para ser o líder radicalmente adaptável que os coloca em ação. E quando os seus colegas rejeitarem, quando talvez até o seu chefe lhe disser que não conseguirá pôr isso em prática, não recue.

Pense em Tilly Smith.

Defenda o que sabe ser verdade.

Lute pelas ações que sabe serem necessárias para competir na qualidade de líder radicalmente adaptável, e seja um vencedor neste novo mundo do trabalho.

Mostre que tem pelo menos a coragem da menina de dez anos mais heroica do mundo.

2.

COLABORE ATRAVÉS DA INCLUSÃO

A pandemia forçou uma súbita revolução na colaboração na maioria das organizações. A necessidade de começar a operar através de trabalho remoto expôs uma consciencialização crescente daquilo que sempre foi um facto: a colaboração nada tem que ver com o sítio *onde* os funcionários estão a trabalhar; tem tudo que ver com a forma *como* aparecem para trabalhar. Os resultados sempre foram mais importantes do que o estar presente, mesmo que o desempenho não tenha sido sempre medido ou recompensado desse modo.

À medida que as empresas começaram a reconsiderar as políticas relativamente ao trabalho remoto, começou a surgir muita imprudência no debate. Muitos líderes continuaram a insistir que o trabalho presencial é, naturalmente, a melhor forma de colaboração, citando exemplos de equipas que se tinham tornado menos produtivas ao fazerem um mau trabalho a nível remoto. O problema é que muitas empresas fizeram a transição para o trabalho remoto estritamente com base na sobrevivência, acabando por negligenciar o potencial de todas as oportunidades trazidas pelo trabalho remoto. As empresas que atingiram níveis mais elevados de produtividade — ao otimizarem verdadeiramente as suas práticas de trabalho remoto com vista a uma melhor colaboração e a uma inclusão mais vasta — foram relativamente poucas.

Ao mesmo tempo, 2020 provocou um novo despertar na importância da diversidade, igualdade e inclusão no local de trabalho, à medida que as empresas se foram comprometendo seriamente com métricas de diversidade em áreas como igualdade salarial, igualdade de cargos e igualdade nos conselhos de administração. Em debates realizados com centenas de executivos no Instituto Go Forward to Work (GFTW), tornou-se claro que os líderes precisam de pensar além destas métricas e procurar criar uma cultura de inclusão e pertença autêntica. Tem de haver um compromisso correspondente para ouvir diferentes vozes dentro das organizações.

Telva McGruder, diretora de diversidade, equidade e inclusão (DEI) na General Motors, resumiu-o bem: «Se conseguirmos aproveitar o apelo à inclusão que hoje se faz em torno da erradicação do racismo — usando-o como alavanca para realmente fazer com que os líderes mostrem abertura para ouvir as pessoas —, esse será o passo certo para desencadear a inovação integral».

Na Ferrazzi Greenlight, a nossa formação enfatiza, há muito, o importante papel da inclusão na colaboração, e o novo mundo do trabalho permite e requer que a inclusão seja alcançada em escala. A inclusão no local de trabalho tem de se estender à raça, etnicidade, género, idade, orientação sexual e capacidade física, porque é o melhor a fazer e porque toda a inovação e transformação bem-sucedida beneficiam da inclusão da verdadeira diversidade de vozes e perspetivas.

O problema, no entanto, é que poucas equipas corporativas mostram a cultura inclusiva necessária para liderar a nossa diversificada força de trabalho através dos desafios da transformação empresarial. De facto, a maior parte das equipas não possui os comportamentos colaborativos essenciais que já provaram ser os mais eficazes em equipas de alto desempenho. A título de exemplo, há estudos levados a cabo no Instituto de Investigação da Ferrazzi Greenlight (berço do GFTW) que apresentaram as seguintes estatísticas:

- Só duas em cada cinco equipas executivas começam o programa de formação a sentir que as suas equipas estão ligadas por relações de cuidado, confiança e apoio.
- Setenta e quatro por cento dos membros de equipas evitam o conflito e não têm coragem de dizer aquilo que pensam.
- Setenta e dois por cento dos membros das equipas não acreditam que eles ou os seus pares colaboram nos problemas empresariais mais importantes.

- Setenta e um por cento dos membros das equipas reportam conversas e fofocas que dificultam a comunicação honesta de problemas, provocam desânimo e impedem que as equipas se unam.

Práticas de elevado retorno para competir no novo mundo do trabalho

1. **Pratique a cocriação através da coelevação.**
2. **Rompa os silos ao trabalhar em equipa.**
3. **Hibridize o trabalho em equipa através da inclusão e do *crowdsourcing**.**
4. **Aprofunde as parcerias externas.**
5. **Expanda os seus *personal coaches* num mundo à distância.**

A inclusão é o ingrediente vital que falta a estas equipas. Tal como Telva disse, «a inclusão não está apenas ao serviço da agenda da DEI [diversidade, equidade e inclusão]. É essencial para a capacidade de transformação de qualquer equipa».

A pandemia obrigou muitas equipas a entrarem no modo de crise, e a natureza humana tornou-as mais próximas no seu ambiente não familiar, privado de recursos. Chamemos-lhe o efeito Burning Man. Os participantes no estudo da GFTW partilharam histórias nas quais se tornaram inovadores por força da urgência. Deixaram de se cingir à sua zona de conforto para simplesmente fazerem o seu trabalho, reuniram ideias, destruíram silos e trouxeram os seus clientes para mais perto porque as equipas já não podiam ir ter com eles. Contaram ter criado parcerias mais aprofundadas com fornecedores porque tinham interesse na sua sobrevivência. Em vez de tentarem que os fornecedores baixassem os preços, os membros das equipas ligavam-lhes para lhes perguntar «Está tudo bem?».

Na forma mais íntima de colaboração, todos nós estávamos mais prontamente abertos aos outros como formadores ao nível da aprendizagem

---

* Criação colaborativa; rede aberta de obtenção de serviços, ideias e conteúdos a partir de uma comunidade *online*. [N. da T.]

informal e do desenvolvimento profissional. Começámos a perceber que há pessoas cujos conselhos podíamos procurar em todo o lado, mas que tínhamos de as abordar deliberadamente, em vez de aguardar por um encontro ocasional.

Do nosso ponto de vista na Ferrazzi Greenlight, onde temos vindo a formar equipas no sentido da colaboração e inclusão há já 20 anos, a pandemia revelou a eficácia de várias práticas que há muito defendíamos. Em setembro de 2012, Keith organizou um *webinar* para a revista *Harvard Business Review* (HBR) intitulado «How Virtual Teams Can Outperform Traditional Teams» [Como é que as equipas virtuais podem superar as equipas tradicionais a nível de desempenho]. Entre 2012 e 2014, escreveu mais de uma dúzia de artigos para a HBR sobre práticas de elevado retorno e eficiência das equipas híbridas, todos eles baseados em pesquisas originais — com um investimento de milhões de dólares — feitas pela Ferrazzi Greenlight e pelos seus parceiros corporativos[1].

Durante e após o ano pandémico de 2020, estudámos dezenas de empresas que tinham sido subitamente imersas no novo mundo do trabalho virtual e remoto. Quando apresentámos as nossas práticas de elevado retorno a estas equipas e comparámos depois os resultados de desempenho com os seus valores de referência pré-pandemia, documentámos alterações consideráveis em todos os indicadores das equipas de elevado desempenho. Esses indicadores incluíam sinceridade, responsabilidade e desenvolvimento. Também estudámos equipas virtuais que não estavam a usar as nossas práticas de elevado desempenho e constatámos que a sua *performance* tinha piorado. O trabalho virtual e remoto em equipa *funciona*, mas apenas se for bem feito.

Estas e outras descobertas sobre melhores práticas e metodologias fazem com que este seja o capítulo fundamental para a adaptabilidade radical. O capítulo está organizado em cinco passos, que começam com a sua equipa principal e mostram como fazer a transição das competências tradicionais de liderança para as competências de coelevação de uma equipa. A partir daí, redefinimos e expandimos totalmente a definição de equipas. Mostramos como *formar equipas* para lá dos silos internos e dos limites do organograma. Daí, avançamos para o uso de ferramentas virtuais, de modo a encontrar soluções através do *crowdsourcing* de toda a organização; analisamos o estabelecimento de parcerias com fornecedores e clientes e a coelevação com os pares de dentro e de fora da organização com vista ao crescimento e evolução. Estas práticas de elevado desempenho, fundamentais para a colaboração, vão sendo abordadas ao longo deste livro, e algumas aplicam-se em quase todos os capítulos que se seguem.

Da pandemia emergiu este novo mundo do trabalho com uma necessidade extrema de novas regras nos estilos de trabalho virtuais, remotos, assíncronos e híbridos. A pandemia introduziu uma cultura de colaboração e inclusão que muitos de nós vinham a defender há já muitos anos. Agora, temos uma oportunidade única para instituir uma mudança permanente.

«O dinheiro poupado em renda e custos associados a viagens não pertence à rubrica dos lucros», diz Martin Lindstrom, autor do *best-seller Buyology* e um dos 20 principais pensadores do mundo dos negócios, de acordo com o Thinkers50. «Pertence, isso sim, à rubrica dos investimentos na cultura colaborativa. Agora, está na altura de reinventar o que a cultura organizacional significa.»

PRATIQUE A COCRIAÇÃO ATRAVÉS DA COELEVAÇÃO

Em 2020, a pandemia obrigou as empresas a um novo padrão de comportamentos altamente colaborativos que vimos repetidamente na nossa investigação sobre equipas de alto desempenho em regime de coelevação. Durante muito tempo, um trabalho de equipa levado a cabo de forma cordial e cooperativa era o suficiente para realizar o trabalho. Os membros de uma equipa trabalhariam de forma independente, cumprindo as suas funções e obrigações designadas e só colaborariam realmente quando fosse necessário. Mas, nas equipas de elevado desempenho, o objetivo é ir além da cooperação e criar uma dinâmica de cocriação constante e ilimitada. Nessas equipas, os membros interdependentes partilham a responsabilidade pelos resultados uns dos outros, ajudam-se mutuamente quando um deles precisa de apoio e partilham a responsabilidade de cruzarem a linha da meta juntos. Essa é a essência daquilo a que chamamos trabalho de equipa de coelevação, quando os membros de uma equipa criam juntos resultados que também fazem evoluir as suas capacidades enquanto indivíduos. As novas ferramentas de trabalho virtual e misto tornam esta mensagem mais atrativa e mais adequada ao novo mundo do trabalho, em que o trabalho em equipa ultrapassa a mera cooperação e se torna verdadeiramente cocriativo.

COMO A FOX FACTORY SE CONVERTEU NUMA EQUIPA DE COELEVAÇÃO

Mike Dennison era CEO há relativamente pouco tempo na Fox Factory, no Norte da Califórnia, quando 2020 o presenteou com uma série de desafios complexos: como vamos abordar a reengenharia organizacional exigida pela pandemia, tendo como pano de fundo os incêndios florestais locais, a agitação social, as quarentenas dos clientes e as cadeias de fornecimento sobrecarregadas? E como é que fazemos tudo isto sem nos desviarmos da estratégia audaciosa de duplicar o valor da nossa empresa para 2 mil milhões de dólares no período de cinco anos?

A Fox Factory desenha e produz peças de alto desempenho para motas de neve, bicicletas de montanha, veículos todo-o-terreno, carros *off-road*, camiões e veículos utilitários desportivos. A empresa funcionava tradicionalmente como um conjunto de linhas de produtos, com o líder de cada linha de produtos a ser responsabilizado pelos seus resultados. Mike estava decidido a aproximar as duas divisões [desenho e produção] da empresa, em parte motivado por problemas operacionais causados pela pandemia, mas, principalmente, porque a colaboração entre equipas com vista à concretização de objetivos comuns estimularia o crescimento e criaria novo valor para a interdependência de equipas. A colaboração e a inclusão — para se tornar uma equipa de coelevação — era o caminho. Numa reunião virtual com os seus mais recentes membros da equipa de diferentes zonas do país, Mike colocou uma questão em cima da mesa: «o que podemos fazer para aumentar o nosso crescimento em 30%, para lá das aquisições e do tradicional plano de crescimento?». Ele sabia que o ambicioso crescimento futuro da Fox Factory só seria atingido através de uma total reengenharia da estratégia comercial e da estratégia de desenvolvimento do produto, mas não restringiu a pergunta a uma das divisões ou ao departamento de *marketing*. Era um problema que cabia a todos resolver.

Em finais de 2020, a Fox Factory tinha tido trimestres recorde tanto em vendas como em lucros por ação. Os fantásticos resultados, disse Mike, «reforçaram a nossa confiança de que podíamos lidar com qualquer crise tática através de iniciativas estratégicas e de um novo sistema operativo de coelevação. Enquanto o trabalho do dia-a-dia estava a ser feito, fomos ainda capazes de implementar sistemas de gestão de fundo realmente colaborativos e processos para o futuro. Foi um verdadeiro testemunho de alinhamento e trabalho de equipa sem precedentes que fomos capazes de adotar no seio da organização».

Unirem-se como uma equipa integrada foi a única forma de lidar com tantas crises ao mesmo tempo. «Precisámos de nos manter incrivelmente ágeis, à medida que os novos desafios se alteravam diariamente, desde os casos de covid aos fogos florestais, passando pela agitação social e pela sobrecarga das cadeias de fornecimento», sublinhou Mike. «De facto, houve muitas semanas em que batalhávamos ao mesmo tempo com todas as questões que acabei de enumerar. O sucesso foi medido tanto em termos de sobrevivência organizacional e empresarial como em termos de melhoria real rumo aos nossos objetivos de longo prazo.»

Vimos equipas de coelevação como a da Fox Factory criarem dezenas de milhares de milhões de dólares em valor acionista através da inovação e da transformação, apoiadas na teimosa recusa das pessoas em deixarem-se falhar. Keith ensinou estes mesmos comportamentos e práticas de coelevação a algumas das mais antigas e hierárquicas empresas da *Fortune* 500, a médias empresas e até a *start-ups* em rápido crescimento. Em todos estes casos, as equipas de mais elevado desempenho, alimentadas pela coelevação, foram capazes de descobrir um crescimento inesperado e controlar os riscos de perdas. Partilharam o peso da liderança e lutaram unidos como um grupo de irmãos e irmãs para atingirem objetivos audaciosos e resultados extraordinários. O primeiro passo nessa jornada foi o de concordarem explicitamente com novas normas de comportamento para o trabalho em equipa: assumir um *novo contrato*.

UM NOVO CONTRATO SOCIAL COM VISTA À COELEVAÇÃO

A função de um verdadeiro líder que coeleve é promover uma ideia partilhada de responsabilidade entre os membros da equipa e alimentar um *éthos* comum em que cada um se compromete com o sucesso dos outros. Antes da integração das operações da Fox Factory, cada linha de produção crescia ou caía com base no seu próprio desempenho. Mas, para atingir o tipo de crescimento que Mike desejava, teria de haver uma forma de pensar mais ousada que fizesse com que os líderes de todas as linhas de produto procurassem novas formas de colaboração. Os membros das equipas das linhas de produto tinham grande responsabilidade e atingiam as suas metas e compromissos. Diante de uma crise, e com as suas novas aspirações de crescimento, tiveram de se empenhar na responsabilização conjunta. Em vez do tradicional conceito de equipa *hub-and-spoke* [radial], com o líder ao centro, a coelevação requer interdependência entre os membros da equipa, expressa num apoio sincero entre pares e numa responsabilização igualmente mútua. Mesmo quando os membros de uma equipa estão a competir por recursos ou a pôr as suas opiniões em primeiro lugar, ainda podem comprometer-se com o sucesso uns dos outros como base de um apoio mútuo. Ninguém é bem-sucedido até que toda a gente seja bem-sucedida; a equipa chega à linha da meta em conjunto.

Os docentes da GFTW notaram quão naturalmente as equipas em crise adotaram muitos destes comportamentos altamente produtivos. Contudo, em circunstâncias normais, a melhor forma de atingir este sentimento de compromisso comum é levando a equipa a concordar com um contrato social explícito com vista à sua colaboração. Este processo é descrito em detalhe no anterior livro de Keith, intitulado *Liderar sem Autoridade*. Os membros da equipa precisam de discutir abertamente e debater todos os atributos desejáveis do comportamento da equipa e depois concordar em apoiar mutuamente o crescimento e sucesso uns dos outros, mantendo esses comportamentos. A transparência do processo e a natureza contratual do acordo fazem do cumprimento dos padrões comportamentais um compromisso sério e até uma questão de integridade pessoal.

Assinar um acordo para aderir a comportamentos específicos pode parecer um pouco forçado, porque os esforços colaborativos típicos começam com pouca ou nenhuma discussão sobre estes assuntos. Isto verifica-se especialmente quando todos os membros da equipa se conhecem há anos e partilham o mesmo espaço. É tentador acreditar que, se estamos todos a trabalhar no mesmo espaço, todos os dias, então partilhamos um entendimento semelhante sobre compromissos e responsabilização. No entanto, todos já estivemos em colaborações disfuncionais suficientes para saber que isto está muito longe da verdade. Em todas as colaborações, há que negociar um contrato social comum — caso contrário, é provável que a norma seja um contrato deficiente.

Negociar um novo contrato social é especialmente importante com equipas virtuais e mistas, nas quais haverá, muito provavelmente, trabalhadores remotos que não estão incluídos de forma igual. Adicionar à equipa membros que estão em trabalho remoto pode encorajar a criação de novas normas sociais para uma colaboração de alto nível dentro da organização. Se precisa de um pretexto para fazer algumas alterações, a expansão das equipas virtuais e mistas pode dar-lhe a oportunidade de ser um agente da mudança e aproveitar essa oportunidade para elaborar um novo contrato social para a equipa, em nome de uma cultura comum de coelevação e de cocriação ainda melhor do que aquela que existia quando as equipas partilhavam todas o mesmo espaço.

Para qualquer líder, iniciar um debate franco sobre um novo contrato social começa com a simples exploração de comportamentos observáveis:

1. Que comportamentos de trabalho precisamos de melhorar, de modo a atingirmos os nossos objetivos imediatos?
2. Que novas práticas de elevado retorno devemos adaptar para apoiar e sustentar os nossos comportamentos colaborativos melhorados, de agora em diante?

Os líderes podem fazer as seguintes perguntas, baseadas na análise comparativa que a Ferrazzi Greenlight conduz com as equipas no início, durante e depois das suas formações:

1. A nossa equipa tende a evitar os conflitos? Questionamos o modo de pensar do grupo e falamos com franqueza, mesmo quando é arriscado fazê-lo?

2. A nossa equipa tem silos? Colaboramos e criamos valor tangível a partir das interdependências que existem entre nós?
3. A nossa equipa está sobrecarregada pela hierarquia ou pelo controlo?
4. Estamos dedicados a responsabilizar-nos mutuamente, fazendo tudo aquilo que podemos para alcançarmos juntos a linha da meta?
5. Estão os membros da nossa equipa profundamente comprometidos uns com os outros, a liderar com generosidade e a construir relações com base no cuidado, confiança e apoio entre si?

Manter a segurança psicológica na equipa requer um esforço deliberado e focado, quer os membros da sua equipa se sentem ao seu lado no escritório ou vivam do outro lado do mundo. Fazer um novo contrato social vai muito além do tipo de construção casual de uma relação que ocorre entre colegas de escritório que se cumprimentam nos corredores e, ocasionalmente, almoçam juntos. O contrato tem o benefício de relembrar a todos quais os comportamentos de equipa ideais, fazendo com que reflitam pessoalmente acerca de onde poderão estar a falhar.

Quando a Ferrazzi Greenlight começa o seu trabalho com uma equipa, pedimos aos membros dessa equipa para a avaliarem com base em 22 afirmações sobre coelevação. Depois, ao longo do processo de formação, observamos os membros e acompanhamos as pontuações, em cada uma das 22 afirmações, enquanto indicadores de progresso. As equipas executivas de primeira linha em organizações como a Fox Factory, Delta Air Lines, General Motors, Verizon, Unilever, Salesforce e muitas outras levaram a cabo este processo para elevarem as suas expectativas sobre elas mesmas e para elevarem a sua fasquia.

A distância física não é o principal impedimento para a coelevação quando estão envolvidos trabalhadores remotos. Os principais problemas a ultrapassar prendem-se com distância estratégica (falta de alinhamento da equipa), distância operacional (falta de processos de equipa bem oleados para operacionalizar o trabalho) e distância de afinidade (falta de compromisso mútuo entre os membros da equipa). Há estudos que demonstram que, de entre estes três indicadores de distância, a *distância de afinidade* é a que tem um maior efeito nos resultados de inovação, confiança e aprendizagem das equipas[2]. Colmate as lacunas na distância de afinidade (compromisso com o sucesso de cada um) entre os membros da sua equipa e verá que a maior parte dos problemas relacionados com as outras duas dimensões — distância estratégica e distância operacional — vão ser, organicamente, muito mais fáceis de gerir. Em momento algum se sentirá distância física se uma equipa tiver negociado um novo contrato social com vista à coelevação.

Conduzir uma equipa — que visa a coelevação — através do processo de renegociação de um contrato social é algo que exige tempo, coragem e, talvez, alguma formação, mas não deve ser uma estafa. O objetivo da coelevação é ter toda a gente a esforçar-se por ser melhor — melhores para as suas próprias carreiras e melhores para os outros. Deve ser um empreendimento animado e expressivo. No pico da pandemia, quando os níveis de *stress* estavam elevados e a exaustão crescia desenfreadamente, houve mais equipas a dizer que os seus membros pareciam, mais do que nunca, mais conectados e comprometidos uns com os outros. As pessoas uniram-se e comprometeram-se com um novo conjunto de regras para aquele momento. A questão que ficou em aberto é perceber de que forma se pode sustentar o sentimento de compromisso mútuo como uma questão de escolha e não de crise.

Nesse sentido, a coelevação tem muito em comum com a construção de um celeiro, a tradição amish na qual todos contribuem desinteressadamente enquanto aprendem com os mestres artesãos que dirigem o trabalho. Para a comunidade amish, a construção de um celeiro dificilmente tem a única função de se construir um celeiro. O encontro é também uma oportunidade para construir relações e fortalecer a cultura amish que partilham. Alguns amish referem-se ao acontecimento de construção de um celeiro como *frolic*, expressão que deriva de uma palavra holandesa antiga que significa «alegre» ou «animado»[3]. O leitor quer que as suas equipas funcionem da mesma forma. Se a colaboração na sua equipa não é sentida como *frolic*, é provável que alguns dos seus colegas de equipa não se sintam psicologicamente seguros e que a sua equipa de coelevação precise de voltar a debater o contrato social.

A coelevação, enquanto nova e importante forma de arte da liderança, melhora com o tempo e com a ajuda de métodos que pesquisámos e identificámos como sendo práticas de elevado retorno. Em 2020, à medida que transformávamos a nossa atividade de formação numa formação exclusiva para equipas remotas, vimos uma grande oportunidade de testar todas estas práticas de elevado retorno remotas e virtuais que estávamos a desenvolver há mais de dez anos. Identificámos enormes alterações nas mudanças mensuráveis em todas as equipas com as quais trabalhávamos — um aumento de 79% na sinceridade, 75% no desenvolvimento, 46% na colaboração e 44% na responsabilização.

Depois de trabalharmos com equipas na NI, antiga National Instruments, o CEO, Eric Starkloff, disse-nos: «Foi revolucionário. Não teríamos, de forma alguma, sido capazes de reagir com a velocidade e adesão que vemos hoje.» Eric Starkloff disse que, antes da nossa formação, havia um pressuposto generalizado de que *colaborativo* e *rápido* não eram compatíveis quando se tratava de tomada de decisões. «A mudança palpável foi a capacidade de crescer em escala e tomar importantes decisões de negócio mais rapidamente. E [decisões] que perduram porque o processo é colaborativo e, por isso mesmo, a adesão é maior — com muitas mais contribuições.»

PRÁTICAS DE ELEVADO RETORNO PARA COLABORAÇÃO

Depois de o novo contrato social ser aceite pelos membros da equipa, é tempo de iniciar uma série de práticas que apoiam e incentivam os novos comportamentos — de modo que estes se possam converter em hábitos e rituais. Seguindo o exemplo da Fox Factory, da NI e de muitas outras empresas em 2020, explicamos como pode experimentar algumas das melhores práticas de elevado retorno que identificámos na Ferrazzi Greenlight e no Instituto GFTW.

Crie salas de grupo

Os ambientes virtuais requerem o uso frequente de salas simultâneas* como câmaras de colaboração mais profunda. Evite ver-se a si mesmo como o elemento central da sua equipa. A sua função é reunir as perguntas

* Salas de pequenos grupos criadas em paralelo com a sessão de videoconferência numa sala principal. [N. da T.]

pertinentes e dividir a equipa em grupos mais pequenos de duas ou três pessoas. Durante cada sessão desses grupos mais reduzidos, peça que todos tirem notas num documento partilhado e que depois regressem à reunião alargada com os relatórios dos seus grupos. Mesmo que não tenha tempo para uma análise formal dos relatórios de cada grupo, o autor da pergunta terá esse benefício mais tarde, ao ter acesso às considerações escritas de cada um. A nossa investigação mostra que as equipas que operam deste modo resolvem problemas mais depressa e recebem contribuições mais arrojadas de muitas e variadas vozes. Isto acontece porque as pessoas que são avessas aos conflitos se mostram relutantes em partilhar abertamente, numa grande sala, e sentem-se psicologicamente mais seguras em grupos mais pequenos de duas ou três pessoas. Amy Edmondson — especialista em comportamento organizacional — e a sua equipa de investigadores em Harvard definem a segurança psicológica em quatro dimensões simples. Os membros de uma equipa sentem-se seguros nas seguintes condições:

1. Quando é permitido errar.
2. Quando tópicos sensíveis são discutidos abertamente.
3. Quando os membros da equipa estão declaradamente disponíveis para se ajudarem uns aos outros.
4. Quando as diferenças entre os membros da equipa são bem-vindas, isto é, quando estes se sentem livres para serem eles próprios[4].

Todos estes fatores são melhorados em grupos pequenos, em que os membros da equipa se sentem mais seguros para falarem abertamente no interesse da equipa, da sua missão e uns dos outros. As pessoas, quando estão em pequenos grupos, têm mais coragem para se expressarem sobre questões difíceis. Vão fazer autocrítica e eliminar as ideias mais fracas. Quando os grupos voltam à sala principal para apresentarem o seu relatório, o nosso instituto de investigação não encontrou provas de diminuição da coragem ou honestidade — de 15%, no máximo. Isto deve-se ao poder da intimidade nas salas de grupo. Os membros das equipas não querem dar parte fraca ao diminuírem a sinceridade quando deixam as salas de grupo e se voltam a reunir com o grupo principal. Dedique pelo menos 50% do tempo da reunião para trabalhar em salas de grupo e verá que o valor da colaboração sincera e profunda acelerará radicalmente.

Pratique a resolução colaborativa de problemas

Todas estas ferramentas são essenciais para pôr em prática numa resolução colaborativa de problemas (CPS, *collaborative problem solving*), uma das estruturas de reuniões virtuais mais poderosas que conhecemos. Desenvolvida ao longo de vários anos de formação a equipas executivas da *Fortune* 500, a CPS foca-se numa única questão crítica para o negócio, ou em várias, ao longo de uma reunião de 60 a 90 minutos de duração. Durante pelo menos metade da sessão, a equipa separa-se em grupos mais pequenos de três ou quatro pessoas para discutir a questão ou questões e preparar o relatório. As questões podem ter que ver com alcançar um objetivo vantajoso ou mitigar um risco específico de desvantagem. Elabore a questão cuidadosamente, de modo que seja simples ter respostas com rumos diferentes. Que inovações poderíamos trazer para a experiência de retalho? O que é mais provável que nos faça desviar do caminho nos próximos seis meses? A partir daí, todos se preparam, fornecendo os dados e perceções das suas equipas alargadas. Todos sabem também quem tomará a decisão final: o *autor da questão*. O autor da questão dará *feedback* instantâneo, por exemplo, com um claro «Sim, vamos fazer isto» ou um «Não, porque...», ou um «Talvez olhemos para isto e façamos mais pesquisa».

O objetivo não é o consenso; é o diálogo robusto e uma conclusão orientada pela ação. O elemento mais poderoso da CPS é o processo de divisão em grupos, porque incentiva a sinceridade e diminui a tendência de fugir ao conflito. Quando as reuniões consistem principalmente em relatórios que são um desperdício de tempo, isso geralmente é um sintoma de uma equipa com dificuldades ao nível da sinceridade e que não consegue colaborar de forma eficaz. A CPS pode quebrar o impasse e abrir a possibilidade de menos reuniões e mais colaboração assíncrona. Como os capítulos posteriores mostrarão, a CPS é uma estrutura de reunião essencial que pode ser usada para acelerar os resultados por meio de todas as aplicações da adaptabilidade radical.

Reduza as reuniões

Independentemente de serem presenciais ou *online*, cerca de um terço das suas reuniões são um desperdício absoluto de tempo e energia.

As reuniões também afetam muito o foco mental dos membros individuais das equipas. Demasiadas reuniões durante o dia são a razão pela qual tantas pessoas trabalham à noite e aos fins de semana apenas para pôr em dia o trabalho que requer uma concentração profunda em períodos ininterruptos. No Instituto GFTW, estudámos a *colaboração assíncrona*, que é um modo de usar ferramentas virtuais para cumprir melhor e mais meticulosamente aquilo que será o tema da reunião que agendou. *Assíncrona* significa trabalhar mais através da colaboração escrita ou gravada, sem ter de haver uma reunião em simultâneo. Este tipo de trabalho permite que os membros da equipa tenham tempo para se expressarem e se comprometerem de forma clara. As chaves para um trabalho assíncrono bem-sucedido incluem (1) comunicar de maneira simplificada e concisa; (2) identificar claramente o decisor para cada medida a tomar; (3) fazer com que cada comunicação seja transparente para toda a equipa; (4) responder a cada comunicação que recebe; e (5) permitir à sua equipa ter tempo para avaliar o material que partilhar com ela.

A GitLab e a Dropbox são apenas duas de muitas empresas que agora têm uma política de «trabalho assíncrono por defeito» para encorajar os líderes das equipas a evitarem marcar reuniões. Ambas as empresas disponibilizam guias práticos de etiqueta para uma colaboração assíncrona e dicas de escrita[5]. Um objetivo razoável a procurar almejar é uma redução em 30% nas horas de reuniões no próximo mês. Comece com uma conversa que deixe toda a gente descontraída e desperte sentimentos de empatia mútua. Aprofunde a superficial conversa de circunstância que poderá ter no início de uma reunião presencial. Com membros de equipa espalhados por diferentes locais, é importante despertar toda a gente para a sua humanidade comum, para que sejam mais do que meros rostos a flutuar num ecrã de computador.

Partilhe o bom e o mau

Se tiver mesmo de marcar uma reunião, inicie-a com vínculos e empatia. As reuniões *online* devem sempre começar com o devido respeito pela necessidade de conexão de toda a gente. Nas reuniões maiores, uma boa forma de fazer surgir rapidamente o espírito de empatia consiste em começar por pedir a toda a gente para partilhar algo bom e algo mau da sua vida. O bom pode ser algo simples, como uma conquista por parte do filho ou a antecipação da visita de um amigo de outra cidade. O mau pode, no entanto, obrigar as pessoas a uma maior vulnerabilidade para falarem de um ente querido no hospital ou de um parceiro que enfrenta dificuldades. Os cientistas sociais há muito que defendem que se use o poder da vulnerabilidade e da empatia para aproximar as pessoas, uma ideia popularizada pela autora de *best-sellers* Brené Brown[6]. Durante a pandemia, vimos líderes a revelarem bastante vulnerabilidade e autenticidade à medida que se debatiam com as exigências imprevisíveis do trabalho e expressavam receio pela saúde dos seus entes queridos. Esta partilha uniu-nos e abriu a porta a níveis de confiança e aceitação nunca vistos. A empatia é sempre valiosa num contexto presencial, mas é absolutamente necessária *online*.

Faça uma verificação pessoal-profissional

Com cada encontro virtual, seja uma reunião ou uma conversa telefónica com alguém com quem já não falava há alguns dias, assegure-se de que faz uma verificação pessoal-profissional logo de início. «Como é que estás, mesmo, a nível pessoal?» Acrescentamos a palavra *mesmo* porque as pessoas precisam de ir mais fundo e de se focar nas dificuldades e vulnerabilidades, em vez de optarem por uma mera conversa de circunstância. Uma coelevação eficaz requer que os membros da equipa tenham a noção de como estão todos a nível mental, emocional e físico. Isto vai além do exercício de empatia do bom e do mau. Precisa de entender o que vai nas cabeças dos seus colegas se quiser operar com uma equipa cujas relações estão no pleno potencial. Quando os membros da equipa se sentem convidados a partilhar as suas vidas uns com os outros, podem surgir milagres a partir dessas conversas — milagres em matéria de trabalho e de compromisso que constroem relações duradouras e de confiança.

Maximize o uso de ferramentas colaborativas *online*

O ritmo da colaboração tem estado a acelerar, à medida que as ideias arrojadas se tornam mais transferíveis e partilháveis. Uma nova geração de aplicações *online* melhorou grandemente as potencialidades da colaboração assíncrona e em tempo real entre membros de uma equipa. Desta forma, as equipas conseguem reduzir as reuniões ou, quando as reuniões são necessárias, os membros que faltaram podem ficar a par mais tarde — ao visualizarem o vídeo. Olhe para lá dessas ferramentas e veja-as como uma nova geração de quadros brancos virtuais e aplicações para *brainstorming* e colaboração que tornam a colaboração assíncrona mais fácil e eficaz. Muitas das novas aplicações oferecem um *feedback* rápido e útil através do recurso a votações e sondagens cujas funcionalidades são importadas do mundo das redes sociais e dos jogos.

Faça pausas de sinceridade

Os membros da equipa que realmente se importam uns com os outros farão críticas sinceras para manifestarem a sua franca preocupação pelo bem da equipa — a essência da coelevação. Mas, se alguma vez ficar com a sensação de que toda a gente está a evitar o «elefante na sala», fazer uma pausa de sinceridade é a melhor forma de perceber o que está a ser refreado. Faça uma pausa na reunião quando lhe parecer o momento certo e pergunte à equipa: «O que não está a ser dito?» Peça uma pausa de sinceridade e depois vá para salas de grupo onde toda a gente responde à mesma pergunta. Tome notas em cada sala de grupo e depois partilhe-as com todo o grupo.

ROMPA OS SILOS AO TRABALHAR EM EQUIPA

O princípio animador da coelevação é aquilo a que chamamos recorrer a ajuda transversal — ir além dos limites organizacionais da sua equipa, de modo a atrair outras pessoas no sentido de cocriarem soluções. Durante a pandemia, vimos como esta dinâmica levou empresas a abrirem mão da sua conceção organizacional e a abolirem os seus organogramas para procurarem ideias mais arrojadas, formando equipas com elementos transversais às suas várias áreas de negócios. Eu (Keith) dei ao meu anterior livro o título *Liderar Sem Autoridade* para sublinhar esta mudança na definição de liderança que transpõe as limitações burocráticas. Qualquer pessoa é um líder. Todos são obrigados a falar e a chegar-se à frente quando a ocasião assim o exige.

Para cada líder, a formação de equipas transversais começa com a pergunta «*Quem* é a minha equipa?» No novo mundo do trabalho, a resposta não é aquilo que tradicionalmente via como sendo a sua equipa. Os membros da sua equipa incluem quem quer que considere que pode ser crucial para alcançar a sua missão. Deverá estar disposto a olhar para lá do desenho organizacional e das linhas de autoridade e captar as pessoas — dentro e fora da organização — que sejam necessárias para se juntar a si no processo de cocriação.

A partir daí, deve chegar a essas pessoas através de três aspectos da liderança: *servir*, *preocupar-se* e *partilhar*. Pergunte como os pode servir. Como pode demonstrar que se preocupa com a missão, mas também com eles? O que pode partilhar da sua própria experiência que faça com que seja mais fácil para os seus colaboradores conectarem-se consigo? A partir de todas estas perspetivas, como pode criar laços de compromisso mútuo? Estes são os princípios que o nosso colega Rob Whitfield, CEO da Ferrazzi Greenlight, ensinou de forma prática na Aflac, uma das principais seguradoras norte-americanas.

SERVIR, PREOCUPAR-SE, PARTILHAR

Virgil Miller não é um homem que tenha saudades dos seus números. Presidente do Aflac Group, bem como vice-presidente executivo e diretor de operações da Aflac U.S., Virgil é um ex-fuzileiro naval americano que estava determinado em fazer avançar a transformação digital da empresa.

«Dei início à caminhada digital da Aflac há alguns anos», sublinhou Virgil, que se debruçou sobre a ciência das equipas e da colaboração. «A nossa transformação digital tem estado em sistema de voo e continuamos a pilotar novas ferramentas. Mas eu senti que este seria um ótimo momento para acelerar e fazer com que as pessoas começassem a pensar de forma diferente. Para isso, precisava que as nossas equipas fossem impelidas e desafiadas e que colaborassem realmente mais.»

Na linha da frente, o *call center* da Aflac estava preso entre o atendimento a clientes internos e externos — respondendo a chamadas de clientes existentes, de titulares de apólices (por norma, o gestor das prestações de um empregador) e agentes de vendas, intermediários, corretores e agências, com as vendas a representarem cerca de um terço dos telefonemas recebidos. O problema é que o *call center* fazia parte da linha de reporte da unidade de operações, mas as vendas não. A resposta foi destruir os silos no organograma da organização e juntar as equipas de vendas e de apoio ao cliente no *call center* para delinear soluções digitais que funcionassem para ambas as equipas. O desafio para os dois grupos era o de liderar sem autoridade — para mostrar que podiam colaborar na resolução de um problema que afetasse ambos os lados, sem necessitarem de uma ordem executiva explícita para dar início à ação.

A automação digital e uma nova abordagem à formação entre pares foi a resposta dada. Desta forma, 15 dos representantes de vendas mais avançados a nível digital ficaram incumbidos de transformar a forma como era gerido o *call center*. Eles tornaram-se a vanguarda de um movimento centrado no digital. Ensinaram os seus pares a aceder à informação, através de uma nova série de artigos de formação *online*, tutoriais em vídeo e um canal de inteligência artificial (IA) conversacional que foi montado em apenas seis semanas. Em vez de precisarem do telefone para ligarem ao *call center* a pedir assistência, os agentes de vendas aprenderam, através do apoio entre pares, a recorrer a estas novas ferramentas. O volume de chamadas e de conversas caiu cerca de 40%, enquanto se registaram melhorias substanciais na experiência dos agentes e também na experiência do cliente. Segundo as estimativas apresentadas, a poupança anual para a Aflac, caso o programa fosse replicado em toda a organização, era da ordem dos milhões de dólares.

A menor carga sobre os agentes do *call center* deixou todos mais felizes. «Sempre houve uma colaboração intermitente entre as equipas do *call center* e das vendas», explicou Nicole Evans, diretora de processos, inovação e controlo do centro de atendimento ao cliente. «Mas, desde a covid, temos vivido aquilo a que chamaria de romance reavivado. Ajudou-nos a todos a perceber melhor a necessidade de nos movimentarmos digitalmente, aumentou a nossa vontade de o fazermos e deu-nos um sentido de propósito comum.» Dito de outra forma, a crise da covid acelerou a transformação da Aflac não apenas em termos digitais, mas também culturais. Em plena crise, a Aflac encontrou uma oportunidade para se coelevar.

«Estou na Aflac há 28 anos e nunca vi o nível de colaboração e parceria que observo hoje», disse Blake Voltz, vice-presidente de operações do centro de soluções para clientes. «Permitiu-nos perceber as necessidades de ambas as equipas e desenvolver um programa que capitaliza os nossos pontos fortes.»

Os académicos do Instituto GFTW aperceberam-se de um aspecto recorrente em 2020: soluções anteriormente tidas como impossíveis tornaram-se incontestáveis quando as pessoas começaram a olhar para lá dos limites da sua organização e do seu controlo. A pandemia obrigou muita gente a reconhecer as limitações severas das hierarquias da sua organização e a importância de ultrapassar essas limitações no novo mundo do trabalho.

TER PERMISSÃO PARA LIDERAR

O aspecto mais entusiasmante de construir equipas fortes de coelevação no novo mundo do trabalho é que o processo não se cinge a relações de subordinação nem é restringido pela conceção da organização. O *éthos* de coelevação da empatia, da generosidade e da sinceridade compele naturalmente o grupo a expandir os limites do seu alcance para além do círculo restrito. Há equipas de excelência que continuam a expandir o seu alcance, usando todas as ferramentas e práticas referidas até agora para alargar o âmbito para lá das limitações dos seus membros de equipa essenciais. Formam-se equipas transversais através da redefinição dos moldes e do espectro da equipa, de acordo com a missão em mãos, e não segundo o organograma da empresa.

Este processo de formação de equipas transversais inclui quem quer que seja preciso, de fora da equipa formal, para ajudar a concretizar a tarefa. A chave é adotar uma mentalidade de «liderar sem autoridade». De modo a consegui-lo, siga quatro passos básicos para reinventar o espectro da sua equipa e conquistar permissão para liderar:

1. *Redefina quem é a sua equipa.* No caso da Aflac, os elementos tiveram de ver para lá da autoridade operacional do *call center* para definirem a solução de forma diferente — digitalizar a organização de vendas.

   Assim que o fizeram, viram uma forma de dar a volta ao problema com que se tinham debatido ao longo de anos ao serem pressionados por dois grupos de clientes que queriam a todo o custo servir com recursos limitados.

2. *Aceite que é tudo da sua responsabilidade.* As crises criam audácia e um sentido de engenho que não é frequentemente visto fora dessas circunstâncias extremas. No pós-pandemia, temos de aproveitar esse mesmo engenho como uma fonte regular de inspiração e oportunidade para ignorar silos e fronteiras, e para formar equipas através da coelevação.
3. *Mereça a permissão para liderar.* Lembre-se das três palavras *servir*, *preocupar-se* e *partilhar*. Como pode atualmente servir alguém da sua equipa, devolvendo, por exemplo, aos representantes de vendas horas do seu dia? Como pode demonstrar que se importa ao criar e pagar por uma iniciativa que os serviria melhor a eles e às suas necessidades? O que pode partilhar da sua própria experiência que torne mais fácil aos seus colegas de equipa serem-lhe úteis a si? De que forma pode expressar o seu cuidado, como fez Virgil ao abordá-los e ao construir uma relação com o chefe de vendas para se assegurar de que a iniciativa do *call center* era vista como suposto — uma melhoria no serviço de vendas?
4. *Cocrie a solução com esta equipa mais alargada.* O valor de uma inclusão mais alargada reside no facto de a equipa poder encontrar soluções que não estão disponíveis a quem tem uma exposição mais limitada ao problema em mãos. A título de exemplo, a colaboração entre as equipas de vendas e do *call center*/operações da Aflac ajudou a definir soluções que funcionassem para ambas as equipas.

HIBRIDIZE O TRABALHO EM EQUIPA ATRAVÉS DA INCLUSÃO E DO *CROWDSOURCING*

Depois de alguns meses a usar as novas ferramentas remotas, durante a pandemia, algumas organizações aproveitaram verdadeiramente as vantagens de envolver as equipas de uma nova forma. Começaram a explorar mais, de modo a perceber de que forma é que a inclusão *online* e a colaboração poderiam fomentar a inovação em larga escala.

Ao testarem estas novas ferramentas, empresas globais como a Google, a AT&T e a Deutsche Telekom começaram a recorrer ao *crowdsourcing* de ideias inovadoras sobre inovação de produto e desenvolvimento de políticas através de redes de funcionários.

Os estudos existentes têm demonstrado de que modo esta forma de inclusão pode melhorar o crescimento empresarial, bem como o moral dos funcionários, o envolvimento e a retenção de talentos. «Atendendo a que muitas grandes empresas têm uma vasta experiência e conhecimentos espalhados por diferentes locais, constatámos que aproveitar a diversidade cognitiva dentro das organizações pode abrir novas e ricas fontes de inovação. De facto, o *crowdsourcing* interno é uma maneira particularmente eficaz de as empresas envolverem funcionários mais jovens e as pessoas que trabalham na linha de frente», concluiu um estudo[7].

As plataformas de sondagens e outras ferramentas de apoio a um alcance assim tão rápido e eficiente já existem há anos. No entanto, a maioria estava a ser subutilizada como um mero meio de transmissão unidirecional. Até as sessões municipais das autarquias mais longínquas eram frequentemente realizadas sob a forma de apresentações de vídeo não interativas. Para muitas empresas, foi preciso dar-se a transição, fruto da pandemia, para o trabalho remoto para ficar patente o enorme potencial das ferramentas virtuais na promoção da colaboração e a inclusão em larga escala.

Fabian Garcia, CEO da Unilever North America, e Mike Clementi, diretor de operações globais de equipas da Unilever e diretor de Recursos Humanos (RH) da América do Norte, foram dois parceiros neste tipo de inovação. Em 2016, lançaram um compromisso pela diversidade e inclusão, com o repto «Todas as vozes importam». Mas demorou até 2020, em plena pandemia, para que o programa ganhasse um verdadeiro impulso. O ano de 2020 produziu alguns dos melhores resultados financeiros que a Unilever North America alguma vez tinha visto. Mas Mike e Fabian questionaram-se: como podemos manter o ritmo de crescimento e mudança em 2021 e daí em diante?

«Penso que aquilo que 2020 fez foi acelerar e compactar o que já existia», explicou Mike. «Era uma panela de pressão de trabalho. Percebemos que não havia forma de repetirmos aquele nível de ambição apenas com equidade de músculo e suor. Precisávamos de ser mais exatos quanto à maneira como projetávamos o trabalho. Foi assim que começámos a questionar-nos sobre a forma de o fazermos, tendo percebido que não havia capacidade para repetir o mesmo feito em 2021 se não fizéssemos melhores escolhas — tudo se resumia a escolhas. Depois das escolhas, era preciso arranjar uma nova forma de pensar e ter várias pessoas a trabalharem nisso». E foi aí que entrou em ação o *crowdsourcing* interno.

Na Unilever, o planeamento anual era sempre feito no sentido descendente, do topo da liderança para a base. As principais prioridades estratégicas do ano eram escolhidas e transmitidas ao segundo nível hierárquico para execução. Mas, em 2020, Fabian e Mike optaram por realizar um *crowdsourcing* de ideias junto dos gestores seniores (que, na hierarquia, estavam imediatamente abaixo da equipa de liderança executiva) para identificarem as melhores oportunidades de crescimento e os riscos prováveis que teriam de evitar. O *crowdsourcing* permitiu à organização alargar imenso a sua abertura, para que novas ideias pudessem fluir. As equipas eram convidadas a pensar estrategicamente e a apresentar ideias que prometessem impacto em toda a empresa, ao mesmo tempo que foram formados esquadrões para afinar todas as iniciativas. De modo a criar uma base sustentável para esta tarefa, a Unilever incluiu o *crowdsourcing* nos horários diários das pessoas — deixando claro que esse trabalho era de elevada prioridade e de elevada visibilidade.

«Algumas pessoas trabalharam nas suas equipas naturais e outras voluntariaram-se para fazerem parte do esquadrão no ano seguinte», disse Mike. «Tivemos um envolvimento muito significativo [e] novas ideias — e elaborámos objetivos claros e resultados-chave que foram subscritos pela equipa de topo».

De uma lista inicial de mais 90 apresentações de iniciativas, destacaram-se seis prioridades para ajudar a Unilever a vencer em 2021. Quando os líderes se propõem — de uma forma ativa e indo além das suas funções — a procurar novas ideias, a escutar e a pôr em prática as soluções, os benefícios estendem-se para lá do impacto comercial de qualquer que seja o resultado posto em prática, qualquer novo produto que seja lançado ou qualquer serviço que seja colocado no mercado. Esta abordagem inclusiva da colaboração nas questões mais importantes com que a empresa se depara — o seu futuro sucesso e rumo — cria um alinhamento com a missão que vai filtrando toda a organização. Para a eterna questão cultural — «Porque é que estamos a fazer isto?» —, não há melhor resposta do que «eu estava entre as vozes daqueles que disseram que era porque devíamos fazê-lo».

APROFUNDE AS PARCERIAS EXTERNAS

Confrontadas com uma disrupção — motivada pela pandemia — dos tradicionais modelos do *go-to-market*[*] e da cadeia de abastecimento, muitas empresas aproveitaram a oportunidade para se coelevarem junto dos seus clientes e dos fornecedores, de modo a aproximarem-se deles e a atraí-los para um contacto mais estreito. As ferramentas virtuais acrescentaram velocidade e escala a estas colaborações, permitindo que as empresas aproveitassem novas fontes de informação externa e um tipo de visão com que nunca tinham interagido. Estas parcerias externas aprofundadas, forjadas no caos da pandemia, têm-se revelado uma boa prática colaborativa essencial no novo mundo do trabalho.

Na Dow, Inc., a abordagem arrojada e inclusiva em matéria de parcerias externas ajudou a tornar 2020 um ano de inovação e transformação. Dan Futter, diretor do departamento comercial da Dow, explicou como o negócio gerou mais 80% de *leads* [potenciais clientes] em 2020 do que até nos seus melhores anos de sempre. A sua nova estratégia de envolvimento digital foi a principal responsável por este crescimento. Até 2020, a Dow tinha-se baseado nas relações com parceiros existentes e nas feiras comerciais para gerar potenciais clientes de negócio. Mas quando a pandemia levou ao cancelamento dos eventos presenciais, no primeiro trimestre de 2020, a Dow teve de repensar a habitual abordagem que tinha para gerar potenciais clientes.

«Se nos tivessem perguntado o que estávamos a fazer», disse Dan, «a maioria das pessoas teria dito "Oh, estamos a tentar substituir aquilo que sempre fizemos presencialmente." A ideia era ser uma cópia digital da antiga forma de trabalhar. Por volta do mês de junho, o posicionamento

---

[*] Plano de ação tático que descreve as etapas necessárias para se ter sucesso num novo mercado ou com um novo cliente. [N. da T.]

já era outro: "Bem, isto não tem de ser uma espécie de fraca imitação. Esta estratégia que dá prioridade ao trabalho à distância é diferente. Dá-nos a oportunidade de fazer as coisas melhor do que fizemos no passado e ultrapassa algumas das limitações de se fazer as coisas presencialmente."»

O uso de ferramentas digitais apresentou novas oportunidades para a Dow trabalhar com os seus pequenos clientes, os milhares de químicos e criadores de fórmulas laboratoriais que usam os produtos Dow, mas que não tinham uma comunicação direta com a empresa.

«Aquilo que fomos capazes de provar é que a abordagem digital, ao ser colocada em primeiro lugar, se revelou uma excelente democratizadora para todos nós», sublinhou Dan. «Significou que podíamos falar com qualquer pessoa, a qualquer hora, independentemente das lacunas entre nós e da forma como transacionávamos — e, desta forma, o nosso conhecimento e a visão desses clientes passaram a agregar-se inesperadamente, como nunca tinha acontecido. Foi uma magnífica oportunidade para juntarmos mais pessoas à mesa.»

A informação de mercado que costumava ser filtrada ao longo da cadeia de distribuição chega agora à Dow diretamente a partir dos clientes finais — e a uma escala previamente inimaginável. «Costumava falar com um químico de cada vez e agora falo com centenas ao mesmo tempo», explicou Dan. «Não costumava obter quaisquer visões sobre o mercado além daquelas que me eram fornecidas pelo meu distribuidor, mas agora consigo obter informação diretamente dos participantes de mercado — bem como as perspetivas que daí surgem. É absolutamente real e estamos ainda a descortinar, muito à superfície, até onde é que isto nos pode levar.»

Na Dow, 2020 foi verdadeiramente um ano de crescimento através de uma abordagem radical em matéria de inclusão e colaboração. Em vez de trocar *e-mails*, a empresa está profundamente envolvida na colaboração virtual e sincronizada com os seus parceiros e não há qualquer intenção de regressar às velhas formas de trabalhar. Além de abrirem novas vias de diálogo, as ferramentas digitais virtuais têm sido usadas para cocriar soluções em tempo real com parceiros externos. «Eu costumava ter de passar por todos os tipos de obstáculos de segurança para fazer uma WebEx [plataforma para videoconferências e reuniões à distância] externa», recordou-se Dan. «E nunca tínhamos partilhado o espaço da minha equipa com clientes. De repente, dissemos: "Por que motivo mantemos todas estas barreiras de segurança? Vamos ter um programa partilhado, um espaço de equipa. Podemos estar a partilhar coisas uns com os outros, 24 horas por dia, em todo o mundo. Qual é a próxima inovação? O que é que acabámos de descobrir? O que é que acabámos de testar? O que é que acabámos de aprender?"»

Tal como explicou Anup Sharma, vice-presidente sénior do departamento de serviços comerciais globais da LyondellBasell Industries, 2020 foi um ponto de inflexão para a construção de parcerias deste tipo: «Temos estado empenhados em alavancar esta época de disrupção para desafiar os tradicionais padrões de relacionamento dos vendedores na nossa indústria.»

A LyondellBasell — que é uma das maiores empresas de plásticos, produtos químicos e refinação do mundo — juntou-se à Air Products, uma empresa internacional de gases industriais, num esforço colaborativo para tornar os seus produtos avulsos uma oportunidade de geração de valor para ambas. Na perspetiva da LyondellBasell, a colaboração abrange três temas-chave: investimentos mútuos, fiabilidade e sustentabilidade. Cada empresa procederá a alterações nos processos, reuniões e mentalidades ao longo do tempo para promover a relação colaborativa em toda a organização — levando a um ciclo regular de avaliação da transformação.

Rob Whitfield explicou de que forma é que esta reformulação de uma relação transacional tradicional entre duas organizações na indústria química — por vezes parceiras, por vezes fornecedoras, por vezes concorrentes — encontrou potencial para desbloquear uma oportunidade dez vezes superior no futuro.

«No passado, tinha havido esforços no sentido de se trabalhar de forma mais estreita, mas as empresas estavam num estado de coexistência — em vez de duplicarem esforços nos segmentos onde podiam fazer mais em conjunto», disse Rob. «Estavam a deixar muitas coisas em cima da mesa em matéria de oportunidades para inovarem em torno dos recursos. De modo a ganharem 10%, estavam a negligenciar oportunidades para obterem resultados dez vezes superiores.» A pandemia provocou uma transição para as reuniões virtuais e deu um novo ímpeto à colaboração. Conversas que começaram individualmente em cada empresa acabaram por se transformar em conversas de equipa e, depois, em conversas entre empresas.

É este tipo de colaboração externa que dá o mote a este livro e ao enorme volume de pesquisa por detrás dele. A Ferrazzi Greenlight foi uma das muitas consultoras que viram os seus canais e projetos pararem bruscamente na primavera de 2020. Reconhecemos a oportunidade de ir mais fundo na nossa pesquisa e de servir e construir relacionamentos ainda mais profundos a longo prazo.

Durante anos, Keith e Frank Congiu, da LHH, organizaram em conjunto jantares para diretores de recursos humanos. Aliás, Frank e Keith organizaram um desses jantares em Manhattan a 4 de março de 2020, na noite antes da primeira série de confinamentos que acabaram por mergulhar o país num impasse. Pouco tempo depois, Frank e Keith comprometeram-se a reunir todos os diretores de RH com quem privavam há anos e a facultar-lhes uma plataforma para estarem disponíveis uns para os outros durante aquele período tumultuoso. Keith contactou amigos e clientes da World 50, Dell, Anaplan, Verizon, SAP, EY, Salesforce e de muitas outras empresas para fazerem o mesmo com os nossos respetivos clientes. Iríamos todos simplesmente servir, sem qualquer expectativa. Seguiu-se uma série de mesas-redondas virtuais, nas quais discutíamos a disrupção que se estava a viver e a forma de a podermos transformar num ponto de viragem para o futuro do trabalho. Em poucos meses, este grupo de participantes evoluiria para aquilo a que agora chamamos membros do Instituto GFTW.

O nosso papel passou por garantir que as primeiras mesas-redondas começavam com uma nota positiva e que a coelevação era o objetivo. «Começávamos sempre por pedir às pessoas que iniciassem com aquilo que era positivo para elas. Os participantes partilhavam histórias sobre passarem mais tempo com os filhos, não viajarem de avião há alguns meses e no futuro próximo, e sobre terem a oportunidade de conhecer melhor os colegas ao verem as suas casas e vidas familiares. Quando passávamos à fase seguinte da reunião, os líderes de RH estavam com um bom estado de espírito e preparados para partilhar as melhores práticas daquilo que a sua empresa estava a fazer e de como o estava a fazer. Estas mesas-redondas converteram-se numa excelente plataforma para a partilha de boas práticas», salientou Frank.

E o resultado? Os participantes na mesa-redonda eram capazes de transmitir novas formas de pensar — baseadas na evidência do que estava a resultar noutro lugar — às suas equipas de liderança num momento em que toda a gente se estava a sentir sobrecarregada. «Tenho clientes que participaram nas mesas-redondas e outros que não», disse Frank. «No geral, diria que as pessoas que foram além da sua organização e recorreram aos seus pares foram mais eficientes. Este é o poder do *crowdsourcing* de ideias e da colaboração com parceiros externos.»

Frank acrescentou que empresas como a Synchrony, a Wolters Kluwer e a IBM observaram um aumento nos índices de envolvimento dos seus funcionários a partir de práticas que aprenderam nestas sessões. «Isso aconteceu numa altura em que seria de supor que os índices poderiam descer», disse. «Diria também que estas pessoas se mostram, em geral, mais conectadas e interessadas quando me reúno com elas. Imagino que tenham bastante envolvimento externo, mas parecem estar particularmente gratas pelo modelo que criámos de maior partilha e compromisso.» Segundo Frank, houve um triplo ganho para a LHH, para os clientes e para si mesmo em termos de desenvolvimento profissional. «Não foi necessariamente algo que aprendi, mas certamente algo que confirmei: é importante liderar com generosidade», explicou Frank.

Esta simples e poderosa ideia de inclusão — estender a mão para que as pessoas se aproximem mais — acabou por florescer no Instituto GFTW e neste livro. Aquilo que está a ler é o fruto de uma colaboração mais profunda — surgida com a pandemia — entre clientes e parceiros.

EXPANDA OS SEUS *PERSONAL COACHES* NUM MUNDO À DISTÂNCIA

A nossa pesquisa mostrou que o nível mais íntimo de inclusão colaborativa, que cresceu consideravelmente durante as quarentenas e o distanciamento social de 2020, foi a maior vontade dos executivos de se abrirem uns com os outros em busca de conselhos. Muitos líderes desenvolveram redes de conselheiros e formadores para prestarem apoio pessoal durante a pandemia. Os nossos debates no Instituto GFTW mostraram como eles contactavam entre si com mais frequência e de forma mais profunda, principalmente pela necessidade sem precedentes de partilharem visões, com a ajuda das ferramentas virtuais que todos começámos a usar, e também por todo o tempo que se ganhou com a redução das viagens de negócios.

Em termos pessoais, muita gente se aproximou de velhos amigos com quem tinha perdido o contacto para uma partilha aberta e mais vulnerável e para promover ensinamentos entre pares. O ambiente virtual facilmente se prestava a que aproveitássemos os conselhos de colegas de dentro e fora da empresa, e até mesmo de fora do nosso sector. Aprendemos a blindar as nossas ideias com pessoas que respeitávamos e admirávamos e com uma série mais diversificada de indivíduos — como velhos amigos que tinham uma perspetiva completamente diferente da cultura da nossa organização. No nosso próprio trabalho, tivemos o privilégio de algumas das nossas reuniões de equipa terem contado com a presença de líderes de opinião que eram também nossos amigos, como Peter Diamandis, Jim Kwik e Vishen Lakhiani — e, em troca, tivemos a honra de podermos integrar e ajudar as suas equipas.

Uma lição poderosa que a pandemia nos deu é que, em matéria de aprendizagem e desenvolvimento, podemos ensinar-nos uns aos outros, de forma generosa, mesmo que nunca nos encontremos pessoalmente. Antes da pandemia, poderíamos encontrar-nos por acaso numa conferência de vendas, por exemplo, ou no bar, ao final do dia, quando os pares partilham as suas dificuldades e histórias à medida que se solidarizam e resolvem problemas. Quando o ambiente pandémico do trabalho à distância eliminou estas oportunidades de aprendizagem informal, os líderes de algumas empresas avançaram no sentido de formalizar o tipo de aprendizagem que antes acontecia por acaso. Com tantos funcionários *stressados* e apertados de tempo, houve uma necessidade urgente de os interligar através de recursos de ensinamento entre pares.

A WW (anteriormente conhecida como Weight Watchers) sempre se orgulhou da sua capacidade de providenciar uma rede de formadores certificados para apoiarem os seus membros (clientes) e de facultar uma rede de membros para se apoiarem entre si. À medida que o modelo de negócio da WW foi evoluindo no espectro digital, de modo a disponibilizar formação *online* e *workshops*, a empresa decidiu também levar a cabo uma orientação formal junto dos novos formadores *online*. Pequenos grupos compostos por três formadores reuniam-se semanalmente para partilharem as suas dificuldades e soluções à medida que passavam de uma orientação física para uma orientação *online*. Exploravam a forma de tirar o melhor partido dos seus *workshops online*, de criarem mais envolvimento dos membros *online* e de equilibrarem as suas responsabilidades pessoais (como cuidar dos filhos e ajudar na educação em casa) com as responsabilidades formativas. A orientação tornou-se um sistema formal de apoio e progressão entre pares numa nova forma de trabalhar.

Na Merrill Lynch, onde já existia a robusta Advisor Growth Network [Rede de Conselheiros de Crescimento] entre pares da empresa, o isolamento decorrente da pandemia levou à criação de um *podcast* quinzenal, moderado entre pares, com 3 a 4 mil consultores financeiros da Merrill a participarem semanalmente. «É inédito», disse o CEO Andy Sieg, «ter tantos consultores a fazerem uma pausa no que estão a fazer habitualmente para ouvirem o que a empresa e os seus pares têm a dizer».

O dinamismo e o livre fluxo de ideias entre os líderes do Instituto GFTW têm sido um excelente exercício contínuo na formação de equipas — um antídoto para o mundo em quarentena, com a inclusão como a força motriz da inovação e crescimento. À medida que o seu trabalho de coelevação em equipa for ganhando forma e evoluindo, quererá continuar a procurar oportunidades para chegar mais longe e atrair mais pessoas. No entanto, não será suficiente se encaixar uma equipa dinâmica e cocriativa numa estrutura de gestão rígida e hierárquica. Estas novas ferramentas e melhores práticas não vão atingir o seu potencial em termos de velocidade e flexibilidade se forem controladas por uma burocracia lenta e focada para dentro. Criar valor no novo mundo do trabalho é algo que se define pela capacitação da equipa e foco no cliente — os princípios centrais da gestão ágil, que é o tema do próximo capítulo.

Perguntas orientadoras

Como competir no novo mundo do trabalho

Unimo-nos enquanto equipa, com um compromisso comum em prol de uma colaboração radical, e não apenas em tempos de crise?

As empresas mais bem-sucedidas ignoram as estruturas organizacionais para garantir que toda a gente na equipa cruza a linha da meta ao mesmo tempo. Ao criarmos um novo contrato social com um compromisso de coelevação, e ao usarmos uma série de práticas de elevado retorno que promovem a inclusão e a colaboração, podemos obter um retorno inesperado e oportunidades de mitigação de risco.

Aproveitamos a inovação e a colaboração para lá da nossa equipa e de todos os segmentos da nossa organização?

Ouvimos falar da sabedoria das massas há séculos. Com o uso generalizado de tecnologias de comunicação e colaboração, as empresas radicalmente inclusivas lançam sistematicamente uma ampla rede em toda a organização e, ao fazê-lo, geram uma série mais vasta de ideias inovadoras e oportunidades de colaboração.

Potencializamos um ecossistema externo mais vasto de clientes, vendedores e parceiros para impulsionarem níveis mais elevados de colaboração?

Com a pandemia, demos por nós juntos nas trincheiras, a enfrentar desafios comuns. Como resultado, o que antes eram simples relações transacionais transformou-se repentinamente em relações mais profundas e mais fomentadas pela empatia. As empresas radicalmente inclusivas aprofundam parcerias externas e encontram oportunidades para se coelevarem junto dos clientes, vendedores e parceiros — e até concorrentes.

3.

LIDERE ATRAVÉS DA AGILIDADE EMPRESARIAL

A nossa pesquisa junto de grupos de foco no Instituto Go Forward to Work (GFTW) revelou de que modo as empresas afetadas pela pandemia, motivadas pela necessidade extrema, constataram que podiam atingir resultados extraordinários em tempo recorde. Algumas semanas após as primeiras recomendações para viajar num período de pandemia, a Delta Air Lines lançou uma Global Cleanliness Division [Divisão Global de Limpeza] inteiramente nova. A General Motors, em apenas um mês, muniu as suas linhas fabris de automóveis de ferramentas para fabricarem ventiladores respiratórios. A Unilever nem sequer produzia desinfectante de mãos no mercado norte-americano quando a pandemia chegou. Seis semanas mais tarde, a empresa estava a entregar um novo produto às lojas.

Estas e muitas outras empresas conseguiram estes feitos através de um conjunto de práticas a que chamamos de *agilidade na crise*. Encarregaram equipas auto-organizadas com objetivos mensuráveis específicos. As equipas encontravam-se frequentemente para colaborar no sentido de ultrapassar bloqueios. Inovaram e cocriaram através da constante iteração. Apostaram em resultados provisórios de curto prazo e depois continuaram a reavaliar e a operar com vista à concretização dos seus objetivos. Todas estas práticas são emblemáticas da *agilidade* — a disciplina de trabalho em rápida mudança que teve origem no campo do desenvolvimento de *software*.

A pandemia tornou a mudança rumo à agilidade uma necessidade, não uma escolha. A Delta Air Lines, por exemplo, tinha uma necessidade urgente de manter os passageiros seguros, desinfectando a sua frota após cada voo. O objetivo era claro e o benefício para o consumidor era óbvio, mas não havia tempo para conceber uma solução através dos canais hierárquicos habituais. Em vez disso, a tomada de decisão e a resolução do problema tinham de ser delegadas para patamares mais abaixo, para as pessoas mais próximas do trabalho em si — um princípio muito importante da agilidade. Nessas circunstâncias, as práticas de agilidade (fossem ou não reconhecidas como tal), como a auto-organização, reuniões diárias e *sprints** semanais provaram ser uma corda de segurança. Pela sua natureza, a agilidade convida à inovação revolucionária, porque a agilidade insta cada membro da equipa a continuar a perguntar: «De quem mais precisamos nesta equipa? Como podemos criar mais valor? Como é que este projeto pode ser melhor?».

«Durante as crises, verá gestores pasmados com a rapidez com que as suas equipas conseguem inovar e propor soluções», sublinhou Sarah Elk, coautora de *Doing Agile Right* com Darrell Rigby e Steve Berez, seus colegas na Bain and Company. No início de 2020, cruzei-me imensas vezes com Sarah e os seus colegas na digressão promocional do meu livro *Liderar sem Autoridade*. Mais tarde, ela tornou-se uma das minhas orientadoras quando o Instituto GFTW estava a investigar de que forma é que os princípios de agilidade poderiam ter um efeito duradouro no novo mundo do trabalho.

Constatámos que a agilidade na crise revelou as potencialidades de uma nova forma radicalmente adaptável de planear e executar o trabalho em toda a organização, da base até aos gestores de topo. Falamos de uma abordagem que acaba com a burocracia e a que chamamos de *agilidade empresarial*. Quando praticam a agilidade empresarial, todas as equipas, desde a equipa executiva até às restantes na hierarquia, partilham valores de agilidade comuns. A maioria das equipas é auto-organizada. Iteram rapidamente, ao partilharem problemas continuamente e ao superarem obstáculos em conjunto, tudo com o objetivo comum de proporcionar mais valor a mais clientes — de uma forma mais rápida e melhor.

---

* Conjunto de tarefas que devem ser executadas num período predeterminado. [N. da T.]

Práticas de elevado retorno para ser competitivo no novo mundo do trabalho

1. **Coloque sempre em primeiro lugar o valor para o cliente.**
2. **Impulsione a autonomia da equipa do topo para a base.**
3. **Conduza *sprints* quinzenais com vista a resultados mensuráveis.**
4. **Blinde o trabalho através do *feedback* da equipa.**
5. **Escale para sustentar a inovação.**

Muitos daqueles que recorreram a métodos de agilidade na crise durante a pandemia acabaram exaustos pela experiência, mas seria um erro confundir a turbulência da agilidade na crise com a prática da agilidade enquanto disciplina deliberada. «Com a agilidade», explicou Sarah Elk, «pode captar a velocidade da inovação como um processo constante, mas sem o caos que vem com as crises».

Essa é a promessa da agilidade empresarial no novo mundo do trabalho. O leitor altera a sua abordagem de liderança e delega a responsabilidade a equipas mais próximas da tarefa e mais próximas do cliente. Com a agilidade empresarial, a missão de todas as equipas é inovar e criar valor para o cliente. Ao mesmo tempo, os líderes precisam de dar às suas equipas oportunidades crescentes para assumirem cada vez mais responsabilidades operacionais no decurso das práticas de elevado retorno que em seguida elencamos. Em primeiro lugar, as equipas desenvolvem a disciplina de colocarem o valor para o cliente à frente de outras considerações. Depois, a autonomia de equipa é impulsionada do topo para a base, sendo delineados *sprints* quinzenais rumo à concretização de resultados mensuráveis. Depois de concluída a tarefa, esse trabalho é blindado através das considerações da equipa. O passo final é escalar a agilidade em toda a organização para que haja uma inovação sustentada de longo prazo.

O capítulo anterior mostrou de que forma as equipas remotas e mistas requerem elevados níveis de comunicação e responsabilização para atingirem uma colaboração radicalmente adaptável. O mesmo acontece com as equipas ágeis, mas estas elevam a fasquia ao conjugarem as melhores práticas de colaboração com o seu foco obstinado de criarem valor para o cliente. Enquanto líder, tem a oportunidade de servir como exemplo para um novo sistema operativo de agilidade que alcança uma adaptabilidade radical através de cada equipa na organização.

Durante o período de agilidade na crise vivido em 2020, era fácil ver como a agilidade criava valor para os clientes externos. A Delta ofereceu uma frota limpa e segura aos seus passageiros, a GM produziu ventiladores para pacientes hospitalares e a Unilever respondeu à procura de desinfectante de mãos, mas o benefício mais subtil e poderoso da agilidade empresarial está na forma como as equipas executivas podem mudar o seu comportamento para servirem clientes *internos* — outros departamentos e divisões dependentes dos seus processos de trabalho. Esses clientes internos, por sua vez, ficam mais capazes de satisfazer os clientes externos da empresa. É assim que a agilidade empresarial contribui para elevar o desempenho, melhorar os resultados gerais e fazer crescer os lucros.

COLOQUE SEMPRE EM PRIMEIRO LUGAR O VALOR PARA O CLIENTE

Em março de 2020, quando os governos estaduais dos Estados Unidos da América (EUA) começaram a emitir ordens de saúde pública restringindo o número de pessoas nas lojas, a Target Corporation, como todos os retalhistas, enfrentou uma série de problemas inesperados. Como é que os milhares de gerentes das lojas da Target conseguiriam controlar o fluxo de clientes para cumprirem estas regras? A Target considera os clientes seus convidados. Deixar as pessoas à espera em longas filas, fora das lojas e com as temperaturas de março, não é forma de tratar os convidados.

Os líderes das equipas de três divisões da Target — as equipas de tecnologia, lojas e digital — reuniram-se numa sexta-feira à tarde e decidiram que a solução ideal seria uma aplicação distribuída pelos dispositivos móveis utilizados pelos membros das equipas de loja. Para controlar o fluxo de clientes e respeitar os códigos de saúde locais, a aplicação seria uma melhoria face aos contadores manuais, folhas de inscrição e filas de compradores à espera do lado de fora das lojas. Mas será que a empresa conseguiria desenvolver uma única aplicação para todos os membros das lojas da Target quando os limites variavam tanto entre estados e cidades? Para complicar as coisas, esses limites estavam a mudar com frequência, às vezes diariamente. Na segunda-feira seguinte já tinha sido criada uma equipa de desenvolvimento ágil para executar esta tarefa.

«Debruçámo-nos sobre como eram feitas as filas noutros espaços», recordou Lindsay Keyser, a líder de produto neste projeto. «Tirava-se uma senha, como na charcutaria, fazia-se fila ao balcão, como para comprar o jornal, ou dava-se o nome, como num restaurante?» Os membros da equipa acabaram por optar pelo modelo de *check-in online* dos cabeleireiros — sai um cliente, entra outro. Conceberam uma aplicação para dispositivos móveis que seria personalizada de modo a ajudar as equipas das lojas a usarem os seus aparelhos portáteis de gestão do número de clientes nas lojas.

Foram criadas equipas de engenharia de *software*, compostas por 3 a 20 pessoas, que começaram a trabalhar nas diferentes funcionalidades da aplicação — uma equipa programava o código para a interface do utilizador, enquanto outra equipa criava o código para a arquitetura subjacente.

Os engenheiros chegaram a ficar em chamadas remotas durante horas, enquanto criavam códigos em conjunto e partilhavam ideias. Em poucos dias, tinham algo que já estava pronto a funcionar. «Na quinta-feira seguinte já estávamos em loja», disse Lindsay. Um dos engenheiros disse-lhe mais tarde: «Nunca enviei nada para uma loja que tenha sido desenvolvido numa semana e meia. Foi fantástico.»

Durante todo este processo de esforço, houve uma série de detalhes traiçoeiros. As restrições no estado do Arizona eram particularmente rigorosas e, aí, as lojas solicitavam mudanças frequentes. A equipa tentou dar o controlo da aplicação a cada loja, mas rapidamente percebeu que tinha de recuperar esse controlo. O processo de agilidade provou ser rápido e flexível, à medida que surgia cada novo problema. Os membros das lojas davam *feedback* diretamente à equipa de desenvolvimento, que fazia ajustes, corrigia erros e melhorava a experiência do utilizador.

Graças à agilidade, a aplicação chegou aos clientes internos sem necessidade de uma autorização orçamental, sem uma solicitação de recursos a aguardar aprovação da administração e sem uma análise burocrática de qualquer tipo. A equipa foi capacitada para tornar a sua ideia realidade.

«Foi muito divertido arrancar sem um modelo definido de como seria a aparência dos ecrãs», disse Lindsay. «Não havia nada do género para nos atrasar. Simplesmente lançámos algo e, se fosse confuso, podíamos melhorá-lo. Os ecrãs eram dinamicamente configuráveis para que pudéssemos entrar e melhorar a sua aparência — e as alterações surgiriam em dez minutos nos dispositivos de cada loja, sem que ninguém precisasse de atualizar a aplicação.»

A capacidade das equipas da Target de se mexerem rapidamente e de forma flexível reflete o efeito profundo que a agilidade tem nos comportamentos laborais e atitudes em toda a empresa. «Há uma cultura de flexibilidade e colaboração por defeito», explicou Rich Agostino, diretor de segurança da informação da Target e membro do corpo docente do Instituto GFTW. A mentalidade ágil — marcada pelo espírito do otimismo, resolução de problemas, experimentação e aprendizagem a partir dos erros — facilitou a inovação e o desenvolvimento de produto e possibilitou uma cultura de agilidade empresarial mais vasta na Target. «Os silos não podem existir», disse Rich, «porque as equipas dependem todas umas das outras para operarem e cocriarem soluções que, em última análise, oferecem experiências fantásticas aos convidados da Target».

Após o lançamento do produto, os engenheiros da divisão das lojas analisaram, numa série de reuniões diárias de acompanhamento — que eram realizadas de pé, para não demorarem mais do que o tempo necessário —, o *feedback* em tempo real dos utilizadores. Separaram as suas necessidades de ajustes, alterações e novas funcionalidades e davam-lhes prioridade nos pedidos de tarefas a realizar. Sob o modelo tradicional de gestão, a aplicação não teria chegado a este ponto em semanas ou meses. Possivelmente, teria havido ronda atrás de ronda de reuniões para determinar o que devia ou não estar na aplicação antes de as pessoas fornecerem as suas especificações a uma equipa de técnicos, que depois poderia ter subcontratado o projeto a uma outra empresa. Segundo a antiga forma de fazer as coisas, a necessidade de criar uma aplicação poderia ter desaparecido no momento em que estaria pronta para ser lançada.

A necessidade de rapidez é o motivo pelo qual, à medida que todo o mundo empresarial se tornou cada vez mais dependente das tecnologias digitais, a agilidade se foi introduzindo cada vez mais nos processos empresariais. Em 2017, quando a cotação em bolsa da Target estava a ser prejudicada pelo fraco crescimento das receitas, a empresa estabeleceu o objetivo de aumentar anualmente em 10 mil milhões de dólares as vendas das suas marcas próprias mais rentáveis. Para tal, a Target precisou de desenhar e lançar 30 novas marcas ao longo dos dois anos e meio seguintes[1].

No entanto, havia um problema. O lançamento de novas marcas próprias era responsabilidade de duas equipas — *design* de marca e jurídica —, e elas nunca tinham lançado mais de duas novas marcas num ano. Para cada nova marca, o processo do início ao fim, normalmente, demorava 18 meses. Agora, as duas equipas não tinham outra opção a não ser transitar para um processo de agilidade empresarial que se focasse em satisfazer um cliente interno importante: a divisão de retalho da Target, com a sua necessidade urgente de 30 novas marcas próprias.

A primeira coisa a ser descartada foram os arcaicos, lineares e burocráticos processos através dos quais a equipa de *design* de marca fazia uma apresentação formal que demorava à equipa jurídica semanas a avaliar e a responder. Em vez disso, ao trabalhar no regime de *sprints* semanais e quinzenais e ao realizar reuniões diárias para proceder a contínuas correções de rumo durante o processo, a equipa multifuncional de *design* e jurídica produziu, em dois anos, resultados que anteriormente teriam demorado dez anos ou mais.

A necessidade urgente de acelerar drasticamente os processos de trabalho lentos, hierárquicos e burocráticos foi precisamente o que inspirou, logo à partida, a criação do desenvolvimento de *software* ágil. A agilidade surgiu nos anos 90 como resposta a uma crise de toda a indústria: a forma tradicional de programar código de *software* estava a falhar aos seus clientes. O *software* empresarial tinha-se tornado tão complexo que escrever um novo código estava a demorar demasiado tempo. Os programadores lançavam *software* que estava obsoleto no momento da entrega. O velho e confiável *processo em cascata* passo a passo* de programação de código — enviar trechos de código terminados para avaliação e aprovação por meio de uma série de etapas de controlo — era obsoleto. As práticas ágeis evoluíram para que o *software* pudesse ser atualizado mais facilmente e mais frequentemente, numa base contínua, de modo a poder responder rapidamente às necessidades em mudança dos clientes.

Agora, chegou uma crise semelhante à liderança empresarial no novo mundo do trabalho. As novas tecnologias estão a criar oportunidades a uma velocidade mais rápida do que aquela com que os velhos métodos burocráticos conseguem lidar com elas de forma eficiente. À medida que a tecnologia digital se torna um fator determinante no futuro de quase todas as indústrias, a agilidade empresarial converte-se no sistema operativo natural para a adaptabilidade radical.

IMPULSIONE A AUTONOMIA DA EQUIPA DO TOPO PARA A BASE

A agilidade empresarial produz soluções inovadoras através da contínua experimentação e testes com vista a resultados mensuráveis. Com ela, superam-se os obstáculos criados pela burocracia e para os quais não há quaisquer soluções burocráticas.

A título de exemplo, se para proteger os dados da empresa de forma segura se recorre a silos burocráticos, isso pode levar a que esses dados sejam praticamente impossíveis de usar e partilhar de formas que criariam valor para os clientes. Esse foi o problema enfrentado por Mariya Filipova na companhia de seguros de saúde Anthem, Inc. em 2017, quando era vice-presidente da Anthem Innovation. Os dados dos pacientes são uma poderosa fonte de inovação nos procedimentos e tratamentos médicos, mas os sistemas de segurança de dados da Anthem e as complexas regras de governança tornavam os dados dos pacientes inacessíveis não só aos piratas informáticos, mas também aos investigadores.

* No processo de gestão de projetos em cascata, documenta-se cada passo e cada nova fase só começa após a conclusão da anterior. [N. da T.]

Mariya e a sua equipa utilizaram uma abordagem ágil para resolverem o problema de como partilhar dados anonimizados de pacientes de uma forma que garantisse simultaneamente a privacidade dos pacientes e a segurança da empresa. O resultado desejável seria um mecanismo de teste rápido e fiável, uma *digital sandbox**, acessível *online*, que permitisse que investigadores e ferramentas automatizadas de *machine learning* pesquisassem os enormes armazéns de dados da Anthem. A primeira tarefa? Mariya propôs-se a identificar os pensadores inovadores de cada uma das equipas focadas na ciência de dados, segurança da informação e aspectos jurídicos. Depois, desafiou cada um deles com a seguinte pergunta: porque acha que a *sandbox* é uma má ideia? Ela e a sua equipa tomaram nota de cada preocupação e objeção que ouviram e, em seguida, incorporaram esses problemas nos OKR específicos do projeto — os objetivos e os principais resultados [Objectives and Key Results] através dos quais mediriam o sucesso do projeto.

Ao fim de três meses, a equipa de Mariya apresentou um protótipo para a *sandbox* de dados que cumpria todos os requisitos de segurança, mas os utilizadores recrutados para testar a plataforma acharam-na lenta e difícil de trabalhar. Ao longo dos seis meses seguintes, alguns destes utilizadores iniciais foram chamados a ajudar a desenhar e construir a segunda versão da *sandbox*, que funcionava muito melhor. Essa nova versão deu acesso a 7 mil milhões de sinistros acionados ao longo de 12 anos, e os investigadores utilizaram os dados para estudarem a progressão das comorbilidades (os efeitos de dois problemas de saúde num paciente) e identificarem os melhores métodos para tratar o cancro de mama e prevenir a sua recorrência. No prazo de um ano, uma nova versão da *sandbox*, com uma experiência de utilizador melhorada, permitiu o acesso a mais 12 milhões de sinistros.

Resultados como os da Anthem só são possíveis quando as equipas estão a iterar e a aprender sozinhas, e não a seguir orientações vindas de cima. Os defensores da agilidade citam frequentemente a seguinte frase do lendário John Tukey, que foi um pioneiro na criação de métodos

---

* Plataforma eletrónica para testar, executar e bloquear programas e códigos potencialmente maliciosos. [N. da T.]

estatísticos para computadores: «É muito melhor uma resposta aproximada à pergunta certa, que é frequentemente vaga, do que uma resposta exata à pergunta errada, que pode ser sempre feita com precisão»[2].

Toda a gente sabe como é trabalhar em projetos mal concebidos que falham porque a tarefa definida pelos gestores de topo era responder às perguntas erradas. Com a agilidade empresarial, o trabalho de cada equipa é inovar e criar valor para o cliente. Não é para que os membros da equipa provem o seu valor aos seus supervisores. «Quando a agilidade é feita como deve ser, não significa perder controlo, significa modernizá-lo», disse Rich Agostino. «Não haverá muitas pessoas a queixarem-se da eliminação de processos que consideram burocráticos.»

Liderar com uma mentalidade ágil e conquistar a agilidade empresarial requer que os líderes se abstenham de microgerir operações e que despendam mais tempo a definir as missões estratégicas que orientam as suas equipas. «Os princípios da agilidade podem assemelhar-se a uma receita para um ambiente que está a ser controlado de forma medíocre», explicou Rich. «Ouvi quem se referisse a estes princípios como o Faroeste, porque não os compreendem». Na qualidade de diretor de segurança da informação da Target, Rich acrescentou: «seria fácil para mim assustar-me por ter de estar a par dos lançamentos diários de alterações de códigos, testar nova tecnologia e suprimir velhas estruturas de fiscalização como as etapas de controlo. Mas, em vez de estar receoso, aceitei isso como uma oportunidade para pensar de forma diferente sobre a forma de construir uma agilidade de segurança».

Na Target, a agilidade de segurança é alcançada, em parte, pela atribuição — a centenas de programadores — do acesso a ferramentas de teste de segurança que fornecem em minutos o *feedback* desses testes. Em vez de tentar ensinar procedimentos de segurança aos engenheiros através de sessões de formação rígidas e previamente agendadas, a Target fez da formação um processo contínuo — através de torneios de codificação seguros e outras experiências gamificadas. A abordagem da Target é um exemplo de excelência de como os líderes dão às equipas ágeis oportunidades crescentes para assumirem cada vez mais responsabilidades operacionais. Na Target, todas as equipas de tecnologia dentro da empresa, e não apenas a equipa de cibersegurança, são responsáveis por atingir os objetivos de segurança da empresa.

Afastar-se do controlo prático pode parecer arriscado, mas a inovação sempre foi arriscada. Continuar a mudar o seu negócio ao mesmo ritmo que ocorrem as mudanças nas suas tecnologias, nos seus clientes e na sua indústria implica risco. Tradicionalmente, a inovação feita por meio do modelo de comando e controlo tenta reduzir o risco através de um planeamento deliberativo antes do início do trabalho real, mas essa abordagem apenas aumenta o custo de estar errado. Os estudos existentes revelaram que cerca de dois terços das empresas da *Fortune* 500 foram forçadas a abandonar os seus principais planos estratégicos, muitas vezes com enormes custos[3].

Em contraste, a experimentação ágil controla o risco através de testes frequentes e aprendizagem acrescida. O capitalista de risco Fred Wilson, da Union Square Ventures, analisou o desempenho de seu portefólio de *start-ups* e concluiu que, entre as *start-ups* fracassadas, 80% nunca conseguiram inovar além da visão original que tinham tido para as suas empresas. Contudo, entre as *start-ups* bem-sucedidas, dois terços obtiveram sucesso ao descartar qualquer visão fundadora que as tivesse financiado, porque o processo de tentativa-erro as levou a uma nova visão de sucesso[4]. O YouTube, por exemplo, foi originalmente lançado como uma aplicação de encontros por vídeo — e fracassou. Só nessa altura é que os fundadores decidiram tentar usar a sua tecnologia *online* para uma aplicação mais vasta[5].

O *design* ágil da *sandbox* digital da Anthem é um ótimo exemplo de como a agilidade reduz o risco de contração, enquanto possibilita fortes ganhos. O princípio orientador de cada nova funcionalidade era começar com uma dimensão pequena, mas ser desenhado — logo desde início — com o objetivo de escalar. Dessa forma, quando alguma coisa não funciona bem, pode ser travada rapidamente com o mínimo de recursos perdidos. Mas quando alguma coisa, de facto, corria bem, o processo permitia que a funcionalidade fosse acelerada e escalada muito mais rapidamente do que no passado.

«O ritmo da nossa transformação enquanto organização», escreveu Mariya num dos seus relatórios, «é diretamente proporcional à velocidade a que podemos executar experiências relevantes para o negócio». A sua observação lê-se como um credo para o sucesso no novo mundo do trabalho.

CONDUZA *SPRINTS* QUINZENAIS COM VISTA A RESULTADOS MENSURÁVEIS

Com a agilidade empresarial, o espírito de experimentação e o foco em resultados mensuráveis abre portas a todos os tipos de oportunidades para a equipa de liderança aumentar a sua eficácia. O leitor faz mais perguntas e dá menos indicações. O que vamos atingir esta semana? E nas próximas duas semanas? Como nos movimentamos? Onde é que temos de fazer mudanças? Podemos medir o resultado? Se não, porque não? Fazer estas perguntas através de uma iteração ambiciosa e rápida ajuda a manter as equipas de agilidade no rumo certo.

O passo seguinte essencial é executar por meio de *sprints* semanais ou quinzenais. Trabalhar desta forma permite ajustes e mudanças provisórias para garantir que as equipas não se desviam do objetivo — algo que acontece quando as equipas apontam para resultados mensais ou trimestrais. Na maior parte das situações, os *sprints* de duas semanas são suficientemente frequentes para que seja realizada uma parte substancial do trabalho com vista a um resultado mensurável, ao mesmo tempo que permitem ajustamentos antes de se avançar para o *sprint* seguinte. A agilidade na crise foi frequentemente alcançada através de *sprints* semanais.

No final do *sprint*, os membros da equipa têm uma reunião e um debate em torno de várias questões: o que atingimos? Para onde vamos? O que é que precisamos da equipa e uns dos outros? Onde estão os obstáculos e os bloqueios de percurso? A capacidade de proceder a mudanças, de *sprint* em *sprint*, é a base da eficiência ágil. O leitor celebra os progressos ao atingir objetivos mensuráveis de curto prazo — e quando surgem erros e becos sem saída ao longo do percurso, os impactos negativos são limitados porque a sua equipa está a iterar quinzenalmente e a reunir-se frequentemente, até mesmo diariamente. Estas formas iterativas e simples de organizar o trabalho podem manter a sua equipa em constante triangulação, *sprint* após *sprint*, rumo à Estrela do Norte dos objetivos de longo prazo da organização.

As equipas de tecnologia baseiam-se em processos ágeis formalizados com vista a uma inovação contínua ao longo de todos os processos de sistemas e tecnologias que alicerçam as atividades da organização.

A título de exemplo, na Target, o processo de verificação do cliente é continuamente mantido e atualizado por grupos de equipas ágeis multifuncionais, com cada equipa a trabalhar na melhoria contínua de uma funcionalidade específica do processo de verificação, como a digitalização dos itens, o desconto de cupões e a autorização de pagamento.

No âmbito do processo de agilidade, um líder sénior da equipa de operações de loja da Target «detém» a visão, o roteiro e o estabelecimento de prioridades em matéria de funcionalidades de todo o processo de verificação. Esse líder faz uma parceria com os membros da equipa de tecnologia, de forma acelerada e interativa, o que inclui reuniões diárias (por vezes chamadas de *scrums*), de modo a dar prioridade às atualizações e alterações de produto, em linha com as alterações no comportamento e preferências do consumidor.

É assim que uma equipa ágil é posta em movimento, com uma *nobre missão* delineada por um executivo sénior que define o problema do cliente que precisa de ser resolvido. Na Target constitui-se cada equipa ágil multifuncional (normalmente entre cinco e nove pessoas) com um *dono* e um *formador* ágil, ou um *mestre de scrum*, que ficam incumbidos de monitorizar os progressos e manter o processo no rumo certo. A equipa organiza uma carteira de tarefas e define uma sequência de prioridades para a execução dessas tarefas, tendo sempre em conta o impacto no cliente e o valor para o cliente.

No cerne de cada esforço de agilidade bem-sucedido está o resumo inicial do projeto, que garante o alinhamento e velocidade com vista a um objetivo comum. Estes esquemas, que ocupam uma página e que são criados pelo dono da iniciativa, abrangem resultados, marcos, recursos necessários e impedimentos. Uma vez escrito o resumo, passa-se ao *sprint zero*, em que a equipa trabalha para chegar a acordo quanto a esse mesmo resumo, desafiando todas as premissas e clarificando, de forma exata, o que é para ser apresentado e quando.

Assim que a equipa tenha as ideias claras em relação a estas questões e concorde com o resumo, a equipa ágil normalmente arranca com o primeiro *sprint* de duas semanas, começando com a missão que está no topo da carteira de tarefas, para depois se reunir todas as manhãs com vista a analisar os obstáculos e ver quem precisa de ajuda. Um objetivo habitual é que, a cada duas semanas, a equipa tenha um protótipo funcional para oferecer aos clientes. Depois, a equipa junta-se para discutir o *sprint* das duas semanas seguintes.

David Frazee, vice-presidente do Corporate Research Systems Lab da 3M, no Minnesota, tem vindo a liderar, há mais de 15 anos, dezenas de grupos de equipas que realizam trabalho ágil. Uma vez que David Frazee começou a sua carreira com métodos lentos, burocráticos e do topo para a base, fala de agilidade como alguém que passou por um processo de reabilitação. Certa vez, quando estava a tecer as considerações finais num evento de formação de agilidade de três dias, junto de 35 equipas, disse-lhes: «Vocês não estiveram apenas a receber formação. Estiveram em reabilitação. A partir deste preciso momento, começarão a comportar-se de forma diferente, porque, quando saem da reabilitação, não podem ter uma recaída».

Conceber o trabalho ágil requer que se dividam grandes tarefas em tarefas mais pequenas que cada equipa ágil pode assumir em simultâneo. A arte da conceção do trabalho ágil, segundo David, é garantir que cada tarefa de equipa é pequena o suficiente para ser rapidamente alcançável, mas suficientemente grande para ter significado.

«Todas as equipas precisam de fazer alguma coisa que importe», disse David. «Não pode ser grande a ponto de colocar algo muito importante em risco, mas não pode ser pequeno a ponto de as pessoas o menosprezarem e de as levar a dizer: "Bem, qualquer pessoa consegue fazer isto."» A agilidade é um movimento, no sentido em que todos os projetos ágeis são uma publicidade para o processo. Reflete o valor de fazer as coisas desta nova forma.

«Irá querer dimensioná-la de modo que a conquista seja notável», disse ele. «Quererá que as pessoas olhem e digam: "Fez tudo isto só com essas pessoas?"»

A agilidade é inclusiva por defeito e construída para formar equipas transversais. Os novos funcionários, por mais mal preparados e ingénuos que possam ser, podem ser colocados diretamente numa equipa ágil, em que a estrutura de auto-organização da equipa ajuda de forma natural os novos membros a perceberem onde podem contribuir no imediato. Para a 3M, este foi um bónus inesperado, disse David. A agilidade foi introduzida na 3M com a expectativa de que aumentaria a velocidade e a produtividade. «Mas aquilo de que não nos tínhamos apercebido», disse ele, «era que se pode acrescentar ininterruptamente equipas e pessoas à organização — basicamente, à nossa vontade. Podemos escolher qualquer pessoa e simplesmente integrá-la numa equipa, e ser-lhe-á atribuída uma tarefa compatível com as suas competências.»

Esta é uma grande diferença face à forma como as coisas se costumavam processar na 3M, em que um jovem funcionário recém-chegado precisaria primeiro de aprender tudo sobre a burocracia dos orçamentos, planos e projetos, «e, por fim, quando tivesse compreendido tudo isso, poderia ser capaz de contribuir e encontrar o seu nicho».

Antes de março de 2020, quando a pandemia obrigou toda a gente a trabalhar a partir de casa, as reuniões diárias das equipas de agilidade da 3M eram sempre somente isso — uma reunião presencial no escritório para trocar ideias sobre o trabalho do dia. Quando essas reuniões diárias subitamente se converteram em reuniões diárias à distância, abriu-se uma nova possibilidade à empresa — as equipas ágeis já não precisavam de estar no mesmo espaço. Com 70% dos funcionários do laboratório da 3M na sede do Minnesota, nunca tinham pensado que estavam a perder as contribuições dos outros 30% de funcionários do laboratório que trabalhavam noutras equipas por todo o mundo. As unidades da 3M na Ásia e na Europa, que já tinham integrado o seu trabalho com o laboratório principal no Minnesota uma vez por mês, estão agora plenamente envolvidas nas equipas ágeis remotas e híbridas da 3M.

«O que realmente aconteceu foi que isso nos obrigou a encarar os laboratórios globais como parte da nossa equipa», explicou David Frazee. «Essa foi, de facto, a inovação. Se não tivéssemos sido obrigados a fazê-lo, diria que provavelmente ainda pensaríamos neles da seguinte forma: "Olhem, podem verificar o nosso trabalho e garantir que concordam com ele?"»

BLINDE O TRABALHO ATRAVÉS DO *FEEDBACK* DA EQUIPA

Ao funcionar no regime de *sprints*, com vista à obtenção de resultados focados no consumidor, a agilidade dá-nos uma nova forma de trabalhar. As equipas perdem a obsessão pela produtividade de cada membro e focam-se num sentido de responsabilidade mútua entre os membros das equipas auto-organizadas e multifuncionais. A presença de pessoas de diferentes departamentos fornece pesos e contrapesos ao longo do processo. Uma vez mais, a chave é assegurar-se de que consegue envolver todos os devidos *stakeholders*, mas, se os membros de uma equipa interdepartamental cruzarem a linha da meta juntos, o grupo terá provavelmente alcançado o seu resultado por ter abordado proativamente o tipo de problemas que o poderia ter feito fracassar se não tivessem sido identificados a tempo. Por vezes, ouvimos pessoas a chamarem a esta abordagem uma *pre mortem*.

Os líderes que gerem equipas ágeis podem perguntar-se de que forma conseguirão assegurar-se de que os seus funcionários são produtivos. Sem resultados em matéria de microgestão, querem saber como podem certificar-se de que as pessoas se estão a esforçar ao máximo. Mas é isto que a maioria dos executivos *devia* perguntar-se: como garanto que os meus funcionários estão a trabalhar juntos e a trabalhar bem? Esta pergunta toca na essência da questão de como os líderes gerem e concebem as suas organizações com vista à responsabilização — e a questão certamente ultrapassa a forma como as suas equipas estão organizadas.

A vantagem de trabalhar em *sprints* é que, nos dias de intervenção — ou até horas, dependendo da urgência do projeto —, os membros da equipa assumem a responsabilidade para decidir que trabalho tem de ser feito, por quem e até quando. Este tipo de responsabilização entre pares é o melhor amigo do gestor sobrecarregado. Se passar o dia a tentar responsabilizar toda a gente, não estará verdadeiramente a liderar. Estará mergulhado nos detalhes e não estará a ajudar quem quer que seja. Na verdade, provavelmente estará a atrasar a sua equipa e a sua empresa.

As equipas de agilidade devem operar de modo que o cumprimento de um objetivo ou conclusão de um projeto não seja o compromisso individual de uma só pessoa; é responsabilidade da equipa. Esta abordagem está em linha com o compromisso de colaboração de «cruzar a linha da meta em conjunto». Se alguém tropeça ou encontra problemas, um outro colega precisa de parar, olhar para trás e trazer um membro da equipa para ajudar. Isso pode significar partilhar recursos ou partilhar tempo, mas é absolutamente decisivo ter uma equipa que partilha a responsabilidade.

A transição para a liderança ágil e a incorporação de *sprints* conferem às suas equipas uma *estrutura* para a responsabilidade. Mas como garante que os seus membros estão a comunicar uns com os outros e a fornecer a toda a gente a informação de que precisam para se responsabilizarem uns aos outros? Nós recomendamos uma tática a que chamamos *blindagem*.

Quando a Ferrazzi Greenlight começa a trabalhar com uma organização, uma das primeiras coisas em que reparamos durante as auditorias iniciais às reuniões de equipa é a quantidade de tempo despendida na apresentação de *relatórios*, em que uma pessoa explica — demoradamente — aquilo em que a equipa está a trabalhar. Tantas oportunidades perdidas para uma verdadeira colaboração e resolução de problemas! Isto verifica-se particularmente com equipas cujos membros estão empenhados em responsabilizar-se uns aos outros.

Com a blindagem, o relatório converte-se numa apresentação focada. Um indivíduo despende 15 minutos a falar sobre os grandes projetos que tem em mãos, bem como sobre os riscos e desafios, e — um aspecto imprescindível — sobre o que pode a equipa fazer para ajudar. A equipa é então dividida em pequenos grupos de três pessoas para discutirem a apresentação de uma forma construtiva. Estas pausas na reunião principal podem ser curtas — dez minutos, por exemplo —, mas o tamanho do grupo pequeno não é negociável. Devem ser três pessoas. Se houver mais de três pessoas nos momentos de segmentação, a franqueza sai porta fora.

Durante a pausa, os pequenos grupos discutem o seguinte:

- Para que desafio ou risco devemos chamar a atenção do grupo alargado?
- Que inovação ou novas ideias podem ser benéficas?
- Que ajuda ou recursos podemos oferecer?

Após as pausas, todos voltam a reunir-se e a apresentar a sua visão. A beleza da blindagem é que o leitor fez mais do que fornecer *feedback* a quem estava a apresentar. Ajudou a mitigar o risco, ao trazer à superfície todos os problemas potenciais que quem estava a apresentar, sozinho, não conseguiria ter antecipado. Obtém novas ideias. E, acima de tudo, destaca as interdependências do grupo.

As equipas ágeis com uma missão clara e recursos adequados são capazes de se auto-organizarem e de se autogerirem. As equipas decidem que abordagens, pessoas e recursos serão necessários para atingirem os seus objetivos, e o comportamento dentro da equipa evolui, passando de normas centradas na autoridade para culturas centradas no consumidor. A responsabilidade flui de cada membro para a equipa, e da equipa para cada membro. A equipa fornece *feedback* sobre o desempenho — e não apenas o chefe. A este nível, a responsabilização entre pares é um novo músculo que as nossas equipas devem exercitar regularmente para se desenvolverem plenamente, mas, assim que seja posta em prática, os seus colegas perceberão que têm de fazer parte do sucesso uns dos outros. Só nessa altura é que cruzarão a linha da meta juntos.

ESCALE PARA SUSTENTAR A INOVAÇÃO

O pré-requisito para uma equipa de liderança escalar a agilidade empresarial assenta em garantir que a própria equipa está a funcionar sob os princípios da agilidade. Está verdadeiramente empenhado em ajudar as pessoas a aprenderem com o seu exemplo? Está a abrir mão do controlo e está a criar laços de confiança? Está a deixar as suas equipas descobrirem o que o cliente quer, ou ainda está a tentar ditar as suas próprias perceções dos desejos do cliente? Mais importante ainda: os membros da sua equipa de liderança devem operar fora dos silos das suas responsabilidades funcionais e juntar-se no interesse da organização.

Na obra *Doing Agile Right*, Sarah Elk *et al.* assinalam a Dell como um exemplo de liderança ágil ao nível organizacional. Segundo estes autores, a Dell faz quatro coisas que a distinguem das empresas convencionais:

- *A Dell planeia por meio de amplos contributos do cliente.* O planeamento é feito, em grande medida, com base na informação dada pelos clientes, seja por meio de pesquisas diretas junto destes ou pelo incentivo às equipas mais próximas dos clientes para sugerirem elementos ou melhorias.

- *A Dell maximiza a discricionariedade nas suas equipas.* Estabelece objetivos e fornece orientação, mas deixa o *como* para as suas equipas.
- *A Dell evita* o multitasking *na equipa de topo.* Muitos gestores de topo tentam fazer tudo de uma vez. Na Dell, os líderes sequenciam iniciativas para evitarem tentar fazer demasiado. Segundo Sarah, «a Dell estabelece uma barreira de fasquia elevada nas suas iniciativas corporativas, pelo que, por norma, menos de uma dúzia estão ativas em simultâneo».
- *A Dell revê e atualiza planos frequentemente.* A agilidade é baseada na testagem e experimentação. Isso requer constantes correções de rumo e atualizações de estratégia contínuas, baseadas no que está a resultar para os clientes e o que não está[6].

Simplificando, a melhor forma de apoiar as equipas de agilidade é a própria equipa de liderança operar através da agilidade empresarial, com os seus próprios *sprints* quinzenais direcionados para resultados mensuráveis e com reuniões frequentes, responsabilização entre pares e sessões de blindagem do trabalho.

A velocidade e flexibilidade da agilidade faz com que esta seja a ideal abordagem radicalmente adaptável para as rápidas mudanças no novo mundo do trabalho. A agilidade limita os riscos negativos da mudança e amplia as suas oportunidades de crescimento, mas apenas o líder pode fazer todo o planeamento estratégico e as escolhas orçamentais necessárias para maximizar o impacto das equipas de agilidade. As equipas de agilidade só conseguem ser tão boas quanto a sua estratégia, pelo que o leitor, à medida que se retira das operações de supervisão, precisa de despender mais tempo e esforço do que nunca para melhorar a capacidade de antecipação e a resiliência estratégica da organização. Quando a agilidade confere aos líderes mais margem para se focarem nas tarefas de muito mais elevado valor, e que apenas eles podem fazer, pode tornar-se um sistema operativo para a adaptabilidade radical disciplinada.

Também há riscos quando se executa mal a agilidade. A agilidade representa uma ideia atrativa e elegante que, como muitos outros termos empresariais, pode ser usada abusivamente e ficar desprovida do seu significado. No topo, há líderes que irão dizer que «precisamos de ser mais ágeis» como um pretexto para despedir os gestores intermédios. Na base, as equipas ágeis sem responsabilização entre pares podem afirmar que o seu chamado processo ágil é o motivo pelo qual o seu trabalho está fraco, atrasado ou incompleto. Algumas equipas impuseram a agilidade em algumas das suas unidades como medida de redução de custos, esperando uma produtividade acrescida sem providenciar qualquer um dos apoios culturais e materiais exigidos nos locais de trabalho com muitas equipas ágeis.

Segundo Rich Agostino, a Target reorganizou os seus sistemas em 2015, com vista à agilidade, e tem estado a investir na sua cultura de aprendizagem ágil desde então. Atribui o mérito inicial do sucesso da agilidade na Target ao apoio da empresa para treinar o método. Os membros das equipas foram treinados para funções formais, como formadores de agilidade e formadores técnicos de apoio à transição, e a Target abriu um centro de aprendizagem ágil chamado Target Dojo, onde as equipas de engenharia podem adquirir novas competências enquanto trabalham em soluções do mundo real. A Target também promove a ideia de *50 dias de aprendizagem* por ano para cada funcionário. É esperado que os funcionários passem quase um quinto do seu tempo a adquirir novas competências centradas na agilidade.

Segundo Rich, «para quem iniciou o percurso da agilidade por necessidade, durante a pandemia», «é importante saber que construir e sustentar verdadeiramente a agilidade requer uma mudança cultural que se processa durante muitos anos». Parte da mudança cultural está no ritmo geral do próprio trabalho. As reuniões diárias e os *sprints* quinzenais podem ser uma fonte de *stress* e ansiedade para alguns. Fazer parte de várias equipas multifuncionais ao mesmo tempo, todas elas a trabalhar em diferentes projetos e com diferentes prazos de entrega, pode levar a uma sobrecarga colaborativa. No próximo capítulo, debruçamo-nos sobre a necessidade de construir a resiliência de equipa como parte essencial de uma cultura de trabalho ágil, colaborativa e de elevado desempenho.

Perguntas orientadoras

Como competir no novo mundo do trabalho

As suas equipas operacionais têm autonomia para trilhar o seu caminho, rumo à inovação rápida e revolucionária?

As equipas ágeis permitem que empresas radicalmente adaptáveis se movimentem muito mais depressa para entregar valor ao cliente final quando não estão limitadas por estruturas tradicionais de planeamento e estratégia, do topo para a base. Os distintos *sprints* de trabalho, o *feedback* em tempo real dos clientes e as reuniões frequentes e focadas, realizadas de pé, são aspectos da agilidade que aumentam a probabilidade de os projetos alcançarem o seu potencial total e de isso acontecer dentro de uma janela temporal que responda às exigências do mercado em constante mudança.

Os projetos de inovação da nossa equipa são demasiado vagos e ambiciosos, ou dividimos as nossas iniciativas em pequenos marcos que podem ser alcançados e celebrados, e a partir dos quais podemos construir algo?

As empresas radicalmente adaptáveis geralmente gerem várias ou até dezenas de equipas ágeis que realizam progressos contínuos rumo a metas significativas. No final de cada *sprint* quinzenal, o resultado é blindado em termos de qualidade pela equipa e pelos *stakeholders* externos, que também definem o âmbito do *sprint* seguinte e decidem se é necessário proceder a uma correção de rumo para se obter o resumo do projeto.

4.

PROMOVA A RESILIÊNCIA DE EQUIPA

Em outubro de 2020, quando o CEO da Apple, Tim Cook, partilhou com analistas de Wall Street as suas perspetivas para o quarto trimestre da empresa, deu grande mérito à *resiliência de equipa* pela maneira como o desempenho financeiro da Apple tinha superado as expectativas.

«Mesmo estando distantes uns dos outros, tem sido evidente que este ano, em toda a empresa, as equipas e colegas têm vindo a apoiar-se e a contar uns com os outros mais do que em tempos normais», disse. «Acho que esse instinto, essa resiliência, foram uma parte essencial da forma como direcionámos este ano»[1].

Os psicólogos que estudaram a resiliência definem-na, habitualmente, como «o processo de boa adaptação perante a adversidade, trauma, tragédia [e ameaças]»[2]. A capacidade de cada indivíduo para a resiliência pessoal depende fortemente das características mentais e emocionais da pessoa.

No entanto, a ciência da resiliência de equipa não está tão bem definida. O que constatámos no Instituto Go Forward To Work (GFTW) é que a adaptabilidade das equipas nas condições mais adversas tem muito mais que ver com normas comportamentais saudáveis nas equipas e com sólidas relações de trabalho dentro dessas equipas. A forma como uma equipa aprende e cresce com a mudança em circunstâncias normais é um forte prognosticador de quão resiliente será essa equipa quando estiver exposta a níveis extremos e contínuos de pressão e adversidade.

A implicação é que, no novo mundo do trabalho, embora seja importante que o líder de equipa monitorize a resiliência da mesma, a derradeira responsabilidade pela manutenção da resiliência geral da equipa é dos próprios membros dessa equipa. Todos os membros da equipa devem aceitar o desafio de se apoiarem mutuamente e de unirem esforços quando alguns membros estiverem a ter, a título particular, mais dificuldades do que outros a lidar com a adversidade.

O volátil contexto de 2020 colocou o tema da resiliência dos funcionários na agenda dos presidentes executivos, elevando aquilo que, até então, tinha sido uma questão típica dos Recursos Humanos. «Na verdade, esta é uma boa altura para estar nos RH», disse-nos o líder de um departamento de Recursos Humanos durante a nossa investigação. «Finalmente, os nossos líderes estão a perceber que os funcionários e a sua energia importam — e que nós, nos RH, estamos decididamente direcionados para ajudar em questões empresariais importantes.»

Os aspectos da resiliência de equipa estão incorporados nas metodologias de trabalho de que já falámos. Todas as melhores práticas de colaboração, inclusão e agilidade promovem o desempenho através da flexibilidade, repetição, apoio mútuo e outras características que beneficiam a resiliência de equipa. As equipas de alto desempenho estão concebidas de modo a serem resilientes porque os membros da equipa se comprometem entre si a fornecerem apoio mútuo através da cocriação e da coelevação.

Contudo, as rápidas mudanças de planos e outras correções de rumo exigidas às equipas de elevado desempenho podem ser extenuantes a nível mental e físico. Os acontecimentos fora do local de trabalho têm impacto em cada membro da equipa de forma diferente. Para manter a energia e empenho da equipa, temos de liderar de formas que fomentem a sua resiliência, ao mesmo tempo que construímos estruturas fiáveis de apoio mútuo entre os membros de equipa. Na qualidade de líder, terá de se empenhar na resiliência da sua equipa, enquanto assegura que os membros da sua equipa partilham a responsabilidade pelo bem-estar de cada um deles.

As equipas vencem ou fracassam em conjunto e, através do nosso próprio comportamento, podemos melhorar ou reduzir a resiliência dos nossos colegas. Nos quatro passos que apresentamos em seguida, mostramos, antes de mais, como calibrar os níveis de resiliência da sua equipa e, em segundo lugar, revelamos algumas práticas de elevado retorno de apoio e incentivo aos membros da equipa no sentido de criarem resiliência na equipa. Em terceiro lugar, partilhamos práticas de elevado retorno para lidar com sérios fatores de *stress* no local de trabalho. E, por último, debruçamo-nos sobre a criação de uma base sustentável de recursos de saúde mental que permitirão à sua equipa sustentar a resiliência nos anos disruptivos que aí vêm.

Práticas de elevado retorno para competir no novo mundo do trabalho

1. **Diagnostique a resiliência da sua equipa.**
2. **Recorra a práticas de elevado retorno para sustentar a resiliência da equipa.**
3. **Cocrie soluções para fatores de *stress* evidentes.**
4. **Apoie a saúde mental com vista a uma resiliência sustentável.**

Embora cada um de nós deva assumir a responsabilidade pela sua própria resiliência na vida, a resiliência no local de trabalho alcança-se melhor enquanto desporto de equipa. A energia dos funcionários é o combustível de qualquer empresa, e isso é especialmente notório ao nível das equipas, em que há uma ligação direta entre a energia da equipa e o seu desempenho. O papel central das equipas no sucesso das empresas, a sua interdependência no centro da criação de valor e a crença na importância da resiliência de equipa têm sido princípios fundamentais do trabalho de Keith como formador há já 20 anos. As equipas têm de ser entendidas como organismos vivos cuja resiliência funcional é primordial para a saúde geral de todas as organizações.

DIAGNOSTIQUE A RESILIÊNCIA DA SUA EQUIPA

Começámos por observar que a resiliência era um tema recorrente nos estudos de mercado e nos grupos de foco que o Instituto GFTW organizou com membros da comunidade World 50, um dos nossos primeiros parceiros. Durante os debates dos grupos de foco, em particular, apercebemo-nos da clara necessidade de as empresas serem capazes de diagnosticar os fatores de *stress* da equipa e cocriarem soluções.

Nessa altura, muitas das equipas às quais Keith estava a dar formação foram fortemente atingidas pelo *stress* da pandemia. Os líderes dessas equipas estavam a sentir-se seriamente desgastados e alguns não conseguiam evitar as lágrimas. Mas quando Keith procurou mais informação sobre resiliência de equipa, constatou que os recursos do local de trabalho estão normalmente mais orientados em torno do bem-estar mental e emocional de cada indivíduo a título particular.

No Instituto GFTW, pedimos o apoio da WW e da Headspace, duas das mais ilustres e empenhadas marcas na categoria do bem-estar no local de trabalho, para realizarem mais entrevistas em torno do fenómeno da resiliência de equipa. Foi quando descobrimos que a mesma dinâmica relacional que gera um elevado desempenho de equipa é também crucial para a resiliência de equipa — tão necessária para manter esse elevado desempenho.

Mais especificamente, as equipas que obtinham melhores classificações na coelevação eram também mais resilientes. Os membros de equipa estavam mais aptos a expressarem as suas necessidades, resolverem problemas rapidamente e de forma colaborativa, e a chegarem mais depressa a uma ação mais audaciosa. A cultura de equipa era resiliente, no sentido em que a ausência de atitudes defensivas ou insegurança entre os membros da equipa permitia que quem tivesse problemas levantasse o braço e pedisse ajuda.

Em seguida, fizemos parceria com Mary-Clare Race, da LHH, e Taryn Marie Stejskal, fundadora e diretora de resiliência no Resilience Leadership Institute. A nossa intenção era desenvolver novas perspetivas sobre resiliência em equipa que complementassem o excelente trabalho que estava a ser feito sobre resiliência pessoal, como o estudo sobre mentalidade de crescimento levado a cabo por Carol Dweck. Tomámos nota das ações e comportamentos observáveis nas equipas quando avaliávamos a resiliência (por oposição a tentar mensurar o pensamento e atitudes individuais) e determinámos os seguintes comportamentos de equipa como sendo os indicadores mais fiáveis de diagnóstico da resiliência de equipa:

- *Desempenho*: a equipa está a alcançar as metas? Uma das métricas mais claras de resiliência é ver se uma equipa consegue concluir o que tem de ser feito e chegar onde foi definida a meta. Os prazos não estão a ser cumpridos? A qualidade do trabalho está a sofrer ou há indicadores-chave de desempenho que estão a seguir na direção errada?
- *Sinceridade*: este indicador-chave da eficácia de equipa é também um importante indicador da resiliência de equipa. Os membros da equipa são capazes de ter um diálogo e *feedback* honesto e aberto uns com os outros? Os membros das equipas não resilientes não conseguem dizer a verdade uns aos outros nem identificar e decifrar coletivamente os desafios que enfrentam. A ausência de sinceridade reflete a ausência de confiança, que é um indicador de diminuição da resiliência. Em vez da sinceridade, as pessoas denigrem-se umas às outras por entre sussurros ou oferecem aos líderes avaliações não solicitadas e pouco elogiosas sobre membros da equipa. Nas suas piores manifestações, poderá ter membros de equipa a fazerem *bullying* ou a controlarem outros.
- *Engenho*: quando confrontados com desafios ou problemas, os membros da sua equipa constroem em conjunto soluções criativas e eficazes? As equipas engenhosas devotam a sua energia à procura de soluções e mantêm-se focadas nos resultados, independentemente das condições externas. As equipas que não são resilientes tendem a perder tempo a remoer sobre a injustiça de uma tarefa ou a queixarem-se do volume de trabalho necessário para encontrarem uma solução. Essas equipas ficam mergulhadas em dúvidas sobre o propósito da tarefa, ao passo que as equipas mais resilientes irão expressar essas dúvidas, dissipá-las e desenvolver soluções — muito mais rapidamente.
- *Compaixão e empatia*: os membros da sua equipa preocupam-se verdadeiramente uns com os outros e partilham tanto os sucessos como os fracassos? As equipas resilientes são compostas por

membros que se preocupam profunda e genuinamente uns com os outros. É impossível mobilizar a resiliência coletiva de uma equipa se não houver preocupação nem compromisso na partilha igualitária de sucessos e fracassos. A resiliência é muitas vezes manifestada no profundo compromisso de coelevar a equipa, em vez de se procurar o reconhecimento ou sucesso individual.

- *Humildade e vulnerabilidade*: os membros da sua equipa podem solicitar e aceitam ajuda de outros membros da equipa? As equipas que não têm resiliência debatem-se para admitir quando um problema se torna intratável, e os seus membros hesitam em pedir ajuda a alguém da equipa ou a outra pessoa da organização. Os problemas tendem a ser ocultados e a responsabilidade pela procura de soluções é obscurecida.
- *Perseverança produtiva*: a sua equipa consegue mudar o direcionamento, mas manter a meta? O que Taryn descreve como perseverança produtiva é a capacidade de ajustar e navegar de forma fluida no equilíbrio entre manter a missão e mudar para uma nova direção. As equipas sem resiliência têm dificuldades em mudar o rumo quando as circunstâncias assim o exigem e mantêm-se rigidamente coladas a um plano — ou então mudam de curso e perdem a meta de vista.
- *Graci-osidade*: a sua equipa consegue refletir com *graci-osidade*, isto é, com gratidão e generosidade? Taryn cunhou esta palavra para descrever a capacidade de conjugar gratidão e generosidade. A gratidão é quando a equipa reflete para ver o lado positivo do desafio e a forma como isso a mudou para melhor, mesmo não tendo sido os seus elementos a escolher esse desafio. A generosidade está em partilhar abertamente estas histórias, em vez de simplesmente distribuir conselhos, podendo assim os demais aprender com a experiência. As equipas sem resiliência evitam a reflexão ou arranjam culpados por defeito.
- *Intenção positiva*: a lógica da sua equipa é a de assumir as melhores intenções? Esta atitude pode ser vista como uma mentalidade ou perspetiva: lembrar-se de assumir que todos os membros da equipa têm intenções positivas. Cada indivíduo pode estar a passar por problemas pessoais ou a viver situações de *stress* que nem

nos passam pela cabeça. Ao acreditar que a sua equipa está a dar o melhor que pode, vai conseguir transmitir apoio, paciência e empatia. Em vez de assumir que um membro da equipa não cumpriu uma tarefa, pergunte se lhe falhou o envio de algum *e-mail* ou documento, ou pergunte à pessoa como pode colaborar ou ajudar.

Uma excelente forma de uma equipa monitorizar os seus níveis de resiliência consiste em aplicar um modelo deste diagnóstico, numa reunião mensal, através da resolução colaborativa de problemas (RCP). Imagine uma RCP de duas fases, em que começa por compilar uma lista de fatores de *stress* que a empresa enfrenta, seguindo para uma segunda etapa de rápida colaboração para definir soluções práticas. Adaptar desta forma a RCP ao diagnóstico de resiliência da equipa é uma maneira de evidenciar as maiores vantagens da RCP — o compromisso de toda a equipa no sentido de tornarem seus todos os problemas que surjam e de criarem em conjunto as soluções.

RECORRA A PRÁTICAS DE ELEVADO RETORNO PARA SUSTENTAR A RESILIÊNCIA DA EQUIPA

Na qualidade de líder, tente pensar na resiliência como se houvesse um pequeno mostrador no meio da testa de cada membro da equipa. O mostrador mede os níveis de energia e compromisso, e compete-lhe garantir que os números do mostrador estão no máximo ou ajudar a aumentar esses valores. Pelo bem da resiliência da equipa no novo mundo do trabalho, agora é da competência de todos monitorizar os níveis de energia de cada um. As equipas que melhor se adaptaram em conjunto durante o difícil período de 2020 foram aquelas cujos líderes partilharam com todos os membros da equipa a responsabilidade de se ajudarem uns aos outros no sentido de terem os seus mostradores nos valores máximos.

Mas cada elemento de uma equipa é diferente, sendo que cada membro tem uma resposta pessoal diferente aos fatores de *stress* partilhados por toda a equipa. Jan Bruce, CEO e cofundador do *software* de formação em resiliência meQuilibrium, destaca alguns estudos que mostram que as pessoas com talento para a criatividade e inovação — que são as que têm maior probabilidade de serem escolhidas para participar em projetos estrategicamente importantes — estão também entre as que têm maior risco de *burnout* no local de trabalho. Ainda assim, é com essas pessoas que precisamos de contar de entre os nossos elementos mais resilientes.

Elevar o nível geral de resiliência da equipa exige um grau de autoconhecimento e empatia que pode não surgir naturalmente em todos os membros da equipa. Os líderes devem avaliar o estado das suas equipas, identificar pontos fracos e depois apresentar estratégias que ajudarão os membros da equipa a derrubar barreiras e a construir alicerces de confiança, transparência e autoconhecimento. A nossa investigação sobre práticas de elevado retorno identificou os seguintes comportamentos de liderança que apresentam os melhores resultados para a resiliência da equipa.

COMPROMETA-SE NA CRIAÇÃO DE RESILIÊNCIA MÚTUA

A essência da coelevação reside no facto de nos empenharmos no crescimento uns dos outros através da adversidade. Recorra à elaboração de um novo contrato social para a equipa, como descrito no Capítulo 2, para garantir que a resiliência da equipa é parte fundamental do contrato social explícito para o comportamento da equipa. Debata todos os atributos desejáveis para a resiliência de equipa e determine o seu apoio ao crescimento e sucesso uns dos outros através da manutenção desses comportamentos. Certifique-se de que o contrato estabelece expectativas não ambíguas em torno da unidade de equipa e do apoio entre pares. Se alguém estiver com dificuldades, toda a equipa deve ajudar. Se a equipa alguma vez lhe parecer indiferente às dificuldades de alguém, recorde aos membros o contrato e as suas expectativas.

DÊ FEEDBACK *POSITIVO, QUE É MAIS IMPORTANTE DO QUE NUNCA*

Um *feedback* rápido e constante é um fator importante em todos os processos de trabalho colaborativos e ágeis. Sustentar a resiliência de equipa exige que o *feedback* rápido e constante seja enquadrado em termos positivos.

O trabalho de equipa remoto e híbrido constitui mais um desafio neste aspecto. Os gestores devem ser conscienciosos e estar prontos a dar o reforço positivo que era costume darem de forma mais casual e pessoalmente. A título de exemplo, é fácil esquecer-se de reconhecer o mérito de um funcionário depois de uma apresentação por Zoom quando o funcionário desaparece do ecrã. O trabalho de equipa remoto e híbrido requer este nível adicional de cuidado.

O trabalho de equipa remoto e híbrido exige também comunicações frequentes, feitas de forma aberta e transparente. Na nossa sessão com a WW, Bill Martin, da AEG, disse que, durante todo o período da pandemia, enviou mensagens regulares para comunicar às pessoas que os seus empregos estavam seguros naquele trimestre, de modo a aliviar a ansiedade em torno da segurança do emprego. Não é uma má prática para *qualquer* trimestre de qualquer ano.

PARTILHE A SUA HISTÓRIA; APROPRIE-SE DOS SEUS DESAFIOS

O desenvolvimento e o crescimento profissional das suas equipas devem incluir exercícios que constroem a resiliência de equipa. Para criarem um clima de confiança e honestidade, os líderes devem facilitar o processo de incentivo dos membros da equipa no sentido de expressarem os seus medos e descreverem os seus desafios em matéria relacional, para então depois pedirem à equipa que encontre soluções. Recorra à resolução colaborativa de problemas, num ambiente de segurança psicológica, de modo a incentivar toda a gente a contar a sua história de vida (os altos e baixos) e a partilhar depois os pontos principais com os restantes membros da equipa. A título de exemplo, um facilitador pode pedir a cada membro da equipa que expresse o que sente em relação à equipa e que avalie os problemas desta — pelos seus próprios olhos. O facilitador deve incentivar os membros da equipa a serem parte ativa em quaisquer problemas existentes e assegurar que todos têm igual voz.

RECORRA A OBSERVADORES INDEPENDENTES

Os líderes resilientes convidam especialistas de fora para oferecerem uma perspetiva objetiva sobre a dinâmica da equipa e outras questões. Introduza um orientador de resiliência. Ao fazê-lo, estará a ajudar os membros da equipa a acatarem avaliações francas do seu trabalho.

MOSTRE QUE SE PREOCUPA

Os líderes têm de demonstrar com frequência que estão genuinamente interessados no progresso que a equipa está a fazer: podem fazer perguntas detalhadas para compreender os problemas subjacentes que afetam a resiliência da equipa. Mas fazer perguntas é apenas metade da equação: os líderes resilientes também devem ouvir atentamente as respostas que lhes são dadas pelos membros da equipa. É aqui que o défice de resiliência será revelado.

INSTITUA PAUSAS OBRIGATÓRIAS

Muitas vezes, a única prescrição dos médicos é a de que usufruamos de minutos, horas ou dias fora do escritório (ou longe do computador, conforme o caso). Qualquer coisa entre fazer uma pausa de 10 a 30 minutos ou gozar os dias de folgas remuneradas a que tem direito pode ser uma verdadeira dádiva para a sua saúde mental.

«Neste momento, é importante que os empregadores incentivem as pessoas a irem de férias, quer se desloquem ou não fisicamente para algum lado», sublinha a psicóloga clínica Sera Lavelle, da NY Health Hypnosis & Integrative Therapy. «Já foi amplamente demonstrado que ter mais tempo livre leva a mais produtividade, mais equilíbrio entre a vida profissional e pessoal e, no longo prazo, torna as pessoas menos propensas à exaustão e diminui a probabilidade de adoecerem.»

Os gestores devem encorajar os funcionários a agendarem pausas ou a definirem um período sem reuniões nos seus horários. Na primavera, os líderes da Grey Horse Communications, uma agência de relações-públicas e comunicação sediada em Nova Iorque, fazem um agendamento diário no calendário de toda a equipa, às 15h, para lembrarem as pessoas de fazerem uma pausa, irem até à rua e darem um passeio. Tom Spahr, vice-presidente do departamento de desenvolvimento e gestão de talentos na The Home Depot, contou que a empresa incentiva reuniões de 45 minutos, bem como «reuniões andantes» — fazer uma caminhada enquanto realiza a sua reunião por telefone.

Claramente, não basta manifestar a expectativa de que a sua equipa demonstre resiliência nestes tempos mais complicados; é preciso criá-la de raiz e depois implementar medidas para reabastecer constantemente a resiliência. Pense na resiliência de equipa como se fosse uma bateria que precisa de ser regularmente recarregada para restaurar os níveis de energia. As equipas que implementam medidas para o fazer descobrirão que estão mais bem equipadas e — mais importante ainda — mais dispostas a assumir qualquer desafio.

CONTRATE COM VISTA À RESILIÊNCIA

À medida que vamos compreendendo melhor o que é a resiliência de equipa, a resiliência individual tornar-se-á cada vez mais um atributo procurado no processo de contratação e promoção. Quando o colocarem perante dois ou três candidatos a emprego com as mesmas qualificações, experimente pedir a cada um deles para se recordar de uma situação desafiadora com que tenham tido de lidar, e depois fique atento à forma como contam a história. Assumiram a responsabilidade pela resolução do problema? Pediram ajuda e demonstraram uma atitude expedita? Ou transferiram culpas? À medida que contam a história, esteja atento a todos os comportamentos-chave de diagnóstico de resiliência de equipa. Verifique se lhes sente compaixão, humildade, gratidão e generosidade. Pergunte a cada candidato o que aprendeu com a experiência que relatou. O nível de resiliência em cada personalidade irá revelar-se por si só. Quando for altura de tomar a decisão de contratar, talvez perceba que o candidato com menos níveis de competências poderá ser o que mais pode contribuir para a resiliência de equipa. Essas competências podem ser sempre ensinadas mais tarde e quem tem elevados níveis de resiliência tende a ser excecionalmente recetivo a aprender coisas novas.

COCRIE SOLUÇÕES PARA FATORES DE *STRESS* EVIDENTES

Nos EUA, já a pandemia ia com três meses, em junho de 2020, quando Laura Chambers, antiga executiva do eBay e da Airbnb, aceitou um novo cargo como CEO da Willow, uma *start-up* de tecnologia dedicada à saúde feminina [as chamadas *femtech*] com um bom nível de financiamento que estava a prosperar em Silicon Valley.

Menos de duas semanas após ter assumido o cargo, Laura reconheceu o quanto a sua nova equipa se debatia com dificuldades. Através de uma série de conversas pessoais, realizadas *online*, ouviu os membros descreverem os seus malabarismos diários para equilibrarem o trabalho com as obrigações pessoais e familiares em casa. Todos manifestaram uma paixão similar pela missão da empresa — ajudar a levar alegria ao facto de se ser mãe —, mas as suas lutas variavam imenso: solidão, aposentos minúsculos e isolamento social. Com as creches e as escolas encerradas por tempo indeterminado, os problemas da parentalidade também variavam consoante as idades e o número de filhos fechados em casa com os membros das equipas.

«Era evidente que precisávamos de fazer algo para apoiar a equipa», sublinhou Laura. Ao ter trabalhado em empresas maiores, com alocação de pessoal e orçamentos perfeitamente estabelecidos em prol do bem-estar, ela sabia que a pequena *start-up* que estava a liderar precisaria de uma abordagem diferente. «Eu queria encontrar soluções aguerridas que de facto ajudassem a resolver os principais problemas, mas que não exigissem orçamentos insustentáveis nem equipas enormes para as executar. E eu não tinha capacidade para conceber uma solução única. Tinha de obter ideias, da base para o topo, e encontrar soluções que fossem realmente flexíveis para as situações de cada pessoa.»

A procura por soluções levou Laura a ir procurar ideias através da colaboração dos elementos de toda a organização. Numa série de reuniões virtuais de grupo, os membros das equipas da Willow diagnosticaram distintos fatores de *stress* e áreas problemáticas e depois começaram a cocriar soluções em torno desses aspectos.

Um exemplo que surgiu foi o do Project Thrive, uma série de aulas *online*, como ioga e trabalho de respiração, e ciclos de orientação/terapia. Uma outra ideia, que visa reduzir o *stress* da gestão do tempo, resultou num sistema a que se deu o nome de «purple blocks», em que os membros da equipa são elogiados por guardarem tempo, sem sentimentos de culpa, nos seus calendários para atividades pessoais — fazer exercício, dar um passeio, ajudar os filhos com os trabalhos de casa —, e ignorarem *e-mails*, mensagens e telefonemas durante esse período.

Mais tarde, em janeiro de 2021, a Willow acolheu o Ano Novo com um desafio chamado Change Your Habits, em que os membros da equipa se incentivavam mutuamente a escolherem dois novos hábitos e a fiscalizarem-se entre si como forma de responsabilização. «A título particular, fazer este trabalho com a minha equipa ajudou-me a aprender a aplicar estratégias de resiliência e autocompaixão, o que me ajudou a lidar com um ano difícil», escreveu Laura na sua mensagem de Ano Novo à empresa.

Através da nossa própria investigação, constatámos que as organizações de maior dimensão pareciam ter menos a oferecer no início da pandemia do que *start-ups* como a Willow e outras empresas mais pequenas. Os programas gerais de bem-estar dos trabalhadores foram considerados deficientes, em parte porque não refletiam a realidade da abordagem dos líderes ao seu próprio trabalho. As organizações com departamentos de RH progressistas concebiam programas de bem-estar para os funcionários aproveitarem as «salas de pausa» para uma sesta à tarde, ou as aulas de ioga, enquanto os líderes continuavam a trabalhar ininterruptamente, até mesmo aos fins de semana, respondendo a mensagens a qualquer hora do dia. Era isso que se fazia caso se quisesse sobreviver à crise.

A pandemia sublinhou a necessidade de os líderes previdentes começarem por identificar e isolar as fontes específicas de *stress* nas organizações e desenvolverem um plano para mitigar cada uma delas. Vimos organizações surgirem com várias soluções inovadoras para lidar com diferentes fatores de *stress* ao longo de 2020.

FADIGA DA PRESSÃO DE DESEMPENHO

Kristin Rand, vice-presidente do departamento de conformidade corporativa e risco global na Moderna, descreveu o sentimento acrescido de responsabilidade e de pressão sentido pelos funcionários da empresa de biotecnologia que estavam a trabalhar arduamente para desenvolver e fabricar a vacina da Moderna contra a covid-19. «Damos tudo de nós, diariamente. (...) Os meus colegas estão constantemente a pensar nas necessidades das pessoas em todo o mundo.»

Centenas de novos funcionários, incluindo Kristin Rand, integraram as fileiras da Moderna ao longo do ano de 2020. «Providenciar recursos e oportunidades para que as pessoas se sintam ouvidas e aliviem o *stress* — incentivando um diálogo aberto e tempo para elas mesmas — é fundamental. O CEO e restante equipa de liderança da Moderna têm-se comprometido a aplicar medidas específicas, como evitar marcar reuniões à sexta-feira à tarde ou ao fim de semana, e criaram uma aplicação de *mindfulness* e meditação disponível para todos os funcionários», explicou Kristin Rand.

FADIGA DO ISOLAMENTO E LIGAÇÃO ENTRE A EQUIPA

O trabalho a partir de casa veio para ficar. É prático e eficiente e as pessoas gostam. Um estudo da Gartner, de julho de 2020, concluiu que 82% das organizações permitirão que os funcionários continuem a trabalhar remotamente pelo menos durante algum tempo[3]. Muitas empresas foram bem-sucedidas ao recorrerem a plataformas de conversação, como a Slack, a Yammer ou o Microsoft Teams, para criarem uma comunidade em torno da parentalidade para os alunos do ensino secundário, vídeos de exercícios, publicação de fotos de bebés e celebração de aniversários. É bom haver esses espaços para as pessoas se conectarem e partilharem, mas os líderes de excelência fazem mais do que apenas apoiar a resiliência de equipa.

A título de exemplo, a rápida verificação da temperatura corporal antes das reuniões é um exercício de criação de resiliência semelhante às práticas de elevado retorno para a colaboração, como o exercício de partilha do bom e do mau e a verificação pessoal-profissional. Os líderes têm de adaptar este tipo de ferramentas às necessidades das suas equipas, a qualquer momento. Antes da pandemia, Krystal Zell, diretora do serviço de cliente na The Home Depot, começava sempre as reuniões com o seu *staff* pedindo a todos que partilhassem o seu nível de ansiedade numa escala de 1 a 10. Com o tempo, cada membro do grupo estabeleceu os seus próprios parâmetros de referência, de modo que, por exemplo, se Phil habitualmente classificava a sua ansiedade com um 5, e depois certo dia dizia 7 ou 8, a equipa saberia que Phil precisava de ajuda.

«Eu adorava este sistema, porque os meus subordinados diretos começaram a ajudar-se uns aos outros de uma forma que normalmente não se vê nas reuniões de *staff* — em que o habitual seria cada um falar unicamente para comunicar o que tinha em mãos», disse Krystal. À medida que o ano de 2020 se instalava, a questão da ansiedade ficou um pouco desatualizada, pelo que Krystal começou a fazer perguntas de arranque da reunião mais específicas, em torno daquilo por que as pessoas estavam a passar, como «Qual é a sua maior preocupação esta semana?» e «O que está a fazê-lo ficar sem pé?».

INEXISTÊNCIA DE ROTINAS SAUDÁVEIS

Um problema comum associado ao trabalho a partir de casa prende-se com a falta de estrutura no dia de trabalho, o que leva a que muitas pessoas negligenciem a importância de arranjarem tempo para os cuidados pessoais e exercício. Algumas empresas encorajaram os trabalhadores a transformar os 30 ou 40 minutos que poderiam passar em trânsito para chegarem ao local de trabalho em tempo agendado para pausas saudáveis, como beber um sumo, fazer uns alongamentos de ioga ou outra atividade física. Tim Patno, vice-presidente do departamento de vendas da WW Health Solutions, fez questão de fornecer informação sobre ferramentas de bem-estar e dicas sobre hábitos saudáveis, de modo a transformar as reuniões naquilo a que chama de caminhadas de aprendizagem, e fez igualmente questão de «simplesmente ter valor» para potenciais clientes em períodos difíceis. Para alguns, isso significou «retirar de cima da mesa as conversas sobre contratos», mas também permitiu à sua equipa ficar mais próxima das organizações, tendo em conta os programas de bem-estar e nutrição enquanto benefícios para os funcionários — dando, consequentemente, origem a parcerias mais profundas.

APOIE A SAÚDE MENTAL COM VISTA A UMA RESILIÊNCIA SUSTENTÁVEL

Os estudos realizados pela Organização Mundial da Saúde (OMS) estimam que 264 milhões de pessoas, a nível global, sofrem de depressão, com muitas delas a sofrerem também de ansiedade, custando à economia mundial cerca de um bilião de dólares por ano em perda de produtividade[4].

Todos nós temos algum tipo de *stress* e ansiedade nas nossas vidas. O sinal de que temos uma boa saúde mental é quando um ou mais fatores específicos de *stress* ou ansiedade não nos debilitam. Segundo a psicóloga clínica Sera Lavelle: «Quando uma pessoa está mentalmente bem, a sua ansiedade ou *stress* não mexem com a sua capacidade de funcionar.»

A pandemia criou um forte aumento de problemas de saúde mental no local de trabalho. Em abril de 2020, um inquérito levado a cabo pela Ginger, prestadora de serviços no âmbito da saúde mental, revelou que 7 em cada 10 funcionários classificavam a pandemia da covid-19 como o período mais *stressante* das suas carreiras profissionais; 88% dos trabalhadores disseram sentir *stress* moderado a extremo, com 62% a reportarem pelo menos uma hora diária de perda de produtividade pelo *stress* relacionado com a covid-19, e 32% a relatarem a perda de mais de duas horas por dia[5].

A pandemia criou uma consciencialização geral da importância da saúde mental no local de trabalho. No Instituto GFTW, queremos ajudar a elevar ainda mais esta questão. Em parceria com a Headspace, lançámos um estudo relevante — ainda em curso — sobre a saúde mental no novo mundo do trabalho, com vista a identificar mais práticas de elevado retorno para lidar com o problema.

Seguem-se algumas das áreas mais importantes em que o apoio à saúde mental revelou criar resiliência de equipa.

MODELAÇÃO DO COMPORTAMENTO DA ADMINISTRAÇÃO E DOS GESTORES DE TOPO

Nem toda a formação do mundo ajudará se os líderes das organizações não modelarem o tipo certo de comportamento. Os gestores e executivos também têm muito *stress*. Assim sendo, como é que o gere? Fala abertamente com a sua equipa sobre os seus fatores de *stress*? Faz pausas ou diz que vai dar uma volta ou meditar durante dez minutos para arejar? Quando os membros da sua equipa ouvem e veem este tipo de comportamento, isso dá-lhes luz verde para também cuidarem da sua própria saúde mental. Em contrapartida, se nunca tira tempo para si, se responde a *e-mails* à uma da manhã e se se recusa a falar sobre fatores de *stress* com os seus colaboradores, então criará um estigma em torno da preocupação com a saúde mental.

Pode reduzir esse estigma falando abertamente e certificando-se de que o seu *staff* compreende todos os benefícios para a saúde mental oferecidos pela sua empresa. Mostre aos seus funcionários que o bem-estar é uma prioridade, sendo prestável para com as suas necessidades e dificuldades e revelando empatia perante as suas batalhas.

A pandemia virou de pernas para o ar o equilíbrio entre a nossa vida pessoal e profissional: tivemos de trabalhar a partir de casa, muitas vezes com outros familiares presentes ao mesmo tempo (alguns dos quais também em teletrabalho); muitas vezes, tornou-se a norma trabalhar durante mais horas ao estarmos em casa; e os pais debateram-se para serem responsáveis em relação ao facto de os filhos terem aulas em casa ao mesmo tempo. Foi duro. Os gestores seniores perceberam que tínhamos de promover um equilíbrio vida-trabalho positivo, incentivando os funcionários a colocarem-se — e às suas famílias — em primeiro lugar e demonstrando o mesmo comportamento.

Na nossa sessão com o grupo de foco da WW, Tom Spahr, da The Home Depot, contou que os líderes com quem trabalhava enfatizavam a mensagem «cuide de si primeiro» para ajudarem os colaboradores a sentirem que tinham permissão para serem flexíveis com o seu tempo e conseguirem uma melhor integração entre a vida pessoal e profissional. Os líderes verificavam ativamente os seus colaboradores e incentivavam-nos a agendarem, nos horários de trabalho, pausas para o ensino em casa dos filhos — e faziam um acompanhamento quando não viam isso marcado no calendário.

FORMAÇÃO EM RESILIÊNCIA

A resiliência é importante para todos os funcionários, desde os administradores até aos gestores de topo, passando pelos funcionários de níveis hierárquicos mais baixos, e a formação especializada pode beneficiar toda a gente. A LHH, que presta consultoria em recursos humanos, fornece soluções de resiliência através de uma orientação formal dirigida aos funcionários. Igualmente disponível virtualmente, na sua aplicação Ezra, esta formação permite que os gestores e outros elementos procurem aconselhamento e apoio e disponibiliza um conjunto melhorado de competências, permitindo uma maior resiliência geral.

A Happify Health, plataforma digital que diz reduzir a ansiedade e a depressão e aumentar a resiliência em 20%, faz atualmente parte do pacote de regalias de várias empresas, incluindo a Humana, Cigna e Interior Architects (IA). A plataforma oferece aos utilizadores mais de 60 cursos diferentes de formação, cada um com a duração de quatro semanas e versando sobre vários problemas de saúde mental. A título de exemplo, um desses cursos chama-se Beat Burnout and Build Resilience [Vença o *burnout* e crie resiliência]. Há também mais de 3 mil atividades e jogos de base científica, bem como meditação orientada e competências comunitárias para incentivar a conexão e o apoio, todas elas concebidas com vista a reduzir o *stress* e a melhorar a resiliência.

FORMAÇÃO DOS ADMINISTRADORES PARA APOIO EM SAÚDE MENTAL

Para alcançar uma sólida espinha dorsal de bem-estar mental, a administração da empresa tem de estar a bordo. Não podemos atalhar na formação aos níveis hierárquicos superiores se quisermos compreender as causas da ansiedade, *stress* e depressão; aprender como reconhecer sintomas nos funcionários; e encontrar soluções para combater estes problemas e aumentar o bem-estar geral e a satisfação das equipas. A título de exemplo, a ID360, que tem orientado e dado formação a indivíduos e equipas em empresas como a Marriott, Microsoft e American Airlines, disponibiliza programas personalizados de formação em gestão, incluindo (um deles) em torno dos melhores comportamentos perante o bem-estar mental no local de trabalho.

A Mind Share Partners foca-se inteiramente no bem-estar no local de trabalho e disponibiliza vários tipos de sessões e formação. A empresa tecnológica New Relic fez uma série de formações em gestão com a Mind Share, sobre como apoiar o bem-estar mental no local de trabalho. Após a formação, 92% dos gestores disseram sentir-se mais confortáveis a falar sobre saúde mental no trabalho. Também disseram compreender melhor de que forma podem criar uma cultura de trabalho mentalmente saudável e de que forma podem apoiar um funcionário que está em dificuldades.

Antes de a pandemia atingir os EUA, em fevereiro de 2020, a Verizon Media estava a trabalhar com a Mind Share numa sessão para executivos que incluía o CEO da Verizon Media, Guru Gowrappan, a equipa executiva e a equipa mais alargada de liderança da empresa. A 24 de março, Gowrappan publicou um *tweet* sobre a sessão: «foi um *workshop* incrível sobre como cultivar e facilitar uma cultura de abertura, honestidade e transparência para eliminar o estigma da saúde mental. Em retrospetiva, a formação veio num momento crucial — antes de a vida como a conhecíamos ser transformada pela #covid-19. Apoiar-se a si mesmo, às suas equipas, aos seus amigos e à sua família é essencial para que todos consigamos dar a volta por cima a tudo isto, juntos. Só em conjunto poderemos seguir #EmFrenteJuntos.»

MEDITAÇÃO E MINDFULNESS

Keith conheceu CeCe Morken — agora CEO da Headspace, a conhecida aplicação de meditação — durante uma sessão de investigação que a nossa equipa GFTW estava a promover junto do grupo World 50. Ele ficou impressionado com a sua perspetiva sobre *mindfulness* e não ficou surpreendido ao saber que, na Headspace, todas as reuniões gerais começam com uma rápida sessão de meditação.

«É útil para todos os que vão fazer apresentações», disse CeCe, que largou um cargo de topo na Intuit, em Dallas, para se juntar à equipa da Headspace em Santa Mónica, na Califórnia. «Respirar fundo deixa-nos mais descontraídos e fazemos um trabalho melhor». Mais de mil empresas oferecem os serviços da Headspace como uma regalia aos seus funcionários. No ano de 2020, os pedidos de parceria junto da empresa (acordos por atacado, em que as organizações pagam pelo uso da aplicação por parte de todos os funcionários) sextuplicou.

Muitas empresas chegam à Headspace com a expectativa de reduzirem os seus custos com os cuidados de saúde, porque a melhoria da saúde mental leva a uma melhor saúde física geral. Mas a Headspace descobriu que o maior benefício provém do maior compromisso por parte do funcionário. «O nosso nível de ansiedade e as exigências à nossa resiliência influenciam a nossa atitude no trabalho, quão produtivos somos, quanto tempo é provável que faltemos e a forma como falamos da nossa entidade empregadora», explicou CeCe. «Se cuidar do todo da pessoa, especialmente da mente, estará a melhorar todos os aspectos daquilo que pediu para ela fazer.»

Este tipo de apoio melhora aquilo que as pessoas dizem externamente sobre a empresa, o que ajuda a construir uma boa reputação da empresa e a atrair grandes talentos. A Adobe, que faculta aos funcionários livre acesso à Headspace, sabia que seria um sucesso quando viu as elevadas taxas de aceitação, salientando que a Headspace tinha superado em desempenho muitas das outras iniciativas de bem-estar da Adobe. «Muitas pessoas já sabiam o que era a Headspace», disse Sara Torres, estratega global de bem-estar da Adobe, «e ficaram empolgadas por poderem descarregar a aplicação. Tem sido um ativo de grande valor». A Farmers Insurance começou a oferecer a aplicação da Headspace à experiência, depois de alguns peritos terem registado um aumento dos seus níveis de ansiedade ao responderem aos detentores de apólices que tinham perdido tudo nos incêndios de 2019 em Paradise, na Califórnia. Quando a pandemia surgiu, a Farmers rapidamente se apressou a oferecer a aplicação a todos na empresa. Desde janeiro de 2021, cerca de metade dos funcionários da empresa descarregou a aplicação, coincidindo com um aumento na pontuação que mede a lealdade e satisfação dos funcionários.

Os elevados níveis de *stress* mental comum trazidos pela pandemia e pela recessão quebraram alguns dos estigmas associados aos problemas de saúde mental. «Está a tornar-se parte das conversas normais», disse CeCe. «Quando os líderes e presidentes executivos falam sobre o *stress* com que estão a lidar e sobre aquilo que fazem para melhor conseguirem lidar com esse *stress*, isso legitima os outros funcionários a falarem sobre o assunto.»

A ciência em torno do *mindfulness* ainda está a evoluir, mas aponta para benefícios que vão para lá do alívio do *stress*. «Quando estamos mais bem sintonizados connosco mesmos, podemos sintonizar-nos melhor com as pessoas que nos rodeiam», sublinhou CeCe. «Nas reuniões, as pessoas sentir-se-ão melhor se você estiver mais focado. Também é provável que tome decisões mais claras, porque não estará a pensar no *e-mail* que acabou de receber.»

CeCe e a sua equipa de liderança introduziram as «Sextas-feiras sem reuniões» e os «Dias da mente», em semanas alternadas — essencialmente, um dia que todos na empresa dedicam a cuidar de si mesmos. Nove em cada dez funcionários dizem ter melhorado o foco e o trabalho apresentado, e a mesma proporção de gestores diz que o estado de espírito das suas equipas melhorou desde que esta medida foi implementada. «O motivo pelo qual sentimos *stress* e ansiedade tem que ver com o facto de nos preocuparmos com o que acabámos de fazer ou com o que está para vir», disse CeCe. «Abandone esses pensamentos e foque-se no momento presente.»

ACONSELHAMENTO E TERAPIA

A psicoterapia será sempre uma pedra basilar da saúde mental, e as empresas que facilitam aos seus funcionários o acesso a terapia — idealmente, sem custos ou a um baixo valor — colhem os frutos de um corpo de funcionários produtivo e mentalmente bem. Ao mesmo tempo que a cobertura do seguro para a terapia deve ser oferecida, é também importante que a terapia e o aconselhamento deixem de ser um estigma, e há que assegurar que os funcionários não se envergonham por acederem a esses recursos.

O espaço digital também aceitou o aconselhamento, com a terapia virtual a revelar-se mais popular do que nunca. Um crescente ecossistema de aplicações está a tornar-se parte do pacote de regalias em empresas como a Pinterest, Stitch Fix, Sephora, Zynga, Cleary Gottlieb, Starbucks e eBay — que oferecem aos funcionários acesso a um leque de ferramentas de autocuidado com vista ao bem-estar mental, bem como orientação sobre saúde mental, terapia baseada em provas, gestão de medicamentos, apoio a incidentes críticos, formação de gestores, terapia no local e serviços de mediação entre a vida profissional e pessoal.

«Atendendo a que todos nós, subitamente, tivemos de ficar em casa, as ferramentas digitais posicionaram-se, de forma ímpar, de modo a servirem as necessidades de quem não pode estar presencialmente num determinado lugar», disse Paula Wilbourne, cofundadora e diretora científica da Sibly. Na IA, que é uma empresa de *design* global detida pelos funcionários, a conjugação do aconselhamento digital a pedido com sessões mensais regulares gerou um forte empenho e *feedback* positivo.

«Poder contar com um sólido sistema de apoio é imperativo para garantir que as nossas mentes se mantêm saudáveis e alimentadas», salientou Brenda Plechaty, diretora de Recursos Humanos da IA.

Aplicações como a Yammer podem facilitar as conversas de grupo fora dos assuntos de trabalho. No grupo de foco da GFTW sobre bem-estar — promovido pela WW —, Bill Martin, diretor de informação da AEG, disse que a sua empresa tinha começado a oferecer sessões de áudio em torno de vários tópicos, incluindo justiça racial. Excluindo o facto de falarmos com terapeutas e psicólogos habilitados para o efeito, a capacidade de falarmos de forma aberta e tranquila sobre o que nos provoca ansiedade pode demorar bastante. Oferecer sessões de áudio e disponibilizar painéis de debate em torno de questões atuais que provocam ansiedade, tais como a injustiça racial, alterações climáticas e eleições, foi algo que incentivou os funcionários a sentirem-se à vontade para falarem sobre as suas ansiedades e promoveu um ambiente empático no seio da cultura da empresa.

LIGAÇÃO ENTRE BEM-ESTAR FÍSICO E MENTAL

A ligação entre uma boa saúde física e mental é inegável. Garantir que estamos saudáveis a nível físico e mental permite uma abordagem holística ao nosso bem-estar diário; é essa a razão pela qual programas como os da WW incorporaram ferramentas de bem-estar mental para todos os seus membros. A WW também lançou conteúdo adicional sobre saúde mental para os seus membros, como o «5-Minute Coaching» [5 minutos de orientação], que constituem técnicas e guias práticos complementares ao conteúdo já existente sobre estados de espírito e que é oferecido aos membros.

A Unilever, GE, Deloitte, PayPal e outras empresas oferecem os serviços da WW e do Gympass (plataforma de atividade física) como uma regalia aos seus funcionários, o que os dinamiza bastante em termos de bem-estar mental e físico. A WW oferece aos seus membros sessões de meditação com a curadoria da Headspace e lançou um novo pilar focado no sono para o myWW+, com ferramentas como acompanhamento do sono, listas de música para dormir e estratégias com base científica para uma melhor noite de sono. Quando o confinamento teve início, a empresa acrescentou mais conteúdo a pedido, relacionado com formas de lidar com o *stress* da pandemia.

«Providenciámos a tão necessária conexão comunitária, ao transformarmos milhares de *workshops* presenciais em *workshops* virtuais em apenas seis dias, de modo que os membros pudessem ver, ouvir e aprender com os orientadores da WW e com outros membros», explicou Gary Foster, diretor científico da WW. Por cada problema que ameaça a resiliência de equipa, temos de continuar a perguntar: «Como é que engendramos uma solução?». Da mesma forma que o Instituto GFTW tem parcerias com a Headspace, LHH, WW e outras organizações, de modo a fazer avançar a ciência da resiliência de equipa, também vos convidamos a juntarem-se a nós, porque a ciência da resiliência precisa de estar operacional na linha da frente do pensamento de cada líder.

A importância de uma autossuficiente resiliência de equipa continuará a crescer como um elemento-chave para o sucesso da adaptabilidade radical, porque o novo mundo do trabalho é caracterizado por equipas formadas por equipas que trabalham dentro de redes formadas por redes. O papel da liderança, por sua vez, deve deixar de estar focado em supervisionar e microgerir o trabalho que está a ser feito, para passar a estar centrado no desenvolvimento de estratégias que determinem qual o trabalho que deve ser feito a seguir — no mês seguinte, no ano seguinte e para lá disso.

Depois da colaboração, da agilidade e da resiliência, a quarta grande competência radicalmente adaptável é a antecipação — a capacidade de prever as coisas antes de elas acontecerem. A antecipação é o tema do capítulo que se segue.

Perguntas orientadoras
Como competir no novo mundo do trabalho

A nossa cultura de equipa celebra e apoia a resiliência dos funcionários?
As empresas radicalmente adaptáveis monitorizam e mantêm uma elevada resiliência, muito à semelhança de uma importante bateria que precisa de se manter carregada, esteja-se ou não em períodos de crise. Os nossos líderes investem no bem-estar físico e emocional dos funcionários e trabalham

no sentido de garantir que a dinâmica interpessoal não destrói os níveis de energia da equipa. Os nossos líderes são suficientemente vulneráveis para falarem sobre os próprios medos e ansiedades e conseguem criar modelos de resiliência através dos seus próprios hábitos de trabalho.

Diagnosticamos de forma proativa fatores de* stress *específicos que destroem a resiliência?
As empresas radicalmente adaptáveis recorrem a inquéritos, verificações regulares e avaliações de desempenho para diagnosticarem problemas e implementarem iniciativas, de modo a manter a bateria da equipa carregada. As práticas de elevado retorno, como pausas de sinceridade e verificação dos níveis de energia, são eficazes no diagnóstico da resiliência geral da equipa.

Será que nos coelevamos enquanto equipa, de modo a garantir que somos responsáveis pelo bem-estar físico e mental uns dos outros?
Os membros das equipas com melhor desempenho são responsáveis pelos êxitos uns dos outros, o que é uma premissa-chave da coelevação. É dada prioridade à responsabilidade partilhada pela resiliência de cada membro da equipa.

5.

DESENVOLVA UMA ANTECIPAÇÃO ATIVA

As equipas radicalmente adaptáveis são capazes de planear o futuro, mesmo quando este é desconhecido. E fazem-no desenvolvendo um músculo prospetivo que deteta proativamente sinais precoces de mudança e responde rapidamente aos mesmos.

Desde dezembro de 2019 que Rick Ambrose recebia sinais de que a pandemia da covid-19 na China comportava riscos maiores de se disseminar na América do Norte do que os responsáveis governamentais davam a entender. Enquanto líder da Lockheed Martin Space, sediada em Denver, Rick sentia que não podia deixar o futuro ao acaso. Com 22 mil colaboradores ao seu cuidado, já para não falar do papel essencial da empresa em termos de segurança nacional e exploração do espaço, simplesmente havia demasiadas coisas em jogo. A sua equipa constrói e lança satélites, gere voos espaciais tripulados, desenvolve sistemas de defesa estratégicos e explora o sistema solar com uma nave espacial interplanetária. Quando o seu emprego lhe exige que tenha padrões irrepreensíveis de assepsia dos ambientes de trabalho para desenvolver sistemas espaciais que não contaminem o espaço sideral com organismos terrestres, há que prestar muita atenção a quaisquer pequenos micróbios que possam surgir por acaso e escalar até ao nível de uma pandemia global.

Rick tinha um processo de deteção formal e informal, que lhe dava um conhecimento vital sobre a incerteza generalizada do momento e potenciais cenários para o futuro. Tudo o que a sua equipa fez entre finais de janeiro de 2020 e meados de março de 2020, quando se iniciaram os confinamentos nos Estados Unidos, exemplificava o processo de como detetar problemas vindouros e criar prontidão — não apenas para mitigar ameaças, mas também para captar oportunidades que, invariavelmente, todas as crises apresentam.

Formalmente, Rick recebia um resumo diário interno de todas as notícias relevantes para a Lockheed Martin, incluindo quaisquer referências à empresa nos meios de comunicação tradicionais ou redes sociais. O *briefing* diário é semelhante ao que o presidente norte-americano recebe todas as manhãs da equipa de segurança nacional sobre as potenciais grandes ameaças diárias em todo o mundo. O *briefing* diário de Rick monitoriza os desenvolvimentos regulatórios, mudanças de política, movimentos competitivos e outras ameaças potenciais, mas não incluía notícias sobre doenças contagiosas.

Para colmatar essa lacuna, Rick começou a procurar ativamente informação sobre o novo coronavírus, lendo relatórios de todo o mundo e recolhendo exemplos do que se passava internacionalmente, antes de a situação sanitária ter escalado nos Estados Unidos. Acompanhava um blogue de viagens da Islândia, que detalhava a forma como o país começou, no final de janeiro, a testar e a rastrear os pacientes cujos testes tinham dado positivo para covid-19, um mês antes de o primeiro paciente islandês ser diagnosticado! Começou a falar regularmente com os colegas da Lockheed Martin na Ásia e na Europa. Ao trabalharem em unidades de negócio diferentes, serviram como observatórios, já que enfrentaram a pandemia antes de esta chegar à América. Uma das suas interlocutoras geria uma unidade empresarial espacial paralela na Coreia do Sul e Rick falava com ela constantemente para perceber de que forma os confinamentos decretados na sequência do coronavírus estavam a afetar o seu negócio.

No último sábado de janeiro de 2020, enquanto o discurso oficial do governo norte-americano era o de que não havia grandes razões para preocupação, Rick entrou em ação, decidindo que tinha de preparar a sua empresa para a ordem decretada uma semana antes em Wuhan, na China, no sentido de as pessoas ficarem em casa — o *ground zero* para a nova pandemia de coronavírus. Chamou Mark Stewart, o seu chefe de operações, e disse-lhe: «Preciso que dediques 150% da tua atenção a isto agora.»

Práticas de elevado retorno para competir no novo mundo do trabalho

1. **Identifique as ameaças e as oportunidades.**
2. **Avalie e hierarquize os sinais.**
3. **Responda a possíveis cenários e planeie-os.**
4. **Promova uma cultura de aprendizagem contínua.**

Ambos reviram os seus projetos, em curso e futuros, incluindo um importante exercício que estava agendado para outubro, altura em que a sua equipa promoveria o encontro de um satélite com um asteroide. Era uma simulação que exigiria que perto de 50 pessoas da Lockheed Martin passassem um dia espremidas num centro de comando desenhado para cerca de 20 pessoas. Esse exercício poderia ser levado a cabo, tal como planeado, com todos esses colaboradores a trabalhar remotamente? A Administração Nacional da Aeronáutica e Espaço (NASA), que era o cliente, aprovaria sequer uma mudança tão drástica nos procedimentos?

Mais tarde, nesse mesmo dia, Mark quis compreender qual seria a maior pressão sobre o seu pessoal no caso de uma pandemia, por isso procurou apoio e visitou um amigo que geria as operações num hospital local. O amigo disse-lhe que o hospital estava a preparar-se para o pior e foi aconselhado a fazer o mesmo. Ao sair do hospital, o amigo de Mark deu-lhe uma caixa com uma bata cirúrgica, uma máscara N95 e um respirador portátil e disse: «Faz o máximo de caixas destas que conseguires.»

Mark reuniu a sua equipa e rapidamente elaboraram um plano de ação. Equipas de engenharia meteram mãos à obra, tentando perceber como poderiam conceber e produzir equipamento de proteção pessoal a um preço acessível. Tanto Mark como Rick consideraram que se era possível operar no espaço sideral e fazer aterrar um satélite num asteroide a milhões de quilómetros de distância da Terra, então a sua equipa certamente conseguiria trabalhar remotamente, e de forma eficiente, durante algumas semanas. Por isso, também encomendaram 2 mil monitores de computador que os colaboradores poderiam levar para casa em caso de quarentena. Em apenas uma semana, a Lockheed Martin Space utilizou décadas de experiência como líder na produção industrial de materiais de nova geração para começar a produzir batas hospitalares descartáveis, máscaras e viseiras.

Ao longo das seis semanas seguintes, Rick e Mark acionaram a sua equipa de liderança para tornar a Lockheed Martin Space à prova de pandemia, nos mais elevados padrões possíveis. «Monitorizámos o que se estava a passar a nível global», disse Rick, «e sabíamos que a situação poderia ser desastrosa na América, por isso agimos de imediato». A 11 de março, quando a Organização Mundial da Saúde declarou uma pandemia global, a equipa de Rick estava totalmente preparada e pronta para esta nova realidade de trabalhar a partir de casa.

Na altura, havia uma especulação esperançada de que a crise passasse em alguns meses, mas os serviços de informação de Rick diziam-lhe o contrário. «Sabia que tínhamos de nos preparar para um longo esforço», recordou. «O meu objetivo era encontrar forma de sair mais forte do que qualquer um dos nossos concorrentes no final da pandemia e continuar a servir os nossos clientes e a nação.» Com toda a indústria norte-americana a vacilar, Rick anteviu que apenas os mais bem preparados se poderiam adaptar às vicissitudes vindouras e transformar esta crise numa oportunidade. Ele tinha grandes objetivos de negócio para 2020 e não podia deixar que a pandemia se intrometesse.

Usando estes sinais e avaliações, Rick e a sua equipa colocaram o seu poder de antecipação em funcionamento e usaram recursos da empresa para lidar com ameaças previsíveis, mas não garantidas. Assumiram riscos calculados para se prepararem para a pandemia porque avaliaram corretamente que o facto de não se estar preparado poderia ter consequências inaceitáveis e que estar preparado trazia grandes vantagens competitivas. Graças à clarividência e tendência para a ação da equipa da Lockheed Martin Space, o encontro entre o satélite e o asteroide previsto para outubro de 2020 aconteceu, tal como planeado, a par com o lançamento de dez satélites nesse ano, sendo que todos entraram em órbita com sucesso e atempadamente. A divisão prosperou durante um ano horrível para a indústria em geral e posicionou-se para sucessos futuros.

Que lições pode retirar de Rick Ambrose e da Lockheed Martin Space, usando-as para desenvolver as suas próprias capacidades de antecipação? A chave para esta antevisão de sucesso foi a sua procura sistemática e deteção de sinais precoces de alerta — sinais que poderiam escalar e perturbar o seu negócio —, respondendo proativamente para transformar uma crise numa oportunidade. A Lockheed Martin Space foi bem-sucedida porque a equipa de Rick teve a visão de delinear um plano para o novo coronavírus ao (1) detetar de forma proativa o que estava a acontecer despercebidamente em todo o mundo, (2) avaliar implicações potenciais para o seu negócio e (3) desenvolver possíveis formas de atuação sob diferentes futuros plausíveis.

O falecido grande guru da gestão Peter Drucker disse que grande parte do futuro é óbvio e que tudo o que temos de fazer é «olhar pela janela e ver o que é visível, mas que ainda não foi visto»[1]. A pandemia foi precisamente isso — uma ameaça reconhecida para a qual praticamente ninguém estava preparado. A sua chegada revelou anos de pensamento preguiçoso e falta de visão relativamente a um tópico de importância crescente e vital para todos — o futuro. A pandemia expôs o grande perigo de ignorar riscos futuros e oportunidades que já são visíveis para nós, mas que ainda não foram observadas. Este capítulo oferece-lhe um processo sistémico de quatro passos para «ver» o que se segue antes de todos os outros e liderar a sua equipa com adaptabilidade radical para ganhar, independentemente dos choques que o futuro possa trazer, sejam tecnológicos, geopolíticos, económicos ou biológicos.

O propósito da previsão é identificar o que tem de fazer hoje de modo a ser bem-sucedido amanhã. Nas palavras do futurologista de Stanford Paul Saffo, «o objetivo da previsão não é prever o futuro, mas dizer-lhe o que precisa de saber para tomar medidas relevantes no presente»[2]. Ninguém sabe ao certo o que o futuro trará — o futuro é múltiplo e não linear —, mas, através da antecipação, podemos aumentar o músculo da adaptabilidade da nossa equipa, planear para possíveis estados futuros e agir proativamente para prosperar.

A disciplina da antecipação existe há muito e os elementos de previsão ou práticas semelhantes têm sido, de uma maneira ou de outra, parte do planeamento estratégico. Contudo, a verdade é que a maior parte das empresas não incorpora as ferramentas da antecipação nas práticas diárias e fluxos de trabalho. Resultado: muitas não perceberam a ameaça causada pela pandemia, mesmo tendo estado o tempo todo à sua frente. Mas algumas equipas prosperaram durante a pandemia porque, tal como a Lockheed Martin Space e outras que vamos conhecer mais à frente neste capítulo, a antecipação fazia parte das suas competências de base. Mesmo entre as empresas mais bem estabelecidas, a prática *consistente* da antecipação é rara. Os inquéritos existentes revelam que apenas 25% de todas as empresas que integram a lista da *Fortune* 500 têm algum tipo de práticas ou competências de antecipação nas suas fileiras executivas[3].

Sem dúvida que uma antecipação abrangente leva o seu tempo, exige dedicação e recursos. Tem de ser encabeçada por líderes seniores de toda a organização e a maior parte dos executivos não dedica tempo a esta vertente. Quando os tempos correm de feição, a antecipação é relegada para segundo plano, mas não pode deixar que isso aconteça num futuro cheio de volatilidade e incerteza! A antecipação é extremamente importante para a adaptabilidade radical. Ajuda-o a ver mais além, de modo a prever mudanças potenciais, ao mesmo tempo que dá à sua equipa a coragem necessária para ser tão audaz como Tilly Smith, de dez anos, ao preparar-se para potenciais *tsunamis* empresariais. Sem clarividência, a sua equipa debater-se-á para competir neste novo mundo do trabalho. Este capítulo ensiná-lo-á a antecipar, uma competência-chave em toda a organização, para que todos na sua equipa possam partilhar as informações e risco e planear o futuro.

Na nossa investigação encontrámos muito poucas empresas verdadeiramente preparadas para uma pandemia global. A maior parte foi apanhada desprevenida e as empresas passaram meses a tentar acompanhar o passo de uma catástrofe antecipada quase duas décadas antes. Em 2007, a *Harvard Business Review* publicou uma secção especial intitulada «Preparar-se para uma pandemia», prevendo que a disseminação de vírus altamente contagiosos se tornaria «a verdadeira grande ameaça à continuidade das empresas», podendo «prolongar-se até 18 meses»[4]. Em 2015, Bill Gates promoveu uma TED Talk, vista por milhões, na qual alertou que «se alguma coisa matar mais de 10 milhões de pessoas nas próximas décadas, o mais provável é que seja um vírus altamente contagioso do que uma guerra. Não mísseis, mas micróbios.»[5]

Uma prática de antecipação meticulosa implica responder a três questões importantes: (1) Qual é a carteira de riscos e oportunidades que enfrentamos? (2) Que implicações têm para as nossas empresas, tanto a montante como a jusante? (3) Como devemos planear e criar prontidão interna para mitigar ameaças externas e, em resposta, captar oportunidades?

Vejamos um exemplo familiar para todos — o tempo. Não sabemos com uma fiabilidade a 100% como estará o tempo dentro de quatro semanas. Sim, temos muitos anos de dados sazonais e um entendimento geral, mas não certeza. Temos uma noção melhor de como estará o tempo na próxima semana e um conhecimento ainda melhor de como estará amanhã. Este conhecimento é baseado em vastos conjuntos de dados sobre o que aconteceu no passado e a nossa análise consistente da atmosfera para ver como o tempo deverá mudar nos dias seguintes.

Portanto, se sabe que provavelmente amanhã vai chover, o que fará? Muito provavelmente vai adiar a lavagem de hoje do seu carro, certificar-se-á de que todas as janelas estão fechadas antes de ir dormir e até poderá mudar os planos da sua vida social para amanhã. Podemos prever o risco de chuva porque temos dados empíricos e modelos complexos. Mas o futuro mais distante é diferente: não é previsível porque não temos modelos analíticos para compreender o leque total de possíveis resultados de coisas que ainda não podemos ver. É neste ponto que é importante desenvolver cenários futuros plausíveis. Ajuda-o a ver coisas que ainda não são visíveis.

Na antecipação, vemos o futuro de forma semelhante a como os meteorologistas preveem o percurso dos furações — através das lentes de um *cone de plausibilidade*. A linha central do cone, onde o furação se encontra neste momento, é a trajetória mais provável num cenário base futuro. A área exterior do cone são os locais plausíveis para onde o furacão se poderá deslocar, mas com um menor grau de probabilidade. Estes são os chamados *futuros plausíveis*. À medida que o furacão se aproxima de terra, o cone estreita-se e dá aos observadores uma melhor apreciação do que provavelmente vai acontecer e como responder.

Num mundo em que o ritmo da mudança continua a antecipar o futuro a uma velocidade cada vez maior, uma liderança radicalmente adaptável exige-nos que integremos nas nossas operações diárias o hábito da antecipação — para que possamos dar às nossas organizações a flexibilidade necessária para prosperarem, seja qual for o tempo que se venha a verificar no futuro. Precisamos de reenquadrar proativamente o modo como vemos o futuro para que não só detetemos e avaliemos as mudanças possíveis no horizonte, mas para que também nos preparemos para as mesmas. É um processo que torna as nossas equipas mais inteligentes, mais fortes, mais resilientes e mais radicalmente adaptáveis.

Planear o futuro é difícil, mas é uma competência passível de ser ensinada. É arte, ciência e avaliação, na mesma medida, e o nosso objetivo é ajudá-lo a desenvolver esta competência de liderança para competir e ganhar num novo mundo do trabalho. Leo Tilman, líder de opinião em termos de previsão e académico do GFTW, diz que os líderes radicalmente adaptáveis devem levar a cabo uma «luta concertada pela informação de risco» — nomeadamente qualquer coisa que possa perturbar o seu negócio, desde a política regulatória aos mercados externos, passando por mudanças contextuais, novas tecnologias e novos concorrentes. Em vez de ouvir passivamente o ruído ensurdecedor da informação, esta «luta pela informação de risco» é mais eficiente quando envolve toda a organização num processo de antecipação permanente, sistemático e com os recursos necessários[6]. Reconhecemos que nem todas as empresas têm capacidade para dedicar os mesmos recursos à prática da previsão, mas todos os líderes, em todos os níveis da organização, podem incorporar três ferramentas de previsão nos processos diários para ajudarem as suas equipas a ver mais além.

O primeiro passo é *detetar* sinais de alerta precoces que indicam mudança. Um sinal é algo que pode ter impacto no seu negócio, semelhante à forma como um radar capta os sinais recebidos dos aviões. O segundo passo implica *avaliar* o impacto previsível destes sinais na sua organização, e o terceiro passo é *responder* proativamente aos cenários futuros mais plausíveis[7].

IDENTIFIQUE AS AMEAÇAS E AS OPORTUNIDADES

Quando os membros da equipa executiva da Lockheed Martin Space analisaram todo o contexto, de modo a identificarem os riscos colocados pela covid-19, tinham duas questões em mente: (1) Qual é o seu horizonte para tomar decisões? (2) Que premissas vitais estamos a assumir sobre o nosso negócio e a natureza do seu meio envolvente?

Estabelecer um horizonte temporal para detetar os sinais é vital, porque os seus preparativos também serão diferentes consoante o furacão esteja previsto para daqui a três semanas ou amanhã, por isso, temos de estabelecer o enquadramento temporal da mudança esperada, de modo a treinar os nossos olhos para verem e os nossos ouvidos para ouvirem os sinais precoces *certos*. Comece por escolher um horizonte que seja relevante para a sua organização. Recomendamos dois períodos: um de curto prazo, no espaço de um ano, e um de mais longo prazo, dentro de cinco anos. Mas assim que começamos a pensar em horizontes de muito longo prazo, a incerteza aumenta, pelo que devemos tratar com cautela todas as projeções de longo prazo.

A segunda questão também é vital: que premissas está a fazer sobre o seu negócio e o seu ambiente operacional? Isso ajudá-lo-á a considerar fatores e cenários alternativos que poderão ter um verdadeiro impacto na sua empresa, mas aos quais poderá ainda não estar a prestar atenção. Que premissas toma como garantidas em termos de fontes de receita, modelos de negócio, cultura e capital humano? Que aconteceria caso se revelassem drasticamente erradas? Estaria preparado para mudar decisivamente as suas táticas e estratégias, caso os seus pressupostos estivessem errados? Leo Tilman sugere que se questione: «Estamos a concentrar a nossa atenção nos objetivos certos? Estamos a analisar o horizonte de forma suficientemente ampla e vigilante?».

A título de exemplo, as receitas na indústria do desporto profissional estão amplamente dependentes da premissa de que os jogos atraem milhares de compradores de bilhetes. Este foi um pressuposto fiável durante décadas até 11 de março de 2020, quando a National Basketball Association suspendeu o resto da temporada e quando todos os desportos profissionais pararam pouco depois. E apenas uma organização desportiva profissional em todo o mundo — o torneio de ténis de Wimbledon, em Inglaterra — teve visão para ter um seguro contra a pandemia. Na realidade, há já 17 anos que o torneio de Wimbledon estava coberto por um seguro contra pandemias[8]. O seu conselho de administração há muito que tinha identificado a devastadora ameaça que uma pandemia colocaria à sua situação financeira. A direção avaliou a ameaça como um risco inaceitável e tomou medidas para o mitigar — ao mesmo tempo que melhorou o valor da marca e a sua reputação.

Refletir sobre os pressupostos de base da sua empresa pode evidenciar áreas de vulnerabilidade e também de oportunidade. Testar as premissas subjacentes à indústria onde opera é um caminho comprovado para a inovação, para estratégias revolucionárias e para fazer a diferença no mercado. Uma forma excelente de testar os seus pressupostos é declarar a premissa contrária ao que considera ser verdade, e procurar sinais de alerta precoces que possam confirmar ou rejeitar este pressuposto contrário. Uma outra abordagem para testar as premissas é procurando algo que todos saibam ser verdade — ou melhor, que *pensam* saber ser verdade — e oferecer um serviço que *retira* a validade a esse pressuposto.

O retalhista *online* de calçado Zappos criou uma enorme base de seguidores ao desafiar o pressuposto comum de que era difícil vender sapatos *online* porque os clientes preferem experimentar o calçado antes de o comprar. O fundador, Nick Swinmurn, percebeu que, se a Zappos conseguisse oferecer um número ilimitado de devoluções sem perguntas, os compradores acorreriam em massa à vasta seleção de tamanhos, marcas e estilos do site. A maior parte dos investidores partiu do princípio de que oferecer um número ilimitado de trocas não era uma política sustentável, mas um grande investidor viu mais além dessas premissas — o grandioso Tony Hsieh, já falecido, que acabou por ser o presidente executivo da empresa. Ao descartar o que sempre tinha sido um pressuposto comum sobre a venda *online* de calçado, a capacidade de antecipação da Zappos deu-lhe uma vantagem de pioneira que ainda nenhuma outra conseguiu superar[9].

A maior parte das grandes perturbações industriais podem frequentemente ser vistas como fracassos de antecipação por parte de empresas já estabelecidas — relutantes ou incapazes de reconhecer as próprias premissas vitais — e como vitórias dos disruptores por questionarem e capitalizarem perante as premissas erradas dos demais. A Uber e a sua aplicação para *smartphones* abalaram a premissa da indústria dos táxis de que os clientes à procura de transporte precisariam sempre de ligar para uma central; a PayPal floresceu porque os bancos e as empresas de cartões de crédito partiram do princípio de que já estavam a satisfazer as necessidades dos clientes em termos de privacidade e conveniência num mundo de rápido crescimento do comércio eletrónico. A Airbnb tornou-se a força dominante na hospitalidade, uma área na qual os executivos do sector assumiam que o alojamento com pequeno-almoço nunca iria além de um pequeno nicho de mercado na sua indústria.

Esta dinâmica verifica-se vezes sem conta. Em todas as indústrias, pequenas e grandes, encontrará uma falta de clarividência e pressupostos rígidos entre os operadores estabelecidos que estão a perder quota de mercado para os concorrentes audazes, ágeis e tecnologicamente experientes. Como pode pressionar a sua equipa para não cometer os mesmos erros? Pode evitar que a sua empresa seja um alvo fácil? Em que lado dessa equação quer estar? A parada dificilmente poderia ser mais alta para ganhar neste novo mundo do trabalho.

A DETEÇÃO É UM DESPORTO DE EQUIPA

Identificar, recolher e avaliar as informações de risco é um esforço de equipa porque ninguém consegue vigiar sozinho atentamente todas as forças macro que vão moldar o seu ambiente operacional futuro. «A informação de risco deveria ser considerada um novo tipo de competência organizacional existencial», disse Leo Tilman. «Quando todos conseguem pensar de forma holística sobre o risco e a incerteza e quando conseguem falar uns com os outros e partilhar ideias sobre o risco numa terminologia comum e rigorosa, isso ajuda a empresa a tomar decisões melhores para mitigar ameaças e explorar oportunidades.» Leo defende o envolvimento de toda a organização, «para além das suas próprias fronteiras», na identificação e avaliação de informação relevante sobre as grandes tendências que moldam o futuro.

Ao integrar a previsão de forma tão meticulosa nas suas operações, poderá aumentar a consciência de todos de que as mudanças disruptivas poderão estar mesmo ao virar da esquina e que é função de todos — proativa e criativamente — ver mais além. Liderar uma organização radicalmente adaptável exige que os líderes de todos os níveis participem numa discussão ativa e permanente sobre o que o futuro poderá trazer e sobre o que a organização pode e deve fazer este ano, este mês, esta semana e hoje.

Para incorporar ferramentas de antecipação na sua estratégia, de forma sustentada, tem de treinar todos os elementos da sua equipa no sentido de analisar e detetar os vários sinais de mudança. Algumas empresas estabelecidas atribuíam a antecipação a grupos de trabalho — e embora esta seja uma abordagem meritória, os grupos de trabalho muitas vezes sentem o seu carácter transitório e têm datas-limite. Em alternativa, defendemos que a aprendizagem das bases da antecipação reforça o músculo de adaptabilidade radical da sua equipa.

Na maioria das empresas, não era tarefa de ninguém monitorizar o risco de uma pandemia global mortífera ou de um potencial conflito geopolítico. Por essa razão, poderá ser benéfico acrescentar à sua equipa consultores externos ou outros parceiros de reflexão que o ajudem a lidar com o desconhecido. Desenvolver uma capacidade de antevisão dá à sua equipa a possibilidade de cultivar a recolha de informação e identificar capacidades em áreas nas quais tinha pouca ou nenhuma exposição e ajudará toda a equipa a encarar as atividades da empresa em termos da sua exposição à mudança futura.

OS PASSOS DADOS COM AS STEEP

Como começa a analisar e detetar as mudanças? O contexto operacional de todas as organizações vai ser moldado por cinco forças macro: sociológicas, tecnológicas, económicas, ambientais e políticas (STEEP, na sigla em inglês). As análises STEEP ajudam-no a prever de que modo um futuro incerto pode evoluir e a identificar premissas relativas ao contexto macro do seu negócio.

- *Sociológicas:* referem-se essencialmente às mudanças demográficas e sociais que podem influenciar a procura dos consumidores na sua indústria. É por essa razão que os fabricantes de brinquedos estão atentos às mudanças nas taxas de natalidade e os fabricantes de automóveis estão preocupados com o facto de um nível sem precedentes de jovens não se dar ao trabalho de tirar a carta de condução na era do *car sharing* e dos pedidos de boleias.

- *Tecnológicas*: incluem todos os desenvolvimentos em tecnologias revolucionárias, incluindo robótica, tecnologias de informação, geração de energia e ciência dos materiais. A mínima mudança em qualquer uma destas tecnologias pode abrir novas oportunidades imprevistas ou criar ameaças novas e inesperadas no seio da sua indústria.
- *Económicas:* referem-se ao fluxo e refluxo do ciclo de negócio; mudanças nas taxas de juro, o mercado bolsista, o mercado laboral e tendências nos indicadores de confiança dos consumidores.
- *Ambientais:* incluem não apenas elementos de curto prazo que poderão ter impacto no seu negócio ou nas cadeias de abastecimento (como furações ou pandemias contagiosas), mas também alterações climáticas de longo prazo e perspetivas sobre o acesso futuro a recursos naturais.
- *Políticas:* incluem tendências nas regulamentações governamentais, taxas de tributação, tarifas de importação, leis laborais, tratados, alianças internacionais e estabilidade em geral na política interna e na política dos países onde a sua empresa tem escritórios, clientes e fornecedores vitais.

Dependendo do seu negócio e indústria, alguns dos fatores STEEP podem ser mais relevantes do que outros — e não faz mal. Não se trata de uma fórmula rígida na qual tem de testar os cinco fatores, sendo mais uma espécie de guia para potenciais variáveis.

Divida em cinco subgrupos iguais a sua atual equipa e atribua uma das cinco categorias STEEP a cada uma. Alguns membros da equipa poderão já ter responsabilidades relacionadas com desenvolvimentos emergentes em algumas destas categorias — um lobista que procura negócios com o Estado, o diretor de informática que acompanha a tecnologia, e por aí em diante. Por isso, dê especial atenção à maximização da diversidade de opiniões e experiências dentro de cada um dos subgrupos STEEP, de modo que cada um beneficie de diferentes ideias, responsabilidades funcionais e perspetivas dentro da sua equipa e organização.

Poderá questionar-se sobre como ensinamos os nossos membros da equipa a detetar sinais. Recomendamos que comece por olhar para a história como um guia para compreender melhor o futuro. E considere a hipótese de pedir aos seus subgrupos para desenvolverem respostas para algumas destas questões: que acontecimentos anteriores — e de grande importância na história recente de qualquer um dos fatores STEEP que o subgrupo está a analisar — criaram uma transição súbita de uma era para outra? Qual o impacto que essa mudança teve no seu negócio ou indústria? Quais foram as variáveis nessa mudança? À luz do seu melhor entendimento, qual é a tendência atual para este fator? Considera que estas variáveis vão mudar linearmente no curto prazo? Ou as mudanças nas variáveis são cíclicas, sazonais, geracionais, exponenciais ou ortogonais?

Para ajudar os subgrupos da sua equipa STEEP, recomendamos que crie uma rede virtual de peritos que o possa ajudar mensalmente na reflexão da sua equipa. Ao fazê-lo, isso implica seguir os estrategas mais conceituados, especialistas de risco e futurologistas com domínio do assunto nas várias categorias STEEP. A título de exemplo, Marc Goodman, fundador do Future Crimes Institute e antigo futurologista do FBI, é muito entendido em ameaças de cibercrime e nos perigos do «capitalismo de vigilância». Nicolas Berggruen e o seu instituto oferecem pontos de vista imaginativos sobre as relações de causalidade entre negócios e democracia. Nouriel Roubini, professor de Economia na Universidade de Nova Iorque, previu o colapso do mercado imobiliário da Grande Depressão e tem ideias circunstanciadas de como o futuro do mundo financeiro poderá evoluir. Ramez Naam é alguém a seguir se o futuro do seu negócio está relacionado com a produção de energia — já que monitoriza há anos o declínio sustentado nos custos da energia solar e prevê que o petróleo e as centrais elétricas de gás natural deixarão de ser competitivos com as centrais solares em torno de 2030. E Leo Tilman e a sua empresas são líderes em cultivar informação de risco e agilidade estratégica nas principais empresas e junto de investidores em diversas indústrias. Estas são apenas algumas sugestões, já que existe um número infindável de outros grandes especialistas em várias áreas para seguir nas diversas categorias STEEP, incluindo na sua própria indústria. Portanto, não se esqueça de se questionar: «Quem na indústria é conhecido por olhar para o futuro?».

Os subgrupos STEEP da sua equipa deveriam investigar os especialistas nas suas áreas, segui-los nas redes sociais e irem ainda mais longe

— participando nas suas conferências ou nos seus eventos sobre liderança, se possível. Se tiver a sorte de interagir pessoalmente com estes peritos, pergunte-lhes explicitamente como pensam que o futuro das suas áreas de especialidade poderá ter impacto diretamente no seu negócio ou indústria. Há centros académicos de investigação que estudem a sua categoria STEEP? Se houver, encontre os membros ou académicos relevantes que lá trabalhem, contacte-os e desenvolva uma relação permanente para que possa aprender sobre o seu trabalho, a sua investigação e as suas próximas publicações. O seu papel, enquanto líder, é o de desafiar a sua equipa a identificar sinais precoces através dos subgrupos STEEP, e a melhor forma de o fazer é ler sobre muitos assuntos e pesquisar novos caminhos ao falar com especialistas, incluindo os que trabalham à margem do sistema convencional. É nas franjas de qualquer domínio que provavelmente encontrará os pensamentos mais arrojados na sua categoria STEEP — e, provavelmente, indicadores de mudanças futuras. Estes trunfos mais à margem podem estar atualmente longe da perceção geral da opinião pública, mas também poderão ser altamente influentes nas comunidades de nicho, e a sua existência poderá representar futuros possíveis.

A título de exemplo, em 2009, o Departamento de Segurança Interna norte-americano emitiu um alerta às forças de segurança relativamente a uma crescente ameaça de terrorismo interno por parte de militares veteranos de regresso a casa que aderiam a grupos nacionalistas brancos. Esse relato controverso era, tal como as previsões pandémicas, visível, mas passava amplamente despercebido. No entanto, se soubesse onde procurar, tornava-se muito evidente que o número de adeptos de *memes* de supremacia branca e atividades organizadas estavam a crescer *online* — por exemplo, em fóruns de mensagens *online* como o 4chan.com, em meados da década de 2010. Chegados a 2020–2021, a opinião pública tomou finalmente consciência destas atividades — como a ponta de um icebergue que por fim surge acima do nível do mar.

A questão é que os pioneiros na adoção de pontos de vista provocatórios (em cada um dos domínios STEEP e até mesmo na sua indústria) são um bom indicador de potenciais mudanças. Se prestar atenção ao que representam antes de se tornarem parte da consciência pública, poderá conseguir explorar uma vantagem competitiva ou ser o primeiro a evitar um sério grau de risco.

Por último, incumba os subgrupos da sua equipa STEEP de apresentarem, na reunião mensal, atualizações de cinco minutos sobre qualquer sinal relevante das suas áreas de atuação, para que a sua equipa consiga detetar sinais e decidir com base neles, planeando assim o futuro. Para se preparar para este *briefing* muito curto, peça aos membros da sua equipa que comuniquem assincronamente através de canais de comunicação *online* (por exemplo, Slack ou WhatsApp) e que usem a resolução colaborativa de problemas (RCP) para debaterem informalmente sinais, ameaças e oportunidades que preveem na sua categoria STEEP. Peça-lhes que ponderem sobre esta questão: algo que aconteceu no contexto macro tem um significado ambíguo para o seu negócio? Pode ser um novo produto na sua indústria, uma nova lei ou um relatório sobre oferta laboral. Incentive os membros da sua equipa a explorar essa questão mais aprofundadamente no subgrupo, através dos canais de comunicação informais, para que possam mergulhar mais fundo no sinal potencial, eliminar possíveis ambiguidades e estarem prontos para o apresentar mensalmente à sua equipa mais alargada.

Este exercício de deteção STEEP ajuda a criar uma imagem mais clara daquilo a que Leo Tilman chama *portefólio de riscos* da sua organização. Na etapa seguinte, que descreveremos abaixo, a sua equipa avaliará em conjunto a importância destes sinais para a empresa e depois decidirá sobre a mitigação apropriada do risco e as estratégias ofensivas — aquilo a que Leo chama o *lado positivo do risco*.

AVALIE E HIERARQUIZE OS SINAIS

O Fusion Resilience Center do Morgan Stanley é uma gigantesca operação assistida pela aprendizagem automática que ajuda a detetar e avaliar ameaças de ciberataques ao banco de investimento e aos seus clientes, mas também riscos de fraude, terrorismo, catástrofes naturais, perturbações geopolíticas e até doenças infecciosas e pandemias. Criado em 2017, em resposta aos crescentes ataques cibernéticos, o centro inicialmente concentrava-se em salvaguardar o banco através da deteção de ameaças em tempo real, avaliando a sua importância e hierarquizando a resposta. Todos os dias, o centro analisava páginas e páginas de dados e filtrava-os através de uma ferramenta de análise proprietária para separar o ruído dos sinais, exibindo os sinais numa gigantesca parede de visualização com centenas de monitores, semelhantes a um grande radar de risco ou a um supercomputador de ficção científica no cenário de um filme futurista de espionagem. No final de 2019, o trabalho do centro tinha-se expandido para a deteção de quaisquer ameaças que pudessem perturbar o negócio do banco, transformando-se no Fusion Resilience Center.

O centro era chefiado por Jen Easterly, licenciada em West Point e oficial de informação militar reformada que cumpriu três comissões a tentar ajudar a derrubar redes terroristas no Iraque e no Afeganistão. Antes de integrar o Morgan Stanley, foi assistente especial do presidente dos EUA no Conselho de Segurança Nacional durante três anos. (Depois disso, regressou ao Governo, ao ser confirmada pelo Senado norte-americano em julho de 2021 como diretora da Agência de Cibersegurança e Segurança das Infraestruturas [CISA] do Departamento de Segurança Interna.)

Quando a China colocou a cidade de Wuhan em quarentena, a 23 de janeiro de 2020, Jen e a sua equipa começaram a preparar a chegada da pandemia aos Estados Unidos. O Morgan Stanley tem uma delegação na China e sede em Hong Kong e o Fusion Resilience Center começou a receber dados preocupantes provenientes da Ásia. Menos de duas semanas depois, o centro tinha criado um modelo prevendo os piores cenários possíveis caso a pandemia na China se tornasse global, utilizando dados das autoridades de saúde públicas, universidades como John Hopkins e outras fontes. Ao seguir as tendências na Ásia e na Europa, e sintetizando inúmeros contributos, o centro avaliava continuamente o nível de ameaça da pandemia e aconselhava diariamente a equipa de liderança do banco sobre como deveria responder.

Apesar de toda a maciça sofisticação técnica, o Fusion Resilience Center ainda depende das decisões humanas para avaliar ameaças e hierarquizar respostas. Cada ameaça é categorizada algoritmicamente e apresentada aos funcionários, que depois tomam decisões sobre a validade da ameaça. A função da equipa humana é olhar para todos os dados e avaliar que ameaças necessitam de uma ação imediata, quais sugerem ser necessário investigar mais e quais são falsos positivos que podem ser ignorados. Embora a fase de deteção seja amplamente automatizada através da introdução de dados e os algoritmos ajudem a assinalar os riscos, apenas as pessoas podem apresentar recomendações coletivas sobre o que o banco deve fazer a seguir e para onde deve mobilizar recursos e ativos financeiros.

Para que a avaliação de risco e a recomendação de um plano de ação fossem certeiros, Jen criou uma abordagem para reunir sistematicamente informação e alimentar os algoritmos do Fusion Resilience Center com esses dados. Ela tinha criado uma rede de resolução de problemas — no seio da sua equipa e também em todo o banco — e convidou-os a interpretarem as análises do algoritmo do Fusion Center, a hierarquizarem os riscos e a fazerem recomendações à equipa de liderança do banco.

Em meados de março de 2020, quando as taxas de infecção começaram a escalar em Nova Iorque, as previsões do Fusion Resilience Center antecipavam que os trabalhadores provavelmente teriam de trabalhar a partir de casa durante o período de emergência médica, e a liderança do banco já tinha tomado uma decisão crucial de distribuir tecnologia segura a todos os seus colaboradores nos Estados Unidos. Quando Donald Trump, o então presidente dos Estados Unidos, declarou a 13 de março o estado de emergência nacional e proibiu a entrada no país de todos os cidadãos não americanos provenientes da Europa, gerou-se um pandemónio nas empresas norte-americanas. Mas o Morgan Stanley estava pronto para esta nova era do futuro do trabalho e não perdeu nada pelo caminho. Ao longo dos nove meses seguintes, o Morgan Stanley teve um excelente ano financeiro. O foco do Fusion Center na deteção de sinais precoces de alerta e na correta avaliação do risco e das oportunidades desempenhou um papel central no desempenho magnífico da empresa.

UMA MATRIZ DE AVALIAÇÃO

Provavelmente a sua organização não tem um algoritmo complexo para assinalar riscos ou uma sala de visualização estilo Matrix, tal como o Fusion Resilience Center, para apresentar todo o seu portefólio de riscos ou, nas palavras de Leo Tilman, todo o *radar de risco da sua empresa*. Mas, através das equipas de que dispõe, pode utilizar uma metodologia semelhante para avaliar os riscos de contração e as oportunidades positivas das mudanças.

O chefe de produção dos subgrupos da sua equipa STEEP deve desenvolver e manter um radar de risco sustentável e contínuo para a sua organização que, tal como explicámos anteriormente, deve ser feito nas reuniões mensais da sua equipa. À semelhança de um radar meteorológico, o seu radar de risco exibe os sinais de mudança — tanto de curto como de longo prazo — e monitoriza o impacto na sua organização, ainda que esses sinais não estejam a ser ativamente geridos. Esses sinais podem ser claramente visíveis para quem está de fora, mas poderão ainda não ser evidentes nas suas operações diárias.

E, à semelhança dos radares meteorológicos, pode usar o radar de risco para avaliar tanto a probabilidade como o impacto das ameaças potenciais. Quando um furacão é visível a milhares de quilómetros de distância no radar meteorológico, as previsões estimam um leque de possibilidade para o seu nível de intensidade e localização. O radar de risco funciona de forma semelhante. Visualiza todo o portefólio de risco e incertezas da empresa e, quando esta informação fica acessível a todos os elementos da equipa num quadro digital, leva a que todos compreendam melhor quais as preocupações mais importantes para o futuro da empresa. «Isto cria um foco, em toda a empresa, na procura por informação de risco e no planeamento», explicou Leo.

Para a maior parte das organizações, se pedir à sua equipa para avaliar os sinais no radar de risco e reportar novos desenvolvimentos através dos seus subgrupos STEEP, facilmente poderá hierarquizar as mudanças ambientais relacionadas com cada um dos seus fatores de risco. Na sua reunião mensal de equipa, deve fazer-lhes duas perguntas: primeiro, qual é a *probabilidade* deste sinal? E, segundo, qual é o *impacto* deste sinal no seu negócio? Beth Comstock, vice-presidente aposentada da GE (e atual membro do conselho de administração da Nike), resume eloquentemente a importância destas questões: «Que respostas a estas perguntas precisamos de ter antes de conseguirmos remover este sinal da vossa lista de preocupações?» Na reunião mensal, peça à equipa para delinear cada um dos sinais detetados, numa matriz de avaliação de duas entradas, com base nas ameaças ao negócio consideradas (Figura 5-1). A votação por maioria impera nestes exercícios, portanto, seja qual for o quadrante da matriz que obtiver mais votos para um sinal, classifique esse sinal nesse quadrante. Verá que o quadrante de topo à direita (número dois) classifica os sinais como tendo uma combinação de elevada probabilidade e elevado impacto. Relativamente a qualquer sinal neste quadrante, irá querer iniciar imediatamente a elaboração de cenários de resposta, que adiante descreveremos mais em detalhe. No que diz respeito aos outros quadrantes, pode monitorizá-los antes de desenvolver um planeamento de cenário ou colocar o sinal na gaveta — se tanto a probabilidade como o impacto de um sinal forem baixos. O objetivo é utilizar a RCP de modo a obter uma avaliação conjunta da equipa relativamente aos vários sinais, para que saiba em quais deve concentrar-se *agora versus* mais tarde.

Este é seguramente um exercício concentrado de avaliação de risco, mas todas as equipas o conseguem levar a cabo de forma sustentada no seu fluxo de trabalho diário e todos os líderes o devem dominar — de modo a tornarem todas as equipas radicalmente adaptáveis ao futuro. Relativamente a alguns sinais multivariáveis, poderá considerar útil trazer parceiros de reflexão externos ou conselheiros para a reunião mensal com a sua equipa. Ou até poderá considerar estabelecer uma parceria

Figura 5-1. Radar de risco

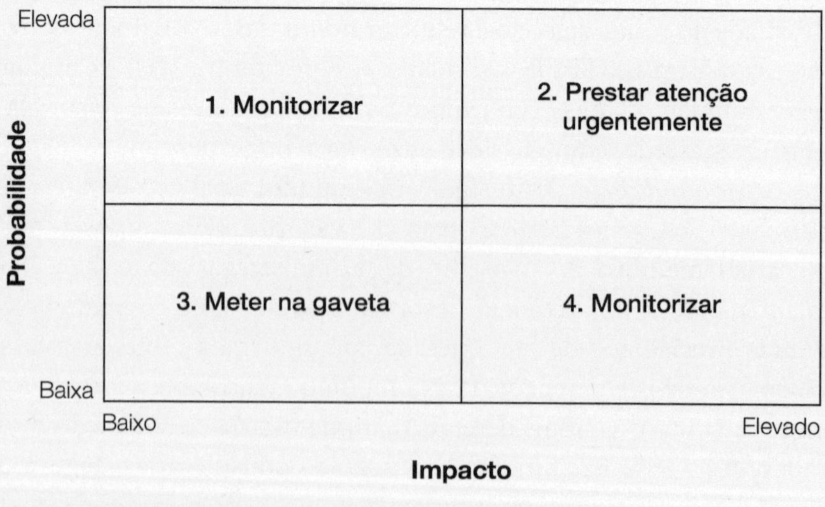

com uma empresa de informação de risco externa, como a Tilman & Company, para levar a cabo um exercício abrangente. Mas este exercício de antecipação do género «faça você mesmo» pode ser sucessivamente repetido a par com qualquer sinal da sua fase de deteção; pode usá-lo para desenvolver uma avaliação interna dos riscos e pode depois atualizar o seu planeamento e resposta.

A IMPORTÂNCIA DA ITERAÇÃO

Recorde-se que o seu radar de risco é tão bom quanto a capacidade da sua equipa para identificar novos dados e analisá-los de forma regular e atempada. A deteção não é uma proposta única. O futuro muda sempre em reação ao que está a acontecer agora. A deteção e análise é um exercício constante. Por isso, tem de manter o seu modelo de antecipação constantemente atualizado, como um documento vivo: não basta fazê-lo uma vez por ano e depois esquecê-lo. Acreditamos que é vital que agende uma atualização das previsões na reunião mensal de equipa — mesmo que esteja limitada a apenas meia hora — para discutirem as ameaças e oportunidades externas. E, por isso, o exercício STEEP é concebido de modo a dar à sua equipa uma ferramenta para o fazer de forma fácil e constante. Através deste exercício de deteção e avaliação, a sua equipa pode identificar informação vital sobre tendências emergentes e usar a RCP para hierarquizar ações e decidir como proceder, práticas essas que vamos discutir na etapa final da antecipação. Isto cria capacidade de adaptabilidade radical na equipa e ajudá-lo-á a competir e a ganhar no novo mundo do trabalho.

RESPONDA A POSSÍVEIS CENÁRIOS E PLANEIE-OS

A 8 de março de 2020, o condado de Santa Clara, na Baía de S. Francisco, emitiu a primeira ordem de confinamento do país para combater a pandemia de coronavírus e encerrou todas as empresas com atividades consideradas não essenciais. Jonathan Becher, presidente da associação de pais que detém a equipa de hóquei San Jose Sharks, reuniu a sua equipa de liderança para discutir o que fazer, já que a época de hóquei tinha sido suspensa e as receitas de bilheteira seriam zero num futuro próximo.

Perante a mais extrema incerteza da sua carreira profissional, Jonathan Becher recorreu à sua formação prévia em engenharia de sistemas. Concluiu que, se distribuísse as incertezas que a equipa de hóquei enfrentava pelos seus elementos subjacentes, seria possível testar cada premissa através da criação de cenários para possíveis futuros — e o exercício poderia apontar-lhe algumas opções que não tinham sido consideradas anteriormente. Encarregou os membros da sua equipa de desenvolverem planos de ação detalhados para os cenários futuros mais prováveis, de modo que, caso um ou outro cenário futuro se concretizasse, não fossem apanhados desprevenidos. Poderiam concentrar-se em executar os planos de ação já em vigor.

Becher e a sua equipa tiveram em conta um amplo leque de cenários plausíveis — alguns desejáveis, alguns geríveis e alguns catastróficos. E se não fossem permitidos adeptos nos estádios durante todo o ano 2020? O que aconteceria se apenas as bancadas corporativas forem ocupadas? E se os adeptos pudessem comparecer, mas fosse preciso testar todos à covid antes de entrarem no estádio?

A equipa de Jonathan Becher identificou 30 cenários que poderiam plausivelmente concretizar-se em 2020 e o grupo gerou um documento de uma página descrevendo cada um deles. No final da primavera, a equipa de liderança hierarquizou os cinco cenários mais prováveis, através da resolução colaborativa de problemas, e depois pormenorizou-nos em documentos operacionais de cinco páginas. O cenário mais provável acabou por ser desenvolvido num plano de ação de 40 páginas, que orientou Jonathan e a equipa ao longo do resto do ano e até 2021, quando os Sharks tiveram de disputar toda uma temporada sem adeptos nas bancadas. Apesar da utilidade da definição de cenários, o exercício não era infalível. Um dos cenários que não tinha sido tido em consideração foi o de que o condado de Santa Clara não os deixaria entrar no seu próprio edifício e praticar no rinque, mesmo sem adeptos nas bancadas. Por isso, durante os dois primeiros meses da temporada de 2021, a equipa teve de se mudar para o Arizona, onde este tipo de restrições não vigorava. Nunca lhes tinha passado pela cabeça que os San Jose Sharks teriam de jogar no Arizona!

Os cenários são definidos como histórias plausíveis que criam espaço para uma ação deliberada. Na fase de avaliação, durante a reunião mensal da sua equipa, qualquer sinal que tenha sido votado para ser colocado no quadrante dois — que representa impacto elevado e probabilidade elevada — tem de ser sujeito a um exercício de planeamento para que a sua organização se prepare proativamente para o que o futuro possa trazer. Cada cenário descreve uma versão alternativa do futuro, recorrendo a uma premissa diferente, ainda que todos os cenários se refiram à mesma informação subjacente. Uma vez mais, cada cenário irá desafiá-lo a explorar até mesmo os pressupostos mais básicos em torno do seu negócio.

A criação de cenários é uma forma comprovada de testar o nível de prontidão da sua organização para reagir a ameaças que são reais e têm um elevado grau de probabilidade de colocar a sua empresa sob grande tensão. Nas empresas com grandes investimentos de longo prazo em ativos fixos, como a indústria do petróleo e do gás, os cenários são essenciais para os planos de desenvolvimento, de modo que seja possível responder a várias categorias de crises para lá do seu controlo, por exemplo, preços voláteis, derramamento de crude, colisões de petroleiros, acidentes em plataformas *offshore*, sanções internacionais ou ações militares.

Quando concebem os cenários, os profissionais das previsões têm frequentemente em conta quatro trajetórias de mudança. No programa de antecipação da Universidade de Houston, um dos mais proeminentes programas do género em todo o mundo, Andy Hines partiu do trabalho criado pelo futurologista Jim Dator, da Universidade do Havai, e identificou quatro arquétipos de mudança como linhas orientadoras para delinear cenários muito diferentes:

- *Base:* o cenário de mudança gradual, linear e progressivo. Foi o que aconteceu ontem e o que espera que aconteça amanhã. Este é muitas vezes o tipo de planeamento que fazemos nos exercícios de planeamento anual, em todas as organizações, porque é previsível.
- *Novo equilíbrio:* quando somos confrontados com uma nova era, porque a nossa área de atuação enfrenta um grande desafio evolutivo sobre a forma como tem vindo a funcionar e é forçada a adaptar-se e a fazer cedências para se salvar, ao mesmo tempo que a estrutura de base do sistema permanece intacta.

- *Colapso:* é o pior cenário para o seu futuro projetado. E se tudo correr mal e o sistema se tornar disfuncional? A forma estabelecida de fazer as coisas já não funciona.
- *Transformação:* quando a área de atuação mudou completamente por causa de uma grande mudança tecnológica, política ou económica. É o desejável oposto do cenário de colapso, embora tenha o mesmo nível de impacto. As regras do jogo são eliminadas e são redigidas novas.

Relativamente a cada sinal que a sua equipa identifica como sendo, ao mesmo tempo, altamente provável e de impacto elevado (quadrante dois da matriz de avaliação), o passo seguinte é pedir ao respetivo subgrupo STEEP da sua equipa para identificar *de que forma* poderá esse sinal ter impacto nas previsões-chave na sua empresa. Especificamente, peça a este subgrupo para identificar como será o futuro do seu negócio caso estes sinais se venham a concretizar com base nos quatro arquétipos: base, novo equilíbrio, colapso e transformação. Transforme cada um destes cenários num plano de ação de uma página sobre o que a sua organização deverá fazer caso esse cenário se venha a concretizar. Depois, peça aos subgrupos da sua equipa para apresentarem esses cenários na vossa reunião quinzenal, na qual tem mais tempo para dedicar às previsões e planeamento do que nos apenas 30 a 40 minutos previstos na reunião mensal. Peça aos seus subgrupos para explorarem várias questões: como é que esses cenários influenciam a sua avaliação do futuro da sua organização? Estes cenários criam novos caminhos de exploração? Derrubam pressupostos? Como passo final, dê a cada um deles um nome simples e fácil de lembrar para que sejam mais fáceis de fixar e todos na equipa possam facilmente compreender o que aquele sinal e cenário significam. A título de exemplo, um dos cenários dos San Jose Sharks para 2020 foi chamado de «Sem adeptos em 2020», e todos na equipa sabiam exatamente o que aquele cenário representava. Não sabe se algum desses sinais acabará por se concretizar, mas, caso isso aconteça, terá desenvolvido um plano de ação proativo sobre o que fazer e como responder.

Para os San Jose Sharks, o resultado do seu plano de cenários foi uma escalada rápida nas estratégias digitais da organização. Na qualidade de ex-executivo de topo da SAP, Jonathan era um veterano de Silicon Valley e estava habituado a pensar em termos de futuros transformadores. Ele tinha implorado à equipa para «pensar além do rinque», mas a realidade das operações diárias (a organização acolhe mais de 180 eventos por ano) levou a que nunca tivesse havido tempo para planear a mudança. Através da criação de cenários, toda a organização encontrou uma forma de operacionalizar a realização de mudanças.

Um dos cenários da equipa tinha antecipado até que ponto os adeptos dos Sharks com lugares cativos iriam sentir falta dos jogos ao vivo e estariam sedentos de encontrar uma forma de se manterem envolvidos enquanto estivessem em casa. Para muitos adeptos, assistir a jogos e concertos no estádio dos San Jose Sharks são *momentos de referência* nas suas vidas. Podem não se recordar do acontecimento em concreto, mas a pompa e o ritual de participar num evento ao vivo ficam marcados nas mentes dos adeptos, o que se traduz numa lealdade eterna. Sem momentos de referência para alimentar a sua base de adeptos, como é que os Sharks iriam sustentar o seu modelo de negócio de longo prazo?

Um plano ambicioso passou por transmitir jogos simulados dos Sharks no popular jogo de vídeo e plataforma de redes sociais Twitch. Os Sharks levaram a cabo experiências arrojadas, como permitir a adeptos de carne e osso vestirem virtualmente o equipamento e simularem ser um dos jogadores na simulação de jogo. Os adeptos introduziam as suas fotografias, o seu peso, se arremessavam à direita ou à esquerda e até se tinham os seus nomes impressos digitalmente numa camisola virtual personalizada. Para aumentar o nível de envolvimento nos jogos simulados, os Sharks foram mais longe e pediram ao apresentador dos jogadores, de carne e osso, para anunciar o jogo no Twitch. Até prolongaram os patrocínios de empresas da vida real à temporada virtual.

Numa primeira simulação, um dos adeptos lesionou-se digitalmente. A lesão implicou o fim do jogo simulado para aquele fã e ele ficou profundamente desapontado — isto é, até se ver a ser transportado para fora do rinque de gelo virtual por um dos seus jogadores favoritos. Pouco depois, e na vida real, o diretor-geral dos Sharks telefonou ao adepto e desejou-lhe uma recuperação rápida da sua lesão virtual. Totalmente incrédulo com o telefonema real depois de um jogo simulado, o adepto escreveu nas suas redes sociais: «Hoje fui um San Jose Shark, assumindo o lugar do meu jogador favorito. Posso morrer como um homem feliz.

Decididamente, foi um ponto alto de 2020 que não esquecerei tão cedo.» Após apenas alguns jogos simulados no Twitch, os Sharks já tinham ultrapassado os 6 milhões de impressões digitais. Nada mal para uma organização que, semanas antes, nem sequer tinha um canal digital de interação.

A definição de planeamento também tem um efeito positivo na cultura da equipa executiva. Ted Newland, ex-executivo da Shell, que era um líder da equipa de cenários nos anos 80, disse, depois de se ter aposentado: «Em retrospetiva, o maior valor dos cenários foi terem criado uma cultura na qual se pode fazer uma pergunta a qualquer pessoa e a resposta tem de ser contextual. Uma resposta: "Porque eu sou o chefe" ou "Porque as perspetivas comerciais são positivas" estava fora de questão.»[10] A definição de cenários não só encoraja uma reflexão sobre o futuro nos membros da sua equipa como também os encoraja a terem um maior espírito de abertura em relação ao presente.

Atendendo a que a definição de cenários pode ser muito intensiva do ponto de vista de tempo e recursos, muitas empresas reservam-na para os tempos de crise, sendo essa uma abordagem condenada a ter um impacto meramente limitado e a ser simplesmente reativa. Ainda assim, os cenários são muito eficazes no reforço proativo da capacidade da equipa para a mudança organizacional. Através do planeamento por meio de cenários, os membros da equipa alargam a sua imaginação para lá do dia-a-dia e aprendem a ver possibilidades e capacidades para a organização que de outro modo não teriam forma de ver. Na realidade, aprendem a prever futuros possíveis e a fortalecer a adaptabilidade radical da equipa para ser bem-sucedida, aconteça o que acontecer.

PROMOVA UMA CULTURA DE APRENDIZAGEM CONTÍNUA

Começámos este capítulo a descrever de que forma a disciplina da antecipação implica pensar no futuro e identificar o que tem de fazer hoje para ter sucesso amanhã. Através da prática de deteção, avaliação e definição de cenários, podemos reforçar a adaptabilidade radical da nossa equipa e treinar o músculo da nossa organização para aprender, desaprender e reaprender e repetir. Todas estas práticas são vitais para competir num novo mundo do trabalho repleto de incerteza e variabilidade. É isso que a antecipação faz: ensina os seus líderes a expandir a mentalidade da sua organização para o que é possível, torna-o a si e aos seus colegas mais inteligentes e mais informados sobre o futuro e obriga-o a ganhar proativamente a luta pela informação de risco como se a vida da sua organização dependesse disso.

Os exercícios de simulação vão mais além da elaboração de cenários e tornam as ideias hipotéticas, que existiam apenas no papel, em verdadeiros «jogos de guerra» que melhoram a nossa gestão de risco e potenciam as nossas capacidades, processos e cultura quando precisamos de responder a uma mudança repentina no contexto de trabalho. Apresentamos um exemplo. Em 2007, num período de tensão diplomática entre a Rússia e a Estónia, os representantes russos lançaram um ciberataque contra o Governo, bancos, meios de comunicação e sistemas de comunicação tecnológicos estónios[11]. Na altura, foi o ciberataque mias sofisticado e coordenado de sempre. Pouco tempo depois, a Estónia trabalhou com outros membros da Organização do Tratado do Atlântico Norte (NATO) para organizar os Locked Shields, que desde então se tornaram o maior exercício anual de guerra cibernética do mundo. O exercício é levado a cabo todas as primaveras, quando mais de mil especialistas em cibersegurança de 30 países aterram em Talim, a capital da Estónia, para disputarem durante três dias jogos de guerra cibernéticos.

No exercício Locked Shields, os especialistas da Estónia desempenham o papel da «equipa vermelha» atacante, enquanto todos os outros membros da NATO fazem de «equipa azul» defensiva, com a função de defenderem mais de 4 mil sistemas virtuais de Tecnologias de Informação (TI) contra 2500 ciberataques virtuais. O exercício anual ajuda todos os países participantes da NATO a reorganizarem vulnerabilidades nas suas ciberdefesas e a impulsionarem as competências de liderança através da simulação da resolução de problemas complexos e decisões estratégicas durante uma guerra cibernética real[12].

Num outro exercício de simulação, em maio de 2018, o Centro Johns Hopkins para a Segurança Sanitária levou a cabo o exercício Clade X em Washington. Nesta simulação, os membros do Congresso participavam num jogo que envolvia uma crise de saúde pública com um vírus respiratório fictício. O resultado do jogo não deve ser surpresa num mundo pós-coronavírus: as infecções propagaram-se rapidamente porque metade das pessoas que tinham sido infectadas pelo vírus não apresentavam sintomas e as proibições de deslocações foram ineficientes para travar a disseminação. Os hospitais estavam assoberbados, o equipamento médico esgotou e os líderes a nível estadual e federal continuavam a dar conselhos contraditórios à população. Foi um perfeito exercício de simulação para a verdadeira pandemia de coronavírus que surgiria menos de dois anos depois, embora praticamente não haja provas de que alguém tenha prestado atenção ao relatório Clade X antes da nossa luta com um vírus verdadeiro.

As simulações e jogos de guerra podem revelar as vulnerabilidades da sua organização perante ameaças específicas e expor problemas com a tomada de decisão e o alinhamento dos líderes. O Clade X foi um exercício bem-sucedido porque apontou as deficiências no sistema de saúde norte-americano. O fracasso residiu na incapacidade dos líderes políticos americanos para lidarem com essas deficiências antes do surgimento de um vírus real dois anos mais tarde que paralisou a economia[13].

Todos os processos de antecipação incitam os líderes a mergulharem mais profundamente nos seus processos de tomada de decisão e nas suas escolhas — e isso, diz Adam Grant, professor de Wharton, é vital para se tornar uma organização em constante aprendizagem. «Para criar uma cultura de aprendizagem», escreve Grant, «temos de criar uma espécie de responsabilização específica que leve as pessoas a pensar duas vezes sobre as suas decisões». Grant sublinha que os líderes orientados para os resultados podem estar tão focados no desempenho de curto prazo que não conseguem aprender — e essa propensão torna-os menos adaptáveis. Os líderes inseridos em culturas de elevado desempenho podem ser resistentes à experimentação porque estão sempre a olhar para garantias de sucesso e porque são incentivados a fazê-lo. Nas organizações em permanente aprendizagem acontece o contrário. «O objetivo, numa cultura de aprendizagem, é receber de braços abertos este tipo de experiências e tornar a "reformulação" tão familiar que passa a ser uma rotina e as pessoas não hesitam em apresentar novas ideias», diz[14].

Lamentavelmente, a estratégia empresarial e o exercício de informação de risco próprios da antecipação costumam ser cíclicos. Numa crise, poderá até contar com o empenho de todos, junto da sua equipa, no sentido de explorar soluções e retirar a empresa da crise — mas, quando as coisas regressam ao normal, não é inédito que as empresas parem de antecipar cenários e voltem às velhas práticas, tornando-se preguiçosas e complacentes.

Quando a pandemia atacou, no início da primavera de 2020, Leo Tilman tinha acabado de concluir uma série de simulacros de exercícios de guerra para um importante cliente no meio de uma grande fusão. O que os membros da equipa executiva do cliente aprenderam sobre a própria empresa, os seus processos e eles próprios tornou-se muito útil pouco tempo depois, quando a pandemia obrigou toda a gente a adaptar-se a novas contingências e emergências.

«Vamos estar num ambiente de disrupção, mudança e incerteza durante o resto das nossas carreiras, ainda que, de todas as vezes, a natureza das perturbações seja diferente», disse Leo. «Agora estamos a lidar com uma pandemia, mas da próxima vez estaremos a lidar com uma crise geopolítica ou financeira, ou com uma tecnologia disruptiva. Vamos continuar a lidar com perturbações de tipos, origens e magnitudes completamente diferentes. Enquanto organização, precisamos da capacidade de fazer isto vezes sem conta, navegar pelas perturbações e mudanças de modo que nos possamos adaptar.» É o que a antecipação o ajuda a fazer.

Ao longo dos quatro capítulos anteriores, explorámos as competências de liderança necessárias para tornar a sua *equipa* radicalmente adaptável através de um conjunto de práticas, processos, sistemas e comportamentos de elevado retorno que, caso sejam dominados e estratificados, criam um ciclo autoalimentado que confere à sua equipa uma vantagem competitiva duradoura para o futuro. No resto do livro, o nosso foco estará na forma como pode aplicar este novo direcionamento da equipa de maneira a tornar a sua *organização* radicalmente adaptável, através do seu modelo de negócio, força de trabalho e propósito. Aplicada tanto ao nível da empresa como da equipa, a adaptabilidade radical cria um ciclo infinito de transformação que o ajudará a competir e vencer no novo mundo do trabalho. Para lá chegar, vamos mergulhar na forma como pode alavancar as suas novas competências de antecipação para olhar para o futuro e conceber o seu modelo de negócio ideal para os próximos dez anos.

Perguntas orientadoras

Como competir no novo mundo do trabalho

A sua equipa gasta todos os meses energia suficiente a pensar no futuro?
Recorremos à antecipação para «ver mais além» ou simplesmente reagimos aos desafios diários? O ritmo de mudança está a acelerar exponencialmente e as equipas de maior sucesso serão aquelas que recorrem à antecipação para identificar as oportunidades futuras e desviar riscos inesperados.

A sua equipa tem um sólido entendimento dos sinais precoces que podem perturbar-nos e um método para avaliar as prioridades?
A antecipação começa com a deteção de riscos e avaliação. As empresas radicalmente adaptáveis estão empenhadas num processo estruturado e contínuo de análise do horizonte, de identificação de um conjunto de riscos através de cinco vetores STEEP e de desenvolvimento de radares de risco para orientar a equipa na hierarquização das diferentes ameaças e oportunidades.

A sua equipa instituiu planos de ação para várias situações futuras possíveis?
Ao desenvolver planos de ação rápidos, a nossa equipa tem a vantagem de ter o tempo do seu lado quando os riscos surgem subitamente. Como benefício adicional, a elaboração de cenários ajuda a promover uma cultura de exploração, curiosidade e reflexão futura junto de toda a nossa equipa.

6.

PREPARE O SEU MODELO DE NEGÓCIO PARA O FUTURO

A presidente executiva da General Motors, Mary Barra, chocou toda a indústria automóvel em janeiro de 2021 ao anunciar planos para descontinuar os modelos com motores a combustão até 2035 e fazer a transição para uma frota totalmente elétrica. Prometeu investir 27 mil milhões de dólares para atingir esse objetivo e «dar um exemplo de liderança responsável num mundo confrontado com as alterações climáticas»[1].

No momento do anúncio, a quarta maior fabricante automóvel tinha apenas um modelo elétrico no mercado: o *Chevrolet Bolt*. Das vendas totais da GM de 6,8 milhões de veículos em 2020, a empresa tinha vendido apenas 20 754 *Chevy Bolts*[2]. Mas há mais de uma década que a equipa de Barra na GM vinha, paulatinamente, a fazer a passagem para o carro elétrico do futuro. Tinha finalmente chegado o momento para se colocar a questão: em que negócio estamos, na realidade? Estamos no negócio da combustão interna? Ou isso é apenas parte do nosso legado e parte da forma como ajudámos as pessoas a movimentarem-se? Se não estamos no negócio da combustão interna, não deveríamos estar associados ao consumo de combustíveis fósseis e deveríamos fazer a transição para sermos uma fabricante totalmente elétrica, o que é melhor para o ambiente e para o nosso futuro comum.

«A nossa expectativa», escreveu depois Barra, «era entusiasmar e inspirar toda a gente com a promessa de um futuro totalmente elétrico — com o empolgamento dos veículos movidos a energia elétrica e sustentados por uma arquitetura elétrica avançada —, reconfigurando o que significa deslocar pessoas e bens, incluindo quando não existe um condutor»[3].

A GM já tinha feito uma transição semelhante no passado. Billy Durant, que criou a General Motors em 1908, fez a sua primeira fortuna como proprietário da maior fabricante norte-americana de carruagens puxadas por cavalos. Tinha duvidado das primeiras carruagens sem cavalos, mas também sabia que representavam o futuro dos transportes. Durant financiou a General Motors com o dinheiro que tinha ganhado como fabricante das carruagens que estavam prestes a tornarem-se obsoletas, com a mesma certeza com que a GM investe agora os milhões ganhos anteriormente com a venda de «sorvedores de gasolina» para construir o futuro da GM sem emissões. A empresa está no negócio do transporte de pessoas e bens através de *software* e eletricidade, bem como de adjacências que permitem que essa circulação se faça de forma integrada e sustentável, com baixas emissões. É a história do seu segundo século.

Ao avaliar o seu papel enquanto líder radicalmente adaptável, é tempo de parar e de se questionar: «Em que negócio estamos verdadeiramente?» Tente abordar este assunto da perspetiva dos princípios iniciais e questione as suas principais premissas sobre o seu negócio e a sua indústria. Pense em si como uma criança que questiona constantemente todas as novas experiências. «Mas porquê?» Esta é possivelmente a frase mais irritante a que os pais têm de responder, mas o desenvolvimento saudável de uma criança depende do questionar constante das suas perspetivas do mundo. O mesmo pode ser dito sobre si e sobre o seu negócio.

Já passaram mais de 60 anos desde que o guru do *marketing* Theodore Levitt sublinhou, na *Harvard Business Review*, que as empresas de caminhos-de-ferro estavam na falência porque não tinham servido bem os seus clientes. Empanturrados com os lucros decorrentes das suas rotas monopolistas, os barões da ferrovia assumiram que estavam no negócio dos caminhos-de-ferro e encararam a ascensão de outros meios de transporte apenas como concorrência. Se a ferrovia tivesse compreendido o seu papel como um prestador de serviços de transporte, poderia ter usado os seus avultados lucros para investir em carros, camiões, companhias aéreas e indústrias afins, que refletiam as preferências evolutivas dos seus clientes. Em vez disso, os barões da ferrovia perderam gradualmente os clientes — e depois, uma a uma, as suas empresas[4].

Práticas de elevado retorno para competir no novo mundo do trabalho

1. **Diminua o *zoom* para visualizar a sua indústria dentro de dez anos.**
2. **Identifique tecnologias destinadas a um crescimento exponencial.**
3. **Aumente o *zoom* através de experiências rápidas e ágeis.**
4. **Crie comunidades de clientes entusiastas.**

Portanto, em que negócio está realmente? Define o seu negócio pelos produtos e serviços que vende atualmente ou pelos benefícios que os seus clientes valorizam? Theodore Levitt gostava de dizer que ninguém compra brocas de seis milímetros. Os clientes compram buracos de seis milímetros. Poderá fazer a melhor broca de seis milímetros do mercado, mas não terá clientes se eles encontrarem melhores formas de fazer buracos com essa dimensão. É por essa razão que a GM já não se posiciona como fabricante de automóveis de combustão interna, mas como fornecedora de soluções de mobilidade elétrica que são valorizadas pelos clientes por serem eficazes no transporte e positivas para o planeta.

QUATRO PASSOS PARA O FUTURO

Nas nossas entrevistas e grupos-alvo no âmbito do Go Forward to Work (GFTW), junto de mais de 2 mil executivos, ouvimos repetidamente como a pandemia tinha obrigado muitos destes líderes empresariais a repensarem as premissas que tinham há muito sobre as suas indústrias e, em alguns casos, a reinventarem por completo a forma como obtêm os rendimentos. Alguns foram capazes de reformular os seus negócios e, no espaço de um ano, levar a cabo mudança que de outra forma teriam demorado dez anos a fazer. Uma sondagem da Dell Technologies, em 2020, dizia que 80% das empresas tinham mudado os modelos de negócio nesse ano. De facto, a pandemia de coronavírus deitou gasolina ao fogo da transformação digital e acelerou muitas tendências já em curso, desde a adoção de novas tecnologias até à automatização de muitas funções.

Com base nesta pesquisa, identificámos alguns padrões comuns de reformulação de modelos de negócio levada a cabo pelas empresas de maior sucesso. Desenvolvemos uma metodologia de quatro passos que a sua equipa pode usar para questionar o seu atual modelo de negócio e atualizá-lo para enfrentar o futuro.

Adotar esta metodologia é uma forma eficiente de potenciar muito do trabalho de antecipação que a sua equipa fez no capítulo anterior. Quer assumir a sua visão a dez anos — para a indústria em que se insere — como o estado futuro preferível da sua empresa e depois começar a experimentar no sentido dessa visão. A cada ano, à medida que a sua equipa vai adotando as tecnologias com maior probabilidade de gerarem impactos disruptivos de longo prazo na sua empresa e indústria, estará a posicionar a sua empresa no sentido de intercetar as curvas de crescimento exponencial dessas tecnologias e a progredir com elas. E à medida que for conquistando a confiança dos clientes, deve potenciar essa mesma confiança para a criação de comunidades e redes em torno da sua oferta, de modo que os seus maiores fãs protejam o seu modelo de negócio evolutivo como um fosso à volta de um castelo.

DIMINUA O *ZOOM* PARA VISUALIZAR A SUA INDÚSTRIA DENTRO DE DEZ ANOS

O nosso amigo John Hagel, copresidente aposentado do Center for The Edge, da Deloitte, defende há muito uma abordagem poderosa à reinvenção do modelo de negócio — a que chama *diminuir o zoom* [*zoom-out*, visão à distância] e *aumentar o zoom* [*zoom-in*, visão mais imediata]. John recomenda que comece por ver mais ao longe, colocando duas questões: como será a nossa indústria daqui a dez anos? E em que tipo de empresa é que devemos transformar-nos para sermos bem-sucedidos nesse futuro?

Este tipo de exercícios de diminuição do *zoom* convida os líderes a darem saltos de imaginação nos quais o crescimento é ortogonal, exponencial e não sequencial, o que é muito diferente das tradicionais projeções de crescimento a três anos expressas de forma sequencial, linear e geométrica.

A forma mais simples de ver a diferença é imaginar os percursos de curto e longo prazo da maior parte das carreiras empresariais. As mudanças surgem, para a maior parte das pessoas, de ano para ano em sequências mais ou menos ordenadas, mas o formato da mudança ao longo das décadas é quase sempre inesperado e não linear. Keith tinha sido diretor de *marketing* dos Hotéis Starwood e depois assumiu um cargo como braço-direito de Mike Milken, ao ser presidente executivo de uma das suas empresas. Em seguida, Keith criou uma empresa que prestava serviços de formação sobre crescimento a equipas de *marketing* e vendas — isto enquanto procurava o cargo seguinte. Mas quando surgiu uma súbita oportunidade de escrever um livro — que se tornou um campeão de vendas do *The New York Times* —, o seu negócio de orientação de equipas disparou exponencialmente. A qualquer momento, ao longo do caminho, se um viajante no tempo tivesse tido a possibilidade de dizer a Keith o que é que ele estaria a fazer dentro de dez anos, ele teria dito: «Nem pensar!».

É essa a magia — e o peso — que nos é oferecida pelas oportunidades e incertezas do futuro. Tem precisamente que ver com a forma como o processo de diminuição do *zoom* incentiva os executivos a refletirem sobre os seus negócios. Utilizando as ferramentas de antecipação para a deteção, avaliação e planeamento de cenários, a diminuição do *zoom* em dez anos permite à sua equipa perceber o significado dos sinais no seu radar de risco. Experimente utilizar o processo de resolução colaborativa de problemas (RCP), descrito no Capítulo 2, colocando em cima da mesa as duas questões mais importantes da diminuição do *zoom*: como será a nossa indústria dentro de dez anos? E qual é a nossa posição desejada nesse futuro? Se já desenvolveu alguns cenários para os próximos cinco anos, use o RCP para debater de que forma como poderão esses cenários produzir-se durante mais cinco anos. A resposta que surgir poderá incluir a necessidade de capacidades, mercados, produtos, recursos e comportamentos que antes não eram esperados.

Este tipo de exercício de diminuição do *zoom* pode ser levado a cabo na reunião anual da sua equipa de planeamento estratégico.

Mas, sobretudo, não é um exercício solitário ou limitado apenas à sua equipa e deveria envolver todos os que o possam ajudar a acompanhar essa visão. Poderá considerar útil consultar especialistas de determinadas áreas técnicas para ajudarem a sua equipa a analisar vários cenários que envolvam a trajetória de longo prazo da sua indústria. Tenha em conta o papel fundamental da inclusão e do recurso a ajuda externa, de modo que todos os que integram a visão alargada, como equipa, na sua empresa, estejam envolvidos e empenhados em dar os passos seguintes que tenham sido delineados. Em última análise, o objetivo deste exercício de diminuição do *zoom* é desenvolver uma duradoura visão comum na equipa e um roteiro para possam ir tomando decisões ao longo do caminho.

IDENTIFIQUE TECNOLOGIAS DESTINADAS A UM CRESCIMENTO EXPONENCIAL

Uma visão mais distanciada obriga-o a conjeturar sobre os próximos dez anos de progressos tecnológicos e sobre como essas tecnologias podem reconfigurar — várias vezes — a sua indústria nesse horizonte temporal. Em seguida, vai querer explorar essas tecnologias emergentes e perspetivar as oportunidades de crescer com elas. O crescimento tecnológico, por natureza própria, segue-se a uma curva de crescimento exponencial, e a sua empresa pode desfrutar de um ritmo de crescimento semelhante se conseguir adotar as tecnologias certas numa fase inicial.

A Domino's Pizza surgiu como um dos vencedores empresariais improváveis a nível mundial, durante o ano de pandemia de 2020, em grande parte pelo elevado empenho para com a tecnologia. Na qualidade de maior empresa mundial de *pizzas*, em termos de vendas, a Domino's passou vários anos antes da pandemia a trabalhar na sua transformação digital e a desenvolver competências específicas nas transações *contactless* e nas funcionalidades do comércio eletrónico omnicanal — que provaram ser incrivelmente úteis durante a pandemia. Num ano em que milhares de restaurantes fecharam de forma permanente, os fornecedores de *takeaway* conseguiram sobreviver. Contudo, a Domino's ultrapassou todos os concorrentes no sector da entrega de *pizzas*, com um aumento de 16% da procura face ao ano anterior e um crescimento de 30% do lucro líquido[5]. Como foi possível fazê-lo?

Uma das principais razões para o sucesso da Domino's foi a sua busca incessante pela inovação no seu canal de entregas. Ao contrário dos seus concorrentes que utilizam outras empresas de entregas, como a DoorDash e a Grubhub, a Domino's tomou uma decisão estratégica de apenas usar a sua frota de entregas de modo a captar um precioso recurso de todas as empresas visionárias: os dados dos clientes. «Temos uma base de clientes e um conjunto de dados muito vastos», sublinhou o presidente executivo da Domino's, Ritch Allison, a propósito dos seus 85 milhões de clientes. «Simplesmente não consigo imaginar porque haveríamos de querer dar isso a um concorrente.» Sobre a DoorDash, a Grubhub e outras empresas de entregas, acrescentou: «Sejamos claros, estes agregadores são, em última instância, concorrentes das empresas de restauração que servem»[6].

A DoorDash e as outras empresas de entrega de comida em nome de terceiros tornam mais fácil às cadeias de *pizza* concorrentes chegar a mais clientes e crescer em momentos de aumento da procura. Mas a comissão média de 30% que retiram da venda total reduz a margem de lucro das cadeias de *pizza*. Por outro lado, a Domino's, para manter a própria frota de entregas, tem de recrutar constantemente condutores, o que é especialmente difícil em mercados de trabalho com pouca oferta. Esse problema levou a Domino's a procurar uma solução tecnológica: fazer entregas através de veículos robotizados autónomos. Em 2016, a empresa levou a cabo quatro experiências-piloto para testar diferentes sistemas de entrega robotizados e para perceber como ultrapassar as dificuldades operacionais e garantir a satisfação dos clientes. Quando a pandemia suspendeu temporariamente o projeto, a Domino's estava preparada para revelar uma parceria de entregas robotizadas com a Nuro, uma empresa de robótica sediada em Houston[7]. Ainda assim, visto à distância, as entregas robotizadas continuam a ser uma parte vital do futuro da Domino's. Espera-se que em 2024 o mercado de entregas robotizadas esteja avaliado em 34 mil milhões de dólares — quase três vezes mais do que em 2018[8]. A decisão estratégica da Domino's de embarcar no crescimento acelerado das entregas robotizadas autónomas vai ajudar a empresa a ficar com uma enorme fatia do gigantesco mercado futuro das entregas robotizadas de *fast-food*.

Uma lição da experiência da Domino's é que, enquanto os concorrentes deram os seus dados a uma outra empresa de serviços de entregas, a Domino's utilizou os dados dos clientes que tinha e recorreu ao sistema de entregas próprio para aproveitar as curvas de crescimento exponencial das tecnologias avançadas. Os investidores premiaram a visão e, em finais de 2020, o preço das ações da Domino's tinha duplicado face ao valor a que estavam a ser negociadas três anos antes, ajudando a angariar o capital de que a empresa vai necessitar para avançar mais rapidamente e ir mais longe na sua visão de diminuição do *zoom*.

O valor de adotar tecnologia exponencial como ferramenta de transformação do negócio aplica-se a todas as indústrias. Veja-se o caso da empresa norte-americana de energia NOV, que fabrica equipamento pesado para as indústrias do gás, petróleo e energias renováveis. O seu equipamento tem de funcionar em ambientes extremos, complexos e adversos, como em águas profundas, no Polo Norte e em desertos longínquos. Mas a maior parte destes locais torna difícil — ou mesmo impossível — o acesso aos dados dos equipamentos. Nalguns locais, fornecer conectividade na nuvem é uma opção, mas ainda é limitada.

Para complicar ainda mais as coisas, as operações no ramo da energia envolvem inúmeros fornecedores de serviços, com equipamento de múltiplos fabricantes que criam fluxos de dados únicos que não interagem de imediato com outros sistemas. A título de exemplo, o local de um único poço de petróleo pode ter cerca de 300 fontes de dados diferentes a contribuir para a perfuração desse poço de produção, e todas têm diferentes protocolos de comunicação e sistemas de controlo.

Por isso mesmo, ao longo dos últimos anos, a NOV começou a introduzir uma funcionalidade inteligente em todos os equipamentos, de modo a analisar e computorizar os dados de forma remota no local — que é onde toda a atividade decorre. A longo prazo, a NOV imagina um futuro — visto à distância — em que a automação e a condução autónoma são a norma no sector energético. Mas, para chegar lá, a indústria tem de dominar o potencial das tecnologias exponenciais, como a utilização industrial da Internet das Coisas (IoT), para que as máquinas possam comunicar perfeitamente umas com as outras de forma remota.

Na empresa energética NOV, que integra a *Fortune* 500, estes esforços resultaram numa solução técnica chamada Max Edge, que liga sistemas de controlo locais e maquinaria e permite à NOV recolher dados de alta velocidade, analisar e interagir com os mesmos em tempo real, e fornecer aconselhamento no terreno aos sistemas de controlo, ainda que haja acesso limitado à Internet. Esta capacidade simplifica imenso a comunicação entre máquinas e a automatização em todo o ecossistema. Nos primeiros tempos da pandemia, também se revelou útil quando a disponibilidade de pessoal no local era limitada. A NOV podia confiar na tecnologia Max Edge para monitorizar remotamente as operações no terreno, já que o equipamento da empresa era essencial para manter a economia mundial em funcionamento.

Com a continuação da pandemia, David Reid, o diretor de *marketing* e diretor de tecnologia da NOV, identificou uma oportunidade para capitalizar a Max Edge e criar um potencial novo fluxo de receita fora do tradicional modelo de negócio industrial da NOV — e que envolvia dados, *software* de entregas e conectividade através de uma «plataforma que funciona como um serviço».

«Neste novo mundo», disse David, «não estamos apenas a oferecer um produto físico, que é o nosso núcleo, mas também somos capazes de oferecer um novo serviço digital com base na capacidade da Max Edge». A pandemia levou a NOV a potenciar a sua tecnologia existente da Internet das Coisas, criar novos serviços de *software* para os seus clientes de equipamentos e acelerar a tendência de automatização da indústria. «Com esta nova plataforma de entrega de dados, estamos a tornar-nos cada vez mais uma indústria de *hardware* e *software*.»

Além das grandes empresas da *Fortune* 1000, como a Domino's Pizza e a NOV, pense na forma como organizações mais pequenas em diferentes indústrias também incorporaram novas tecnologias para desenvolverem os seus negócios. O BNI, fundado em 1985 por Ivan Misner, é uma rede de negócios de referência para executivos, empreendedores e pequenos empresários. A rede tem mais de 10 mil filiais e mais de 280 mil membros em todo o mundo. Todas as semanas, as filiais do BNI reúnem-se para levar a cabo um programa de *networking* padronizado, focado em recomendações alvo. Os membros levantam-se e têm 30 a 60 segundos para se apresentarem e ao seu trabalho. Após as autoapresentações, os membros voltam a levantar-se e dão individualmente recomendações específicas nas suas redes pessoais que podem ser clientes potenciais para os membros de outras filiais.

Não se trata de meras recomendações casuais. Os membros do BNI desenvolvem um profundo capital social entre si e acreditam que ambas as partes beneficiam quando recomendam as suas redes sociais pessoais a outros membros. O nome dado a este valor-chave é *givers gain* [«ganhar contribuindo»]. Na realidade, em 2020, o BNI fez recomendações a 11,5 milhões de membros, gerando mais de 16 mil milhões de dólares de negócios para os seus membros. É mais do dobro do PIB do Lichtenstein!

Em 2018, Ivan disse ao conselho de administração da empresa que o futuro do *networking* presencial era *online* e que o BNI seria negativamente afetado na década seguinte se não fizesse experiências a este nível e não adotasse novas tecnologias — como realidades mistas, presença holográfica e canais de comunicação de vídeo. Foi premonitório e antecipou o crescimento do trabalho remoto, ainda antes da pandemia. Até março de 2020, as 10 mil filiais do BNI tinham transitado para o *networking online* — o que constituiu uma drástica transformação corporativa para uma organização com três décadas de história dedicadas ao *networking* empresarial presencial. Avançando para meados de 2021, o BNI adicionou 500 novas filiais durante o ano da pandemia, que se reuniram apenas *online*! Este crescimento confirma assim a convicção de Ivan de que todas as organizações precisam de adotar novas tecnologias — ou sairão prejudicadas.

Como deve o leitor refletir sobre quais as tecnologias que devem ser incluídas na sua visão com menos *zoom*? Peter Diamandis, amigo de Keith e Kian e fundador e presidente da Fundação XPRIZE, analisou inúmeras indústrias em que reconheceu um claro padrão no crescimento das tecnologias digitais e a sua interação com as empresas — a que chamou os *seis D*. À medida que os domínios adotam tecnologia digital e propriedades da informação, eles *digitalizam-na* em *bits* e *bytes* e apanham a curva da mudança exponencial, tal como descrito na Lei de Moore, que diz que os rácios computacionais entre desempenho e preço duplicam em cada 18 a 24 meses*. O problema é que as duplicações

* Gordon Moore disse que o número de transístores incluídos num *chip* iria duplicar a cada dois anos, com uma diminuição de custos. Em termos práticos, a teoria implicava que em cada 18 a 24 meses seriam lançadas tecnologias que permitiriam duplicar o desempenho dos computadores. [N. da T.]

iniciais são *enganadoras* e facilmente passam despercebidas por serem tão pequenas (por exemplo, 1, 2, 4, 8, 16, 32...), mas basta alguns passos exponenciais para que a tecnologia ganhe impulso e *desestabilize* os mercados de todos aqueles que não estavam cientes dessa tecnologia logo de início. A maior parte das empresas comete o erro de não ver os benefícios iniciais de novas tecnologias e depois são esmagadas pelo seu súbito crescimento exponencial.

Um dos principais efeitos da tecnologia exponencial nas empresas é que digitaliza as funções dos objetos materiais, pelo que os objetos deixam de ser necessários. As funções tornam-se *desmaterializadas*. O *smartphone*, por exemplo, digitalizou as funções de um conjunto de objetos materiais — máquinas de escrever, máquinas fotográficas, leitores de música, gravadores de vídeo e livros, jornais e revistas. Esta desmaterialização levou a uma queda nos preços, uma vez que o custo marginal de cada nova unidade se aproxima de zero e o produto, por sua vez, fica *desmonetizado*.

De início, a desmonetização é disruptiva para as indústrias quando conduz a uma redução das receitas totais. Mas se conseguir identificar quais as duas ou três tecnologias exponenciais que são potencialmente mais disruptivas para a sua indústria, poderá beneficiar porque a desmonetização, em última análise, conduz a um mercado de massas muito maior quando o domínio explode. Nesse ponto, a tecnologia é *democratizada* e pode escalar a nível global.

A que tecnologias deve dar atenção? Certamente, já ouviu falar de algumas destas tecnologias transformativas. O nosso objetivo não é apresentar uma análise exaustiva de todas as tecnologias a que deve dar atenção, mas sim destacar alguns domínios que estão a crescer exponencialmente e que serão altamente disruptivos para todas as empresas ao longo da próxima década. A sua responsabilidade fiduciária e a sua oportunidade, enquanto líder, é identificar quais as duas ou três tecnologias exponenciais que são potencialmente mais disruptivas para a sua indústria e intercetar estas curvas de mudança exponencial para, em última análise, beneficiar desta disrupção tecnológica e preparar o seu modelo de negócio para a próxima década.

INTELIGÊNCIA ARTIFICIAL ENQUANTO SERVIÇO

Peter Diamandis gosta de dizer que haverá dois tipos de empresas no espaço de dez anos: «empresas lideradas pela inteligência artificial (IA) e empresas mortas». Queremos garantir que se encaixa no primeiro grupo e não no segundo. Todas as empresas devem, no mínimo, além de qualquer outra tecnologia exponencial relevante para a sua indústria, desenvolver uma forte competência de IA. Peter, por exemplo, está a sacudir a sua própria empresa — que disponibiliza educação tecnológica exponencial —, ao criar uma inteligência artificial que o ajude a pesquisar na Internet sinais de abundância e longevidade. Criou um algoritmo de aprendizagem automática chamado Futureloop, que analisa diariamente milhares de fontes noticiosas *online*, identifica os destaques mais relevantes e depois integra-os num *e-mail* diário para os seus clientes. Atualmente, não tem de criar o seu próprio recurso de IA, tal como Peter fez; pode «pedir emprestado» ou «alugar» este recurso usando plataformas de inteligência artificial de *software* como serviço (*software as-a-service* [SaaS]).

Muito antes de 2030, assistiremos ao aparecimento de poderosas ferramentas na nuvem, conhecidas como IA como serviço (AI *as a service* [AIaaS]) — que permitirão que todos os líderes de empresas incorporem a inteligência artificial nos diferentes domínios funcionais. A AIaaS colaborará com os funcionários nas operações diárias da empresa, incluindo ajudar nas tarefas repetitivas, gerar mais ideias criativas, ajudar na contabilidade e finanças, no serviço ao cliente, informação comercial e recursos humanos. Estas ferramentas de inteligência artificial como serviço permitirão que as empresas de todas as dimensões aluguem as mais potentes ferramentas de computação do mundo e as apliquem aos dados existentes. A título de exemplo, a nova plataforma de aprendizagem automática Amazon Personalize permite que os clientes recorram ao poder dos recursos de aprendizagem automática da Amazon para criarem recomendações individualizadas para os seus consumidores, usando os dados exclusivos dessa empresa.

A AIaaS vai ser impulsionada pela crescente ubiquidade da computação na nuvem e do *software* como serviço. A Cisco estima que, em 2021, 70% de todo o fluxo de trabalho das empresas esteja a decorrer na nuvem, com recurso às plataformas empresariais de *software* como serviço. A inteligência artificial já começou a fazer parte de muitas destas plataformas de SaaS, desde os motores de recomendação no GitHub até às recomendações gramaticais em tempo real do Grammarly. Com efeito, aquilo a que chamamos AIaaS parece estar destinado a tornar-se uma componente natural do procedimento operacional normalizado. Mark Weiser, ex-diretor de tecnologia da Xerox PARC, foi citado muitas vezes a propósito desta frase que proferiu: «As tecnologias mais profundas são aquelas que deixam de se ver. Entrelaçam-se no tecido das atividades quotidianas até se tornarem indistinguíveis.» É esse o futuro da inteligência artificial como serviço.

COMPUTAÇÃO QUÂNTICA

A próxima era da computação vai ser impulsionada pela computação quântica, que vai mudar radicalmente a natureza de um vasto leque de indústrias, incluindo a financeira, a da ciência dos materiais, logística, cadeias de abastecimento, biotecnologia e a própria segurança da rede informática. Mas, neste momento, alguns dos problemas que enfrentamos são demasiado complexos para serem resolvidos ou antecipados porque parecem ter variáveis infinitas. No entanto, os computadores quânticos conseguem processar simultaneamente um leque de valores muito mais vasto do que até o mais potente dos supercomputadores atuais. Isto significa que os computadores quânticos serão capazes de resolver rapidamente muitos problemas que são hoje demasiado complexos pelo seu vasto número de variáveis. A computação quântica é capaz de otimizar sistemas, como cadeias de fornecedores e logística, e criar avanços no *design* de materiais, bem como nas vertentes química e farmacêutica. Com a computação quântica provavelmente ter-se-ia chegado ainda mais depressa à fórmula para uma vacina contra o coronavírus.

Como funcionam os computadores quânticos? Na computação clássica, tudo é digitalizado num *software* binário de 0 ou 1 — ou é um ou é o outro. Mas, na computação quântica, os *bits* quânticos (conhecidos como *qubits*) podem existir simultaneamente enquanto 0 e 1, num fenómeno conhecido por *sobreposição quântica*. O efeito prático é que os *qubits* podem ter em conta múltiplos resultados simultâneos no mesmo cálculo. Assim, um *qubit* pode considerar dois resultados, ou dois cálculos, dois *qubits* podem executar quatro cálculos, três *qubits* podem levar a cabo oito, e quatro *qubits* podem gerar 16 cálculos. Nestes casos, consegue observar o padrão exponencial. Quando tiver 30 *qubits* num *chip* de computador, o seu computador quântico conseguirá realizar mil milhões de cálculos! Aos 300 *qubits*, os computadores quânticos serão capazes de fazer mais cálculos do que o número de átomos que existem no universo.

Os computadores quânticos de hoje têm aplicações práticas limitadas porque são enormes e exigem ambientes laboratoriais precisos para poderem funcionar. No entanto, nos próximos cinco anos, a computação quântica estará disponível como um serviço na nuvem fornecido por todas as gigantes tecnológicas que rivalizam entre si: Google, Amazon, Microsoft, IBM e outras.

SISTEMAS AVATAR

Desde 2016, temos visto como o aparecimento de novas interfaces de utilizador, como a realidade aumentada e a realidade virtual, tem aberto novos caminhos para a Humanidade experienciar a educação, o entretenimento e a empatia através da conectividade remota. Estas interfaces de utilizador alteram a narrativa linear de como fazemos as coisas: já não temos de ir a determinado sítio — tal como, enquanto seres humanos, tínhamos evoluído no sentido de o fazer — para viver experiências. E a pandemia alimentou a necessidade de experimentar as coisas à distância.

Em 2018, a Fundação XPRIZE lançou um concurso no valor de 10 milhões de dólares para o desenvolvimento de um sistema avatar físico não-autónomo através do qual um operador pode ver, ouvir e interagir num ambiente remoto de forma a sentir que está mesmo lá. Até 2030, estes avatares poderão proporcionar a experiência da sua presença, independentemente do local onde se encontra, permitindo-lhe «vestir» um avatar localizado em qualquer ponto do globo. Os profissionais de saúde poderão oferecer cuidados médicos em zonas de catástrofes e outros locais remotos, os técnicos especializados poderão responder mais rapidamente à necessidade de conhecimentos periciais, e há trabalhos de investigação e exploração que poderão ser realizados em zonas onde os humanos não conseguem chegar. Marcar presença através de avatares é algo que poderá substituir algumas formas de viajar e fazer turismo. Em vez de fazermos videoconferências através do Zoom, como aconteceu durante a pandemia, fá-lo-emos marcando presença de forma remota, pelos meios virtuais. Até 2030, as nossas limitações de tempo e espaço vão mudar radicalmente e surgirão inúmeras oportunidades de negócio à medida que esta e outras interfaces de utilizador forem possibilitando toda uma nova realidade de interações remotas.

BLOCKCHAIN

Os ativos digitais, como a *Bitcoin* ou outras criptomoedas, estão a tornar-se cada vez mais apelativos porque se baseiam em tecnologia *blockchain*, uma base de dados distribuída de informação encriptada que é armazenada em duplicado em centenas de milhares de computadores em todo o mundo. As bases de dados *blockchain* podem armazenar todo o tipo de informação, como identidades digitais e proveniência e até dar-lhe a capacidade de deter e transacionar ativos digitais (como arte digital) através de canais *peer-to-peer* [P2P, entre pares] por meio de *tokens* não fungíveis [os chamados NFT — *non-fungible tokens*]. Atendendo a que os utilizadores da rede a controlam coletivamente, a tecnologia *blockchain* constitui uma nova via de verificação de fiabilidade. Se o seu negócio depende de alguma forma da confiança e da verificação, as tecnologias *blockchain* podem ajudá-lo a criar um modelo de negócio radicalmente diferente no futuro. A investigação realizada em 2020 pela PwC mostrou que a tecnologia *blockchain* poderia impulsionar o Produto Interno Bruto (PIB) mundial em 1,76 biliões de dólares na década seguinte, com o maior impacto a manifestar-se na identificação de cadeias de fornecedores de produtos e serviços, seguida dos pagamentos e serviços financeiros e gestão de identidade para ajudar a travar a fraude e o roubo de identidade. Com efeito, a tecnologia *blockchain* vai introduzir uma nova era na Internet, a que alguns chamam de Web 3.0, onde todas as transações serão feitas diretamente entre pares, o que constituirá uma ameaça disruptiva direta a todas as empresas das quais dependemos atualmente enquanto operadoras intermediárias da confiança.

A REDE ESPACIAL

A pandemia sobrealimentou o desejo de ligação em ambientes virtuais para lá das videoconferências e agora os empreendedores estão a criar a próxima era da rede espacial, onde as pessoas interagem umas com as outras não através de ecrãs, mas dentro de espaços tridimensionais que conjugam localizações reais e virtuais. O que a World Wide Web fez para ligar *websites* é o que a rede espacial vai fazer para conectar pessoas, espaços físicos e ativos digitais. Para chegar a esse nível seguinte de integração contínua nas nossas vidas, temos de assistir primeiro a uma disseminação da conectividade 5G e a uma adoção em massa de óculos inteligentes e outros instrumentos de realidade aumentada, algo que esperamos que venha a acontecer, em ambos os casos, em meados da década de 2020. Mas a manifestação prática da rede espacial já existe através da convergência de objetos digitais baseados na *blockchain*, realidade aumentada baseada no telefone, realidade virtual viabilizada pela Internet, *head-mounted displays*[*], áudio e sons espaciais e técnicas de gamificação específicas.

A rede espacial trará novas oportunidades de colaboração e novos modelos de serviço para as empresas. Eric Pulier, fundador e presidente executivo da empresa Spacial Web, disse que «as iniciativas da rede espacial já estão a fazer o seu caminho na forma como nos conhecemos, fazemos compras, envolvemos nas estratégias de *marketing* e interagirmos uns com os outros. E isto é apenas o início.» A título de exemplo, se os seus clientes não tiverem possibilidade de participar num evento físico ou ir a uma determinada loja, pode enviar-lhes um dispositivo de realidade virtual ou realidade aumentada para que essas pessoas possam «visitar» o espaço de exibição sem saírem de casa. Através destes dispositivos,

---

[*] Óculos ou capacete de realidade virtual ou realidade aumentada — dispositivos de exibição usados na cabeça ou integrados num capacete, que possui um pequeno ecrã posicionado diante de um ou dos dois olhos. [N. da T.]

o seu cliente poderá ouvir o áudio espacial e ver remotamente os produtos físicos. Em vez de ir pessoalmente a conferências, as empresas podem realizar eventos na rede espacial, onde os participantes podem interagir virtualmente através de avatares digitais e com a possibilidade de ter muito mais participantes do que num evento presencial tradicional.

Em suma, na próxima década, quando a AIaaS começar a convergir com o 5G, com milhares de milhões de aparelhos conectados, tecnologias *blockchain* e novas interfaces de utilizador — como a realidade aumentada ou avatares robotizados —, assistiremos a um crescimento exponencial das empresas desmaterializadas. Estas empresas estarão libertas das restrições do espaço físico ou infraestruturas de *hardware* e serão capazes de atingir uma dimensão global com operações e equipas organizadas remotamente. Ao analisar que tecnologias exponenciais deverá integrar com a sua visão mais à distância [possibilitada pela diminuição do *zoom*], não se esqueça de que algumas destas tecnologias terão diferentes horizontes temporais de comercialização e maturação. No que diz respeito a qualquer uma dessas tecnologias, não haverá um momento específico no futuro em que ficará repentinamente «pronta» e substituirá a forma como vivemos e trabalhamos. As peças que, no seu conjunto, formam a rede espacial, por exemplo, estão — todas elas — a viver as suas próprias curvas de crescimento exponencial, em que cada uma se está a tornar mais útil e poderosa. Neste caso, a questão essencial é que tem de experimentar agora estas tecnologias exponenciais; se assim não for, não conseguirá intercetar estas curvas de crescimento e vai ficar atrás dos seus concorrentes quando estas tecnologias emergirem repentinamente e se tornarem prevalentes no futuro.

AUMENTE O *ZOOM* ATRAVÉS DE EXPERIÊNCIAS RÁPIDAS E ÁGEIS

Para aumentar o *zoom* sobre o futuro e alavancar uma ou duas tecnologias que lhe darão mais possibilidade de apanhar a onda do crescimento exponencial, John Hagel sugere identificar dois projetos experimentais de elevado impacto que possam ser concluídos nos próximos 6 a 12 meses e impulsionar a sua empresa na direção da sua visão à distância.

Este objetivo de curto prazo exige uma abordagem ágil na validação do conceito, experimentação, iteração e mobilização e é suficientemente curto para não ficar atolado em planos de dois ou três anos.

Na Ferrazzi Greenlight, onde a nossa visão à distância [*zoom-out*] antecipa uma orientação de equipas totalmente alimentada pela inteligência artificial, lançámos um projeto de curto prazo de visão mais imediata [*zoom-in*] que incorpora análises algorítmicas atualmente disponíveis numa das nossas ferramentas de diagnóstico de equipa existentes. Implementar este projeto imperfeito e modesto está a ensinar-nos imenso sobre o que será necessário para concretizarmos a nossa visão à distância. Na *start-up* de fabrico de *drones* Birdstop, onde a visão à distância é a de criar imagens aéreas *on-demand* [a pedido] através de uma rede de *drones* autónomos baseada na nuvem, o projeto intercalar da visão mais imediata é o seguinte: colocar estações de *drones* em zonas de elevada procura para testar se os clientes empresariais estariam disponíveis para partilhar a rede de *drones* em vez de terem uma rede unicamente para a observação das suas próprias infraestruturas. Se a experiência da visão mais imediata for bem-sucedida, então, ao longo do tempo, estas redes locais justapostas poderão ser conectadas a uma rede mais vasta para fornecerem observações contínuas a pedido — através da nuvem.

Um dos benefícios de aumentar o *zoom* [ter uma visão mais imediata] é o facto de permitir à sua equipa fazer apostas anuais — modestas, estratégicas e de grande impacto — sobre o futuro sem comprometer os projetos plurianuais de longo prazo. Se o exercício der frutos ao fim de um percurso rápido de três a seis meses, poderão ser acrescentados recursos para acelerar o impacto do projeto. Se a experiência não desembocar em caminhos promissores ou se já não estiver alinhada com a sua visão *zoom-out* anual, pode mudar para novos projetos de visão mais imediata. Pelo caminho, irá perceber o que funciona no final de cada projeto *zoom-in* e isso ajudará a desenvolver uma mentalidade de aprendizagem na sua cultura de liderança.

Com o tempo, estas experiências de *zoom-in*, por mais pequenas que sejam, podem evoluir e crescer para projetos mais ambiciosos que podem transformar a empresa numa trajetória rumo à sua visão *zoom-out* a dez anos. Quando conceber a sua experiência *zoom-in*, dê especial atenção a quem incumbe de se juntar ao projeto. Quererá ter um misto de peritos em domínios e membros de equipa — que irá buscar à sua atual equipa — cheios de entusiasmo; estes dois grupos podem colaborar no sentido de solucionarem problemas de forma criativa e ultrapassarem obstáculos. A sua equipa *zoom-in* deverá reportar diretamente a si, enquanto líder, e não num regime de matriz, para que disponha da máxima permissão possível para testar coisas novas e quebrar dependências existentes em processos internos estabelecidos, como as TI, os departamentos de *marketing* e de recursos humanos. Quererá que esta equipa *zoom-in* tenha o máximo de flexibilidade possível para atingir o seu objetivo.

Veja-se como a Ognomy, uma aplicação móvel para diagnosticar a apneia do sono, foi desenvolvida como um projeto *zoom-in* pelo Dr. Dan Rifkin, um neurologista que reside em Buffalo, Nova Iorque. A apneia do sono é um problema respiratório potencialmente letal que ocorre durante o sono e que afeta milhares de milhões de pessoas em todo o mundo — estando ainda, na maior parte dos casos, por diagnosticar. Nos Estados Unidos, segundo algumas estimativas, 80% das pessoas com apneia nunca são diagnosticadas por causa do custo e do incómodo de terem de passar noites a serem monitorizadas em clínicas especializadas no sono[9].

A Ognomy expandiu-se imenso durante a pandemia, quando as clínicas do sono foram forçadas a fechar portas. Os pacientes estavam desesperados pelos tratamentos e a existência de uma plataforma virtual de diagnóstico tornou-se mais importante do que nunca. A aplicação permite aos pacientes consultarem os médicos virtualmente, e serem testados, diagnosticados e tratados a partir do conforto das suas casas. Assim, a Ognomy disponibiliza médicos da especialidade do sono de forma verdadeiramente transformadora, na qualidade de «consultório numa caixa».

Em finais de 2010, Dan Rifkin estava convencido de que a telemedicina e outras ferramentas digitais poderiam tornar os diagnósticos e os tratamentos para a apneia do sono mais acessíveis e menos dispendiosos. Quando diminuiu o *zoom* para visualizar a sua indústria dali de dez anos, anteviu uma plataforma que democratizava o acesso aos diagnósticos da apneia do sono, de forma a milhões de pessoas que sofrem da doença poderem ser testadas e tratadas, mesmo que não vivessem perto de uma clínica do sono física.

Ao longo dos anos, Dan testou várias plataformas de videoconferência e diferentes soluções de registo clínico eletrónico para criar a sua visão *zoom-out*. Considerou-as todas insuficientes e convenceu-se de que, para mudar o tratamento da apneia do sono, tinha de criar uma solução de *software* autónoma que digitalizasse cada etapa do diagnóstico e o tratamento no fluxo do trabalho do seu consultório. Em junho de 2019, levou a cabo um *workshop* de dois dias no Buffalo Niagara Medical Campus, onde uma equipa de 12 pessoas concebeu uma versão digital de um teste caseiro à apneia do sono e respetiva experiência de tratamento, com o objetivo de criar uma *app* no período de seis meses. Ao longo dos dois dias, a equipa de Dam desmontou cada passo do seu fluxo de trabalho clínico: exame inicial, pedidos de estudos de sono, resultados dos diagnósticos e gestão dos registos dos pacientes. A equipa também tomou nota da experiência do utilizador por parte dos pacientes, médicos e administradores dos cuidados de saúde, compilando tudo num guião que pudesse ajudar a orientar na criação da *app*. Por último, desenvolveram um assistente virtual robotizado para ajudar os pacientes a navegarem na nova aplicação.

Quando a pandemia atingiu os EUA, em março de 2020, Dan tinha acabado de contratar a empresa de desenvolvimento de *software* TopCoder para criar a *app* Ognomy, com uma data-limite de junho de 2020 para poder ter um produto viável mínimo [MVP — *minimum viable product*, a versão mais simples de um produto]. De repente, Dan viu-se obrigado a fechar os seus sete laboratórios da apneia do sono, pelo que pressionou a equipa de *software* da TopCoder para entregar o MVP da Ognomy em 30 dias. Para cumprir este prazo ambicioso, milhares de programadores de todo o mundo participaram colaborativamente no desenvolvimento do *software* e em conjunto criaram uma aplicação intuitiva que estava pronta a ser testada e implementada no final de abril de 2020.

«Rapidamente concluí que já não precisávamos de espaços físicos para realizar diagnósticos de apneia do sono. Inaugurar um consultório digital era algo que, decididamente, canibalizava o meu próprio consultório no curto prazo, mas a Ognomy convenceu-me de que sou capaz de fazer todo o trabalho digitalmente. Assim que vi o poder desta aplicação, comecei a mudar e a digitalizar todo o meu consultório», disse Dan.

No início de 2020, Dan acreditava que demoraria três a quatro anos para que tanto os pacientes como os médicos se sentissem confortáveis com o tratamento da apneia por telemedicina. «A covid pressionou essa adoção do dia para a noite», sublinhou.

Avançando para 2021, mais de 2 mil pacientes estão registados na Ognomy, com novos médicos a aderirem à plataforma através de uma taxa de subscrição mensal e um modelo de utilização de pagamento por capitação. Dan acredita que aplicações como a Ognomy vão mudar o modo de acesso dos doentes do sono e a forma como a apneia do sono é diagnosticada e tratada, tal como tinha previsto na sua visão *zoom-out* alguns anos antes. Futuramente, os laboratórios do sono apenas serão utilizados para estudos mais complexos, como a narcolepsia ou outras perturbações do sono.

«Dentro de cinco anos, sem dúvida que continuarei a atender alguns pacientes na clínica, de modo a manter o contacto direto com os doentes», disse Dan. «Mas acredito que grande parte da minha atividade passará a ser como presidente executivo da Ognomy.»

Dan fez várias coisas corretamente, razão pela qual a sua experiência *zoom-in* de um ano acabou por transformar o seu negócio e, muito provavelmente, transformará toda a sua área médica. Antes de mais, concebeu o seu produto viável mínimo para poder escalar rapidamente. Os esforços de Dan para digitalizar o seu próprio negócio mostram que se quiser que um produto ou serviço seu alcance mil milhões de pessoas, terá de repensar radicalmente o seu modelo de entrega. No passado, os pacientes tinham de viver perto de uma zona urbana ou de um centro do sono para terem um bom tratamento. Já não é assim que as coisas se passam, graças à Ognomy. «Democratizámos o acesso ao diagnóstico e tratamento da apneia do sono em todo o mundo», disse Dan, «e o nosso mercado é o mundo não apenas Buffalo, em Nova Iorque».

Em segundo lugar, trabalhou com uma equipa multidisciplinar para obter os melhores resultados. No *workshop* inicial de conceção, a sua equipa de 12 pessoas possuía uma vasta variedade de competências que se complementavam bem e que viriam a refletir a grande diversidade de pacientes e cuidadores que acabariam por utilizar a plataforma. Este último ponto é importante para as pessoas que estão a fazer projetos de *zoom-in* em grandes organizações. É vital que a equipa esteja capacitada, antes de mais, com um sentimento de paixão — e, em seguida, com as devidas competências. Os projetos de *zoom-in* podem frequentemente deparar-se com obstáculos, por isso vai querer ter uma equipa que se apaixone pela resolução de problemas de forma criativa e que não desista só porque se confronta com problemas.

Nesta caminhada ágil, poderá sentir que alguns dos seus esforços de *zoom-in* são dececionantes ou que a tecnologia não está tão amadurecida como esperaria. Mas não se deixe enganar. Tem de se lembrar que as tecnologias exponenciais crescem lentamente antes de explodirem. A chave é continuar a fazer experiências com projetos ágeis de *zoom-in* para se aproximar da sua visão *zoom-out*. Algumas experiências revelar-se-ão mais frutuosas do que outras, mas, ainda assim, a sua organização vai beneficiar através de uma cultura de aprendizagem e experimentação.

CRIE COMUNIDADES DE CLIENTES ENTUSIASTAS

Tendo em conta a forma como a tecnologia exponencial tem o poder de transformar as indústrias do dia para a noite, acreditamos que também é fundamental ir além do mero produto, serviço e tecnologia de inovação — que podem, todos eles, ser alvo de réplica ou de disrupção — e fomentar comunidades para complementar a tecnologia, de modo a ajudá-lo a resistir às imitações e a tornar o seu negócio mais resiliente em momentos de incerteza.

O estratega da inovação Larry Keeley descreveu, na sua obra de referência *Ten Types of Innovation*, a forma como as empresas mais bem-sucedidas — sucesso esse mensurado pelo valor das suas ações no índice bolsista norte-americano S&P 500 — integraram vários tipos de inovação nos seus negócios, desde a inovação de produtos à inovação de canais e inovação de serviços, passando pela inovação dos processos[10]. À medida que entramos numa nova era, em que novas tecnologias como a inteligência artificial e a *blockchain* vão democratizar e descentralizar o acesso a muitos produtos e serviços, acreditamos que é fundamental inovar a sua rede, promover a sua comunidade e transformá-la num fosso defensável. Um fosso pode ajudar a fortalecer a sua resiliência para mudar e navegar em mares encrespados — e pode diferenciá-lo aquando da descentralização das redes e das plataformas.

Quando os *campi* universitários fecharam por causa da pandemia, na primavera de 2020, a crise desferiu um duro golpe na nova organização nacional sem fins lucrativos chamada Swipe Out Hunger. Liderada por Rachel Sumekh, fundadora e presidente executiva, a Swipe Out Hunger tem por objetivo erradicar a insegurança alimentar nos *campi* universitários, onde um em cada três alunos passa fome. Um dos programas sem fins lucrativos que a empresa tem em mais de 140 *campi* universitários chama-se Swipe Drive e permite aos estudantes doarem o dinheiro extra do seu plano de refeições da cantina aos colegas confrontados com insegurança alimentar.

A Swipe Out Hunger estava a crescer rapidamente quando a pandemia fechou um importante canal de distribuição e modelo do programa. A insegurança alimentar estudantil continuou a existir, pelo que Rachel e a sua equipa procederam a uma mudança para fazerem face ao momento. Apoiaram-se na comunidade de ativistas da Swipe Out Hunger para criar um novo modelo de negócio desenhado para a pandemia. Com a aprovação da administração, lançaram um novo programa chamado Student Navigator Network, que contratou estudantes da rede da Swipe Out Hunger em todo o país e lhes deu formação no sentido de ajudarem os seus colegas a encontrar recursos alimentares nas suas comunidades. Ao longo de dois meses, estes embaixadores ajudaram mais de 7 mil estudantes universitários a acederem a alimentos e a outros benefícios financeiros no valor de 900 mil dólares, de modo a poderem continuar os estudos durante a pandemia.

«Passámos de um programa assente no *campus* para um programa assente no apoio dos membros da nossa comunidade — a quem pedimos que nos ajudassem a desenvolver um programa nacional em que a região geográfica não tem relevância», disse Rachel. Para lá chegar, Rachel levou a cabo *webinars* virtuais semanais, reunindo alunos, funcionários locais e especialistas em política alimentar para que, em conjunto, pudessem idealizar, testar, iterar e lançar o novo modelo. «Os administradores, que funcionam como os guardiães do nosso *campus*, pensam sempre que sabem o que é melhor, mas, neste caso, precisávamos de os dispensar do papel de intermediários e comunicar diretamente com os estudantes no terreno para os pôr em contacto uns com os outros e promover as melhores práticas de um *campus* para outro», explicou Rachel. A mudança foi tão bem-sucedida que, durante a pandemia, a Swipe Out Hunger expandiu-se para mais 20 *campi* universitários, tendo recebido um avultado subsídio para criar um programa de erradicação da fome na cidade de Nova Iorque para os estudantes universitários. Além disso, a Swipe Out Hunger ajudou à aprovação de legislação em inúmeros estados norte-americanos para se lidar com a insegurança alimentar junto dos estudantes universitários.

«À medida que a pandemia regride e os *campi* universitários voltam a abrir, teremos alguma margem para decidir quais as opções estratégicas a tomar», disse Rachel. «Já não somos apenas um foguetão; somos uma espécie de jardineiro com múltiplos canteiros de flores que podem crescer para alimentar uma comunidade muito maior. Não teríamos sido capazes de mudar sem potenciar a nossa rede existente de fervorosos defensores dos estudantes, que nos ajudaram a idealizar e a renovar o nosso futuro.»

A lição clara a retirar da Swipe Out Hunger é a de procurar apoio na sua comunidade em tempos de incerteza. As crises são muitas vezes oportunidades de criação de comunidades que podem fortalecer a sua organização se lhes der a devida atenção.

Colin Sprake, um empreendedor que é proprietário da empresa de consultoria Make Your Mark, teve uma experiência semelhante com a sua comunidade. Ele ajuda pequenas empresas detidas por casais a viverem de forma mais consciente e conta com mais de 110 mil empresários na sua comunidade no Canadá. No início do confinamento, começou a apresentar um *podcast* diário gratuito, com a duração de uma hora e para o qual as pessoas podiam ligar, ao longo de dez semanas. No programa, convidava alguns dos líderes empresariais com ideias mais interessantes a juntarem-se às chamadas em direto e a ensinarem a sua comunidade, gratuitamente, tudo o que a pudesse ajudar a gerir melhor os desafios diários da pandemia. As chamadas eram tão populares que, a certa altura, mais de 3 mil membros da comunidade se juntavam diariamente ao programa diário de Colin. Quando a pandemia obrigou Colin a encerrar os seus eventos presenciais de formação empresarial, ele virou-se para a comunidade e pediu que o ajudassem a perceber qual a melhor maneira de dar a volta e, literalmente, milhares de membros da sua comunidade responderam com conselhos, porque queriam retribuir e ajudá-lo a ultrapassar os desafios que a sua consultora estava a viver. Em finais de 2020, a empresa de Colin teve o melhor ano de sempre e os membros da sua comunidade cresceram 100% face ao período pré-pandemia. «Em pleno século XXI, se não estiver a criar uma comunidade como parte do seu negócio, então está a fazer as coisas da forma errada», disse.

A capacidade de pequenas organizações como esta prosperarem em condições tão adversas é um testemunho do fenómeno crescente de democratização digital e da transferência de poder e do processo de decisão de uma autoridade central guardiã — governos, *media* tradicionais, mercados financeiros, etc. — para redes de entidades homólogas, compostas por indivíduos capacitados pela componente tecnológica.

Num mundo cada vez mais descentralizado, onde a tecnologia democratiza o acesso a qualquer coisa, o poder reside nas comunidades de indivíduos que conseguem afetar radicalmente o *statu quo*. Nesta década, o que o vai diferenciar dos seus concorrentes é a forma como estimula, alimenta e explora a sua comunidade e cria um fosso defensivo contra a concorrência.

No final de janeiro de 2021, uma multidão de pequenos investidores que faziam parte do Reddit, uma rede social em formato de *microblogging*, ajudou a fazer disparar o preço de algumas ações para níveis astronómicos e abalou os mercados financeiros. Tudo começou quando os investidores do Wall Street Bets, um subgrupo do Reddit, começaram a comprar — a título particular — ações de algumas empresas nas quais alguns analistas financeiros e fundos de cobertura de risco tinham apostado na queda do preço*, incluindo a cadeia de jogos de vídeo GameStop. Em sete dias, o preço das ações da GameStop escalou 600%, levando os investidores institucionais que tinham apostado na sua queda a perderem 70 mil milhões de dólares. Este episódio levou várias sociedades de corretagem, incluindo a famosa Robinhood, a deixarem de transacionar algumas ações virais, incluindo a GameStop.

* Quando se aposta na descida da cotação de um título, essa estratégia recebe o nome de *short selling*, significando que se tem uma «posição curta» naquela empresa. [N. da T.]

Esta pausa indignou muitos pequenos investidores, que acusaram as corretoras, como a Robinhood, de protegerem as grandes instituições financeiras em detrimento dos pequenos investidores. «Robinhood ou Robbing the "Hood"?», escreveu um adepto de longa data da empresa na rede social Twitter. O que começou como um *meme* de uma sala de *chat* na Internet rapidamente escalou para uma história de David contra Golias, que foi possível graças ao poder conjunto de intervenientes particulares (neste caso, os membros do Reddit que seguiam o subgrupo Wall Street Bets — r/wallstreetbets) que se juntaram enquanto comunidade para derrubarem os Golias da indústria financeira.

Obrigar os fundos especulativos a fechar posições para limitar as perdas com o *short selling*, tal como aconteceu com a GameStop, dificilmente será um acontecimento único na história financeira. Estamos atualmente a testemunhar uma grande experiência ao nível da descentralização do mundo financeiro (coloquialmente conhecido como *DeFi*), em que grupos de indivíduos habilitados simplesmente vão dispensar as instituições financeiras guardiãs estabelecidas e transacionar diretamente, recorrendo a tecnologias *blockchain* e a redes entre pares. Agora imagine como tudo teria sido diferente se a Robinhood tivesse cultivado a comunidade de pequenos investidores e pedido a sua ajuda, em vez de tentar travar as suas transações. A corretora teria tido um exército de adeptos e não uma multidão financeira ao ataque.

As forças da democratização também estiveram por detrás da ascensão da Clubhouse, que se distinguiu em fevereiro de 2021 como a *start-up* que, na história, mais rapidamente ascendeu ao estatuto de «unicórnio» — ao ficar avaliada em mil milhões de dólares[11]. Os fundadores da Clubhouse criaram uma *audio broadcasting social network* [rede social de áudio descentralizada], permitindo a qualquer pessoa do mundo entrar em salas de *chat* e comunicar com milhões de pessoas em tempo real, usando áudio, sem quaisquer barreiras.

A nova rede social da Clubhouse abalou as redes sociais existentes, ao fazer a passagem das conversas nas difusões assíncronas — assentes na dinâmica «um para muitos» —, que se encontram em todas as redes sociais, para conversas descentralizadas síncronas de «muitos para muitos». Ao reconhecer, de uma forma muito mais autêntica do que qualquer outra rede social até à data, o desejo que as pessoas têm de encontrar comunidades *online*, a Clubhouse começou a roubar audiências a outros serviços de *streaming*, como o Spotify e o YouTube.

Os mesmos efeitos disruptivos da democratização podem ser observados nos *media* tradicionais, com jornalistas famosos a deixarem os meios de comunicação tradicionais e a lançarem *newsletters* de autor com assinatura paga. Ao fazê-lo, estão a eliminar a instituição intermediária — neste caso, o editor e o proprietário do meio de comunicação — e a criar uma comunidade de consumidores interessados no seu trabalho. A título de exemplo, o comentador político Andrew Sullivan deixou a revista *New York* para passar a publicar uma *newsletter* semanal para assinantes na plataforma Substack e, quase de forma instantânea, aumentou significativamente o seu rendimento ao criar uma comunidade de adeptos dispostos a pagar para fazerem parte do seu ecossistema.

Estes exemplos mostram como as comunidades com poder ganham com os sistemas descentralizados ao alterarem radicalmente a forma como o valor é captado: onde, quando e por quem. Se pensa que a sua empresa está a salvo das forças da descentralização, pense duas vezes. É primordial promover uma comunidade de fãs que podem ajudar a sua organização a resistir às vagas de incerteza e impeli-lo para novos capítulos da sua história, mesmo com a tecnologia a evoluir e a abalar a sua concorrência.

James DeJulio, cofundador e presidente executivo da Tongal, uma empresa de publicidade impulsionada pelas massas, disse que a «comunidade é tudo para o seu negócio. Se fizer as coisas da maneira certa, a sua comunidade poderá comercializar por si, poderá inovar por si e poderá dar-lhe *feedback*. Porque não haveria de querer essa dose adicional de poder e apoio?».

Segundo a nossa investigação, a lição é evidente: uma comunidade de adeptos dedicados — se o seu objetivo e paixão forem potenciados para o bem — pode vir em seu socorro quando estiver mais necessitado. Por isso, é tempo de se questionar: quem são os superfãs da minha empresa? E quem virá em nosso socorro quando os mares estiverem agitados? Crie um fosso de segurança em torno do seu modelo de negócio — e o poder das comunidades que atrair poderá ajudar a sua organização a manter a resiliência em momentos de aflição. Nos dois últimos capítulos, vamos mostrar de que forma a reinvenção do seu modelo de negócio o pode ajudar a reconfigurar a sua equipa e a liderar com os seus valores mais importantes em mente, de modo a distinguir a sua organização de todas as outras e vencer neste novo mundo do trabalho.

Perguntas orientadoras
Como competir no novo mundo do trabalho

A sua empresa visualiza de forma ativa como será a sua indústria dentro de uma década?
As empresas radicalmente adaptáveis envolvem ativamente o banco de cérebros coletivo dos seus líderes de topo, membros da administração, consultores e funcionários, de modo a terem uma visão à distância — utilizando as ferramentas da antecipação — e a imaginarem o panorama da indústria dentro de dez anos.

Como é que a sua empresa incorpora tecnologias de ponta?
Fazemos apostas de curto prazo — com uma visão mais imediata — consistentes, estratégicas e potencialmente de grande impacto, usando novas tecnologias no sentido de fazer a empresa avançar rumo à nossa visão de longo prazo e com uma perspetiva mais à distância? Estas apostas estão estruturadas como projetos experimentais de curto prazo, livres da tradicional burocracia e que, frequentemente, desafiam o pensamento atual na empresa.

Como criamos uma comunidade em torno de todos os aspectos da nossa empresa?
Os sistemas descentralizados estão a mudar as dinâmicas de poder dentro das indústrias, pelo que as empresas mais radicalmente adaptáveis potenciam as comunidades de consumidores e adeptos de modo a criarem fossos de segurança em torno dos modelos de negócio existentes para resistirem à incerteza futura e à mercantilização.

7.

CRIE UMA EQUIPA LEGO

Mariya Filipova desligou o telefone, tirou os óculos de marca, de um vermelho-vivo, e sentou-se a pensar no que fazer a seguir. A pandemia estava no início. A sua chefe tinha acabado de lhe pedir para reduzir as despesas operacionais do seu departamento e repensar o seu modelo de gestão de pessoal de uma forma que não tivesse impacto no serviço que ofereciam aos clientes. Tinha de apresentar um relatório com um processo que pudesse ser replicado em qualquer departamento da empresa. Nestes primeiros tempos da pandemia, toda a gente geria as despesas cuidadosamente, e com a chefe de Mariya não era diferente. Uma vez que Mariya tinha a reputação de encontrar soluções criativas, foi pedido à sua equipa que assumisse este projeto e criasse uma cartilha para o resto da organização. Tinha até ao final do dia para ligar à chefe com uma proposta de plano.

Na qualidade de vice-presidente do departamento de inovação numa grande seguradora que gere os seguros de saúde de mais de 40 milhões de norte-americanos, Mariya era responsável por impulsionar a inovação, mudar os comportamentos internos e incubar novas soluções tecnológicas que melhorassem a vida dos doentes[1]. Geria uma equipa de mais de 40 pessoas numa organização muito mais vasta — com mais de 70 mil colaboradores. Reduzir o orçamento operacional significava perceber como fazer mais com menos recursos.

Mariya tinha de encontrar uma forma não só de manter o trabalho que tinham planeado para 2020, mas também de acelerar o cronograma dos seus projetos tendo em conta a urgência da pandemia de coronavírus. Mariya sabia que *naquele momento*, mais do que nunca, os pacientes precisavam das soluções que a sua equipa estava a desenvolver, para os ajudar a ultrapassar o *stress* e incerteza que a pandemia lhes provocava — a eles e às suas famílias.

A situação fê-la recuar até ao período em que ela própria tinha sido paciente do Massachusetts General Hospital, em Boston, três anos antes. Tinha-lhe sido diagnosticado um tumor no rim, do tamanho de uma bola de futebol. «Mariya, lamentamos», dissera-lhe o médico. «Não há um guião para lidar com algo assim, é inédito.» As suas palavras voltavam a ecoar, à medida que a amargura da incerteza se instalava.

Três anos após aquele episódio, Mariya deu por si em mais uma situação sem precedentes e sem qualquer guião para se orientar em plena pandemia. Foi buscar forças ao seu próprio percurso pessoal e definiu como objetivo preparar melhor a sua equipa para o futuro. Para tal, teria de voltar ao âmago do que a sua equipa fazia melhor. Pensou nas «tarefas» que tinham de ser executadas e nos resultados que tinham de ser atingidos. Reconstruir o fluxo de trabalho da equipa em tarefas a executar seria a chave para redefinir uma equipa que era eficiente, ágil e resiliente.

Com renovada energia, Mariya viu o seu plano ganhar forma: teve de tomar decisões-chave em relação à equipa e sobre como trabalhar remotamente, procurar colaboradores, externalizar tarefas e complementar a equipa com tecnologia. Depois de tudo isto idealizado, estava pronta para ligar à chefe com os primeiros traços de um guião com um lado positivo.

À medida que fomos acompanhando o percurso de Mariya e o de muitos outros executivos que estavam a reconfigurar as suas equipas em plena pandemia mundial, compilámos as visões subjacentes às suas decisões que os ajudaram a tornar-se radicalmente adaptáveis em tempos inéditos. Este capítulo é sobre a sua cartilha de como criar uma equipa do futuro.

Práticas de elevado retorno para competir no novo mundo do trabalho

1. **Pergunte: «O que tem de ser feito?»**
2. **Pergunte: «Que equipa vamos envolver?»**
3. **Pergunte: «Onde vai trabalhar a equipa?»**
4. **Faça a transição.**

A EQUIPA LEGO

O pior pesadelo de todos os pais é acordar às três da manhã, atravessar o quarto às escuras e tropeçar numa peça de Lego pontiaguda, deixada sub-repticiamente como uma mina de um inimigo infantil. Todos conhecemos estas peças de plástico multicolores que se encaixam umas nas outras. Podem ser montadas para criar qualquer tipo de estrutura, desmontadas e depois reconstruídas em infinitas possibilidades para criar minas noturnas. Quantas mais peças de Lego tiver, maiores são as possibilidades criativas. Com dez peças, tem um conjunto limitado de coisas que pode construir. Com 100 ou 1000 peças, tem praticamente uma flexibilidade e criatividade infinitas.

No novo mundo do trabalho, onde tem de alavancar proativamente a antecipação de modo a inovar, a criação de uma equipa que parece um conjunto de peças de Lego — que podem ser montadas e reconstruídas para diversos objetivos empresariais e tarefas — dá-lhe hipóteses flexíveis de reinventar o seu futuro e aguentar os altos e baixos de um mar tempestuoso.

Tal como as estruturas de Lego mais complexas, que são acompanhadas de instruções sobre como montar as peças, vai precisar das melhores práticas sobre como ligar as várias partes da sua equipa para pôr a funcionar a sua visão do modelo de negócio. Este capítulo está concebido para lhe dar um alinhamento na criação de uma equipa radicalmente adaptável que seja colaborativa, inclusiva, ágil e resiliente. O capítulo aborda as três questões críticas — o quê, quem e onde — e apresenta-lhe um guia para executar o plano delineado a partir destas questões.

Para começar, tem de responder a três questões cruciais: antes de mais, o que é que tem mesmo de ser feito? Em segundo lugar, como decide quem vai executar as tarefas? Em terceiro lugar, onde têm de ser executadas? No final deste capítulo, debruçamo-nos sobre uma quarta questão, que vem na sequência das anteriores: como fazer transitar a sua equipa atual para este novo paradigma?

À medida que analisamos mais detalhadamente estas questões, iremos concretizá-las ao mostrarmos como se aplicam a diferentes avatares das empresas: a título de exemplo, uma multinacional avaliada em milhares de milhões de dólares tem necessidades diferentes e tomará decisões diferentes das de uma pequena empresa de crescimento rápido e com cerca de 20 funcionários. «Independentemente da dimensão ou natureza da empresa, consideramos que esta cartilha tem aplicação universal em todos os clientes onde a implementámos», sublinhou Vijay Murugappan, presidente executivo da First Quadrant Advisory (FQA) e ex-vice-presidente do departamento de estratégia numa seguradora de cuidados de saúde avaliada em milhares de milhões de dólares.

Temos um duplo objetivo neste capítulo: (1) disponibilizar um enquadramento adaptável para organizar um processo de trabalho que pode ser intimidador e (2) equipá-lo a si e à sua equipa com uma linguagem comum para um diálogo contínuo ao longo deste processo.

Antes de iniciar estes passos, recomendamos alguns elementos preponderantes para a missão, de modo a catapultá-lo para o sucesso. Em primeiro lugar, não tenha receio de adaptar este enquadramento à realidade da sua própria equipa e organização. Os processos que descrevemos neste capítulo são mais eficientes quando incorporados nas suas escolhas estratégicas, equipa existente e mecanismos de identificação de progressos. Em segundo lugar, comece com a equipa certa. As equipas multifuncionais com diversas experiências dentro e fora da sua empresa são vitais. Explicaremos mais à frente como criar um grupo multifuncional deste tipo. Por último, aborde tudo isto como um processo iterativo e não como uma grande iniciativa única com prazo de validade. Vamos aprofundar os pontos, de forma sistemática, para o auxiliar a criar uma equipa que o ajudará — a si, à sua equipa e à sua organização — a avançar cinco anos.

O QUE TEM DE SER FEITO?

O falecido Clay Christensen, professor na Harvard Business School e mais conhecido pelo trabalho de referência sobre inovação disruptiva, postulou que as grandes empresas muitas vezes não conseguem inovar porque não criam produtos ou serviços que satisfaçam as necessidades reais ou as «tarefas a ser desempenhadas» — que os clientes os contratam para fazer[2]. Enquanto clientes, «contratamos» (isto é, compramos) um produto ou serviço para realizar uma determinada tarefa para nós. Se o produto ou serviço não satisfizer a necessidade, dispensamo-lo e contratamos outro. Como líder da sua organização, uma das prioridades-chave é definir que tarefas têm de ser realizadas e quem deve contratar, em sentido literal e figurado, para as levar a cabo. Esta primeira secção descreve o processo através do qual determina que tarefas têm de ser executadas.

FORMAR A EQUIPA

Antes de começar a reconfigurar a sua força de trabalho, é importante refletir, de forma consciente, sobre quem está na sala e quem tem lugar naquilo a que gostamos de chamar o Grupo de Trabalho Jedi. O Grupo Lego tem uma parceria de longa data com a Lucasfilm, licenciando as personagens da Star Wars como bonecos feitos em peças de Lego. Considerámos a analogia muito adequada, já que a sua equipa de transformação de toda a força de trabalho da empresa é responsável por montar as peças de Lego da «força» de trabalho do futuro.

O trabalho é cada vez mais multifuncional. Consequentemente, o conhecimento necessário para compreender as dinâmicas entre as várias tarefas está disperso por vários silos na empresa. Ao mesmo tempo, a experiência necessária para reinventar novos processos está dispersa fora da empresa e, frequentemente, por várias indústrias. Para que a transformação de uma força de trabalho seja eficaz, esta assimetria de conhecimento entre equipas de transformação tem de ser resolvida.

Mariya Filipova disse-nos que grande parte da sua capacidade de apresentar resultados rápidos e de criar uma dinâmica de futuro em qualquer reunião se baseia em quem está na sala. «Assim que defino o que tem de ser feito e as decisões que temos de tomar na reunião, passo a maior parte do tempo a pensar sobre quem tem de estar na sala para que isso aconteça: os decisores e os seus *influencers*, os especialistas internos e os elementos externos à indústria, os entusiastas eloquentes e os céticos silenciosos. Quando o equilíbrio é perfeito, existe um certo frenesim, confiança e dinâmica na sala — e é assim que se sabe que temos as pessoas certas a tomar decisões.»

Confiar apenas na sua equipa atual, ou nos conhecimentos internos, é um posicionamento que tem as suas limitações, porque as equipas operacionais internas estão muitas vezes apegadas ao conceito de fazerem as coisas de uma determinada maneira. Embora os seus colegas sejam profundamente experientes no seu trabalho, também têm alguns preconceitos inconscientes sobre as tarefas que realizam. Da mesma forma que os cavalos de corrida têm palas fixadas aos arreios, perto dos olhos — para os ajudar a ver apenas o que está à sua frente e nada para os lados ou para trás —, as equipas internas estão frequentemente focadas naquilo que está imediatamente à sua frente e não em possibilidades ortogonais. Recomendamos que acrescente novos olhares ao seu Grupo de Trabalho Jedi, sejam especialistas externos que contrata como consultores ou funcionários da empresa que não estão atualmente envolvidos no mesmo projeto.

Ao mesmo tempo, os conhecimentos da equipa interna desempenham um papel crucial no seu Grupo de Trabalho Jedi. Se a sua equipa for composta apenas por especialistas externos, eles podem ajudá-lo a ver um futuro animador, mas provavelmente não terão a consciência institucional necessária para compreender totalmente de que forma e por que razão algumas coisas são feitas. Além disso, os especialistas externos carecem do patrocínio interno necessário para levarem a cabo experiências no seio da burocracia.

Por isso, o seu Grupo de Trabalho Jedi perfeito seria composto tanto por especialistas externos como por membros da equipa interna. Os peritos externos oferecem uma perspetiva de alguém de fora e podem fazer as perguntas difíceis; os membros internos desenvolvem o conhecimento institucional necessário para que haja empenho numa vasta transformação da força de trabalho da empresa.

DECIDIR ONDE SE FOCAR

Assim que tiver o seu Grupo de Trabalho Jedi formado, é tempo de dividir as tarefas em componentes ou microtarefas. Este passo é, frequentemente, a parte mais difícil da elaboração do processo e pode ser bastante assustador — tendo em conta que qualquer empresa, seja uma PME (pequena ou média empresa) ou uma grande multinacional, tem centenas, ou mesmo milhares, de processos que compõem os fluxos de trabalho. Como começar sequer a pensar por onde começar? Que tarefas devem ser avaliadas com máxima prioridade? Recomendamos que reduza o *zoom* e observe o panorama geral da empresa, para depois aplicar filtros de modo a estabelecer prioridades sobre onde focar a reconfiguração da sua força de trabalho. Vijay Murugappan sugere que se apliquem três filtros.

O primeiro filtro através do qual se deve ver este processo é o da *lente estratégica*. Que segmentos da sua empresa ou que focos da sua equipa estão mais alinhados com a missão e visão da sua empresa? A resposta certamente será diferente para cada equipa e cada empresa. Faça a si mesmo, mais especificamente, as seguintes perguntas: que segmentos da sua empresa dão à sua equipa uma vantagem competitiva distintiva no mercado? Que segmentos da sua empresa o diferenciam estrategicamente da sua concorrência? É o seu produto? Então comece a olhar para a forma como funcionam as suas equipas de produto. É a sua cadeia de fornecedores? Então comece a olhar para a forma como funcionam as suas equipas de logística. A título de exemplo, muitas empresas assumem que todos os processos de *backoffice*, como as tecnologias da informação ou as operações do *call center*, devem ser integrados numa função de serviços partilhados. Mas não tem de ser necessariamente assim; podem existir razões estratégicas para os manter a funcionar separadamente e com duplicação de funções. Por exemplo, uma empresa que lida presencialmente com os consumidores, e que depende das fusões e aquisições para crescer, pode decidir manter todas as funções de apoio no seio das empresas compradas, em vez de as consolidar num serviço central comum. Esta abordagem de autonomização dos serviços permite à empresa adquirir e alienar estrategicamente empresas com elevado desempenho e manter o máximo de flexibilidade.

O segundo filtro a ter em conta é o da *lente financeira*. Que segmentos da empresa ou da equipa geram mais receitas ou são mais lucrativos para a empresa? Quais são os maiores centros de custos ou geradores de encargos? Identifique duas ou três métricas financeiras como variáveis e olhe ao redor da sua empresa para ver onde poderá ser mais caro atribuir um determinado projeto do que alocar colaboradores ao mesmo. Há equipas de projeto redundantes ou duplicadas de diferentes unidades que se concentram no mesmo objetivo final, mas sem as razões estratégicas que Vijay descreveu em cima?

Um terceiro filtro a considerar é o da *lente de desempenho*, que dá prioridade às funções ou tarefas que oferecem o desempenho mais elevado — na perceção do utilizador final, cliente ou consumidor. A título de exemplo, poderá dar prioridade a funções que levam os clientes a atribuírem as classificações mais elevadas aos promotores efetivos, ou a funções de *marketing* que geram mais lealdade no consumidor final.

Neste aspecto, o ponto essencial é que os filtros certos a usar diferem entre equipas, empresas e sectores. As lentes da estratégia, das finanças e do desempenho são meramente três lentes para começar a reduzir dezenas de milhares de processos laborais e a identificar as tarefas de impacto mais elevado para transformar a sua força de trabalho.

Em seguida, conjugue os vários atributos num único mapa de calor, codificado com cores, com uma representação gráfica dos dados. Isso torna mais fácil visualizar imediatamente quais as tarefas que estão mais alinhadas estrategicamente com os objetivos da equipa ou que tarefas beneficiariam se fossem redesenhadas. Cada mapa de calor é único para cada equipa e cada empresa e constitui uma forma integrada de ajudar os líderes a avaliarem prioridades, identificarem hiatos entre propósito, gastos e resultados e concentrarem-se primeiro nas tarefas de impacto mais elevado. O mapa de calor ajuda os líderes a decidirem a que tarefas laborais devem dar prioridade numa primeira vaga de redefinição, quais as tarefas a dar prioridade numa segunda fase, quais colocar em terceiro lugar e assim por diante, tal como mensurado pelo alinhamento estratégico e pelo benefício global de uma reconfiguração da força de trabalho.

PIXELIZAR E REINVENTAR O TRABALHO

A partir do momento em que identificou os 10, 20 ou 50 principais fluxos de trabalho a reconfigurar, através do anterior exercício do mapa de calor, é tempo de atacar o cerne da questão e dividir cada tarefa nas microtarefas subjacentes — um processo a que chamamos pixelizar (numa referência à fotografia, em que milhares de pixéis subjacentes formam a imagem maior). Deve fazê-lo começando por reunir o seu Grupo de Trabalho Jedi numa sala, ou virtualmente — através de uma reunião *online*, para debater de forma sistemática cada fluxo de trabalho. O objetivo é pixelizar, ou dividir, cada fluxo de trabalho nas microtarefas subjacentes e compilar essas microtarefas num quadro branco (físico ou digital), para que todos possam estar de acordo quanto às tarefas necessárias para que cada trabalho seja realizado.

Para pixelizar, Vijay sugere que responda a três questões num processo sistemático: o que é? E se? O que funciona? Descreveremos cada uma destas três perguntas na qualidade de um *workshop* faseado que tem de ser realizado sequencialmente.

O tempo necessário para realizar este *workshop* de três passos vai depender dos recursos da sua equipa, dimensão e largura de banda. A título exemplo, uma empresa com 20 pessoas poderá ser capaz de responder às três perguntas numa sessão de um só dia, enquanto uma unidade de negócio de uma multinacional poderá necessitar de vários dias para trabalhar as três questões. O importante é abordar o processo sistematicamente, de forma faseada e em três passos.

Passo 1: o que é?

Qual é o atual estado da sua equipa ou dos processos de trabalho da sua empresa? Comece por reunir o seu Grupo de Trabalho Jedi e documente cada uma das tarefas do seu fluxo de trabalho, passo a passo. Vinay Nadig, que lidera a unidade de transformação da First Quadrant Advisory, explicou como a seguradora de cuidados de saúde, avaliada em milhares de milhões de dólares, seguiu este processo de três passos para reduzir o tempo de processamento dos reembolsos de despesas médicas. A seguradora começou por reunir o Grupo de Trabalho Jedi, composto por 40 funcionários, para documentar todos os passos deste processo. Este grupo multifuncional de executivos, pessoal operacional e especialistas no tema em questão usou as suas variadas experiências e perspetivas para mostrar de que forma o processamento dos reembolsos estava de facto a ser feito — e não como era suposto ser feito. Para sua surpresa, identificaram 132 passos para processar e reembolsar uma despesa médica — sendo que alguns eram 100% manuais e não estavam documentados em qualquer procedimento operativo padrão. O grupo registou visualmente estes passos num quadro branco virtual.

Em seguida, questionaram-se: «Porque é que isto está a ser feito?» O objetivo era identificar os constrangimentos ou exigências que tinham moldado o fluxo de trabalho existente e eliminar as barreiras consideradas duplicadas, que não acrescentavam valor e que eram supérfluas. Nalguns casos, a resposta devia-se a um hiato tecnológico existente ou a uma limitação do sistema que fazia com que o processo fosse executado manualmente. Noutros casos, era uma lacuna na formação pessoal, ou nos conhecimentos dos funcionários, que exigia ação. No final deste passo, o Grupo de Trabalho Jedi identificou 42 barreiras no fluxo de trabalho existente e classificou-as como entraves pessoais, processuais e tecnológicos (ainda que não se deva limitar a estas três categorias se outras forem relevantes para a sua equipa ou organização). Nos passos seguintes, a equipa testaria soluções possíveis para estas barreiras.

Passo 2: e se?

Neste passo, o seu Grupo de Trabalho Jedi deve concentrar-se na seguinte questão: como é que, idealmente, gostaríamos que o trabalho fosse feito? O objetivo é definir, antes de mais, a fase final do seu fluxo de trabalho, sem quaisquer constrangimentos tecnológicos, temporais ou de recursos. Em seguida, mapeie esta visão da fase final com os requerimentos e constrangimentos identificados no primeiro passo. Este confronto entre a visão futura e os constrangimentos reais oferece um conjunto ideal de soluções. No exemplo anterior, relativo à seguradora de cuidados de saúde, os executivos consideraram este passo desafiante. Muitos anos de execução e foco nos resultados trimestrais não permitiram um pensamento livre. É nesta fase que será útil ter peritos externos no seu

Grupo de Trabalho Jedi. Dispor de consultores externos com experiência em indústrias de diversos ramos, e com conhecimentos do que funcionou com sucesso noutras empresas, além do que falhou e as circunstâncias que levaram ao êxito ou fracasso, podem ajudar a sua equipa executiva interna a refletir de forma mais imaginativa sobre o modo de criar um fluxo de trabalho sem condicionantes.

Passo 3: o que funciona?

Neste passo final, o seu Grupo de Trabalho Jedi tem de responder à seguinte questão: como fazer para tornar a mudança duradoura? Como desenvolver soluções que podem ser adotadas em escala num prazo de três meses, seis meses ou um ano? O seu grupo de trabalho deve começar por debater os obstáculos à mudança, gerar ideias e avaliar a exequibilidade de cada uma das soluções propostas. No exemplo da seguradora de cuidados de saúde, as resoluções eram agrupadas em quatro áreas que se excluem mutuamente: resolve agora, «liga a um amigo», compromete-te a resolver e adia.

Algumas barreiras podem ser superadas no imediato, pedindo-se às pessoas na sala que tomem decisões e se comprometam com as mesmas naquele momento. A título de exemplo, dois líderes de departamento decidem eliminar um processo de aprovação interdepartamental e reduzir em duas semanas o que teria sido um processo de trabalho de oito. Em mais um exemplo, dois outros líderes comprometeram-se, *in loco*, a investir em conjunto 50 mil dólares do total dos seus orçamentos para realizarem uma mudança sistémica. Para superarem algumas barreiras, tinham de «ligar a um amigo», já que as pessoas que tinham de tomar uma decisão não estavam presentes — tendo o grupo de trabalho sido capaz de resolver o problema imediatamente, ao telefone, com os responsáveis pela decisão.

Nalguns casos, a resolução não era possível na hora, pelo que a equipa concordou que essas barreiras teriam de ser ultrapassadas e comprometeu-se com um prazo para resolver a questão. Por último, a equipa adiou a eliminação de algumas barreiras que não valia a pena solucionar (isto é, as soluções eram demasiado dispendiosas para serem implementadas ou não criavam valor suficiente) ou que não podiam ser solucionadas (ou seja, as soluções necessitavam de intervenção judicial ou regulatória).

Após abordar estes três passos de pixelização, a equipa da seguradora de cuidados de saúde eliminou imediatamente 32 passos processuais e identificou mais 18 passos a eliminar nas duas semanas subsequentes. Três meses mais tarde, o tempo necessário para processar os pedidos de reembolsos das faturas médicas do princípio ao fim tinha sido reduzido de oito semanas para 19 dias — o que equivaleu a uma redução de 66% do tempo e dos passos necessários para realizar a tarefa!

REDEFINIR O COMPORTAMENTO

Depois de ter feito o exercício de pixelização que acabámos de descrever, poderá decidir que a sua atual força de trabalho consegue realizar algumas destas tarefas, mas que a equipa tem de mudar o comportamento atual para as levar a cabo. Terá de realizar um exercício de pixelização semelhante para responder às seguintes questões: quais são os velhos comportamentos? Quais são os novos comportamentos necessários para ser bem-sucedido nestas tarefas? E de que modo orientamos a nossa equipa para desenvolver e adotar estes comportamentos de elevado retorno?

Uma das formas de pixelizar comportamentos é começando por definir um objetivo claro. Em primeiro lugar, reúna a sua equipa e pergunte que comportamentos têm de ser demonstrados pela equipa, a título individual e coletivo, para que cumpram essa meta. Poderá não ter consciência de quais são os seus comportamentos atuais, pelo que poderá ser útil trazer um orientador para ajudar a observar comportamentos. Identifique claramente os comportamentos: o velho comportamento era *x*, o novo comportamento é *y*. Em segundo lugar, seja muito específico e pergunte quem tem de mudar a forma como age para que a equipa tenha sucesso. Como é que os membros da equipa se vão motivar uns aos outros para que cada um seja responsabilizado pelos novos comportamentos? Como podem dar *feedback* uns aos outros? Por último, certifique-se de que é a primeira peça a mudar. Ofereça-se para ser a primeira pessoa a descrever o que era o seu comportamento antigo e em que consiste o novo, para que a sua equipa possa moldar o exercício corretamente.

Este processo de pixelização pode parecer aborrecido, mas é um primeiro passo necessário para redefinir a sua força de trabalho. Se seguir a referida metodologia do *workshop* de três passos — «O que é?», «E se?» e «O que funciona?» —, poderá compreender o que cada fluxo de trabalho necessita. Aí, será capaz de decidir como reorganizar as tarefas, perceber que comportamentos de maior valor acrescentado têm de ser desenvolvidos e, posteriormente, alocar os colaboradores certos ao cumprimento adequado dessas tarefas. Em seguida, debruçamo-nos sobre as decisões em torno da força de trabalho adequada.

QUE EQUIPA VAMOS ENVOLVER?

Depois de ter pixelizado as várias tarefas prioritárias a executar no seio da sua equipa e organização, e de as ter dividido em microtarefas, está na altura de decidir quem vai executar o trabalho. Como decidir se deve criar, comprar ou pedir emprestado esse talento? Com esta pergunta, queremos dizer: deve fazer um esforço para desenvolver a equipa internamente, adquirir o talento externamente através de parcerias com fornecedores ou pedir emprestado o talento através de uma plataforma laboral de terceiros?

Para decidir que peças de Lego deve montar para criar a sua equipa, visualize mentalmente dois botões, ou seletores, num rádio de um carro (um autorrádio pré-digital!). Chamamos-lhes *seletores de decisão*.

Figura 7-1. Seletores de decisão sobre a força de trabalho

SELETOR 1: REFORÇO

Humano — Algorítmico

SELETOR 2: EMPREGO

Tradicional — Biscate

SELETOR 3: ECOSSISTEMA

Interno — Externo

Um seletor do lado direito do rádio sintoniza a frequência e o outro botão à esquerda altera o volume. Dependendo da forma como movimenta estes seletores, pode mudar a experiência musical no seu carro: o que ouve e quão alto ouve.

Acreditamos que cada empresa terá de tomar seis decisões no âmbito das suas duas principais dimensões — a força de trabalho e o local de trabalho. As três primeiras decisões concentram-se em *quem* faz o trabalho, que analisaremos nesta secção (Figura 7-1). As outras três focam-se no local *onde* o trabalho é executado, que analisaremos na secção seguinte. A forma como sintoniza cada conjunto de botões determinará a equipa que vai criar e as peças de Lego que irá montar. Cada solução final é única para cada empresa. Não existe uma resposta categórica certa ou errada, mas existe uma solução única para cada conjunto de prioridades estratégicas e para os conjuntos de valores culturais.

Analisemos a forma como Paul Hlivko abordou a sua primeira dimensão da conceção da força de trabalho. Paul é o diretor do departamento de tecnologia e experiência da Wellmark Blue Cross Blue Shield, uma seguradora de cuidados de saúde sediada no Iowa. A Wellmark enfrentou um triplo revés em 2020: surgiu uma pandemia global, um sistema de computadores de um parceiro estratégico ficou *offline* durante semanas e uma forte tempestade de vento — a que se dá o nome de *derecho* por se observar em linha reta, podendo ser tão destrutiva como um tornado — atravessou vários estados e atingiu um dos seus principais mercados. Assim, é natural assumir que a equipa da Wellmark foi bastante atingida em 2020. *Foi* afetada, mas não tanto como outras organizações, porque a equipa de Paul se baseou num modelo laboral misto, em que muitos dos colaboradores da sua equipa não são os tradicionais e trabalham por todo o mundo através de *crowdsourcing* [redes abertas de conhecimento].

Em 2020, a equipa de Paul integrou mais de 150 trabalhadores de redes abertas, localizados em 50 países, através da plataforma de *crowdsourcing* do parceiro TopCoder. Estes trabalhadores *on-demand* ajudaram numa série de tarefas tradicionais de *software*, como a conceção da experiência de utilizador, projeção e desenvolvimento. Mas a equipa de Paul também utilizou a plataforma para identificar talentos difíceis de encontrar, com competências em ciência de dados, que são muito solicitados, independentemente de onde vivem. Esta plataforma pública de trabalho deu à Wellmark não só a vantagem de ter uma equipa distribuída por todo o mundo, a trabalhar 24 horas por dia, como acrescentou uma dose de agilidade para ajudar Paul a equilibrar as solicitações dos seus funcionários quando as suas próprias equipas locais eram perturbadas por acontecimentos locais.

«De todos os desafios de talentos que a Wellmark enfrentou em 2020, a comunidade *online* foi o único modelo de equipa que não teve algum tipo de paralisação», disse Paul. O trabalho em comunidade reforçou a resiliência da empresa, já que a diversidade de localizações, conjunto de competências e talentos nas suas plataformas de *crowdsourcing* reduziram as probabilidades de perturbações da força de trabalho. À semelhança de como os fornecedores de infraestruturas na nuvem — como a Amazon Web Services — reduzem as potenciais falhas tecnológicas através da sua extrema densidade e dos inúmeros centros de dados, as plataformas de trabalho em comunidade podem reduzir os riscos de disrupções laborais, especialmente quando são potenciadas em escala.

As comunidades de talento são uma excelente forma de capacitar uma pessoa internamente e ajudá-la a dar escala ao seu trabalho. Mas, para a Wellmark, não foi uma estratégia de substituição de colaboradores. «Não se trata de alavancar os custos do trabalho, mas sim de termos as melhores mentes da nossa empresa e de todo o mundo para nos ajudarem a apresentar os melhores resultados aos nossos clientes e membros», explicou Paul. Ele definiu como prioridade manter na empresa competências-chave diferenciadoras, como a oferta de uma boa experiência de cliente e toda a infraestrutura digital, de planeamento e da nuvem. Mas Paul também estava convicto de que havia muitas oportunidades para conectar comunidades às suas equipas existentes e acrescentar diversidade de ideias e experiências a essas equipas internas de forma a poderem desenvolver as melhores e mais criativas soluções possíveis. «Desde o início, tratámos as comunidades como uma equipa de serviço partilhado a que qualquer um pode aceder», disse. «Operam como qualquer outra equipa da nossa carteira de serviços partilhados. Até demos um nome de equipa à comunidade, para reforçar essa normalidade e inclusão, para que todos soubessem que a equipa em comunidade era idêntica a uma equipa interna.»

Dentro de cinco anos, Paul espera ter alargado a utilização de plataformas de *crowdsourcing* na Wellmark para disponibilizar talento em vertentes adicionais para lá do desenvolvimento de *software*. Segundo Paul, «Para termos sucesso na nossa estratégia de equipa, temos de continuar a defender uma cultura que se foque em ideias e resultados em torno da forma como as pessoas optam por trabalhar e, ao mesmo tempo, investir nas nossas equipas internas para continuarem a adquirir novas competências, como aprenderem a estabelecer parcerias com talento distribuído. É bom para o desenvolvimento pessoal e para as carreiras dos membros da nossa equipa e é bom para a agilidade e resiliência da empresa.»

Por falar num prazo de cinco anos, qual é o horizonte temporal que está a idealizar para o estado futuro que deseja para a sua força de trabalho? No início deste livro, delineámos uma situação futura desejável para a sua empresa num prazo de cinco anos. Assim, em nome da coerência, os seletores da sua força de trabalho devem refletir este estado final em cinco anos. Para já, não se preocupe com a forma como vai conduzir a sua equipa ou força de trabalho da empresa a esta situação futura. Concentre-se em definir como deve ser a força de trabalho ideal quando alcançar o seu estado futuro desejável dentro de cinco anos — e isso servirá como objetivo para desenvolver um roteiro com vista à transformação da atual força de trabalho, que analisaremos mais à frente neste capítulo.

Uma vez que o futuro do trabalho parece apontar para uma segmentação de tarefas, veremos mais diversidade relativamente ao local onde o trabalho é feito e a quem o leva a cabo, tal como observámos no caso de Paul. Para terem êxito na construção do Lego, os líderes de equipa terão de tomar três decisões vitais. Lembre-se: não existe uma resposta certa única e universal, mas é importante analisar estas questões de forma consciente: como reforçamos os nossos funcionários através da tecnologia? Como aproveitamos ao máximo as pessoas que não trabalham na nossa equipa, departamento, empresa ou indústria? Como otimizamos as relações com parceiros e colaboradores?

SELETOR 1. REFORÇO: HUMANO OU ALGORÍTMICO?

Durante grande parte da última década, Hollywood e Silicon Valley propagaram receios sobre como os robôs e os algoritmos vão tornar obsoletos os postos de trabalho humanos assim que a singularidade chegar. Claro que sabemos que isto não é verdade — pelo menos por enquanto! —, mas há vislumbres de verdade nesse futuro de ficção científica que devemos explorar.

A verdade é que o trabalho, no futuro, será um equilíbrio entre a intervenção humana e tecnologias automatizadas. O futuro do trabalho humano vai depender da criatividade, não da produtividade. O trabalho que é repetitivo, sujo e perigoso vai muito provavelmente ser automatizado através da robótica e algoritmos. O trabalho que exige criatividade superior, resolução de problemas complexos, colaboração, comunicação e inteligência emocional será do domínio dos seres humanos.

Os algoritmos de inteligência artificial desenvolveram-se rapidamente ao longo dos últimos anos, e muitas das tarefas básicas e repetitivas podem agora ser digitalizadas e levadas a cabo por processamento em linguagem natural, aprendizagem automática e outras tecnologias de inteligência artificial. Convidar um especialista nestas tecnologias a juntar-se ao seu Grupo de Trabalho Jedi pode ajudá-lo a decidir que tecnologias algorítmicas existem agora e como podem ajudá-lo de forma realista a aumentar o seu fluxo de trabalho ao longo dos próximos cinco anos, quando alcançar a sua situação futura desejável. Em vez de fazer o trabalho da mesma forma que sempre fez, através da introdução e tratamento de dados, deixe as tecnologias de inteligência artificial reforçarem os seus empreendimentos humanos.

Vinay Nadig ilustra a forma como o modelo homem e máquina funcionam na prática. Incorporar grandes clientes empresariais é um desafio constante para as seguradoras de cuidados de saúde. A conjugação de sistemas jurídicos, atividades manuais e oferta de produtos altamente padronizados coloca um desafio significativo. Muito frequentemente, isto resulta no alongamento no tempo dos ciclos de incorporação, numa qualidade de dados inconsistente e, por último, em atrasos no serviço ao doente enquanto utilizador final. Os pacientes sentem muitas vezes atrasos no preenchimento das receitas, no agendamento dos procedimentos e na obtenção da aprovação de cirurgias.

Nestas situações, recrutar tecnologia de automatização, como inteligência artificial e algoritmos de *software*, para simplificar o processo de integração foi fácil para a seguradora de cuidados de saúde no exemplo dado por Vinay. No entanto, fazer a manutenção de contas estratégicas no mundo altamente complexo das prestações dos seguros de saúde ainda é uma área de elevada sensibilidade. Exige anos de experiência em relacionamento e um conhecimento profundo e capaz de captar *nuances* das necessidades dos clientes e das capacidades internas. Vinay levou a cabo uma iniciativa para desenvolver aquilo a que a sua equipa chamou de *cobôs* — um robô de *software* que colaboraria com um funcionário humano para realizar uma tarefa. Para preparar a entrada dos pedidos dos clientes no sistema central da seguradora, um robô de *software* autónomo era capaz de utilizar algoritmos para automatizar grande parte do processo inicial da entrada de pedidos. Mas, em vez de finalizar os pedidos automaticamente, o robô encaminha um funcionário humano experiente para procurar *nuances* nos pedidos, complexidades e outras situações do género «apanhei-te» que os algoritmos do robô poderão deixar escapar. O robô reduziu as tarefas repetitivas e o trabalho rotineiro, o que se traduziu em poupanças significativas de tempo e trabalho. Também libertou os colaboradores de carne e osso para se dedicarem a funções mais críticas e baseadas no conhecimento e a tarefas mais sensíveis de acompanhamento dos clientes e de satisfação dos mesmos.

Este nível de reforço vai depender das características específicas da sua empresa e indústria. As várias tecnologias de inteligência artificial atualmente disponíveis não foram concebidas para substituir a sua força de trabalho. Em vez disso, a inteligência artificial, enquanto uma peça de Lego da sua força de trabalho, pode acelerar a criação de valor para a sua empresa, já que liberta o seu pessoal para se concentrar no trabalho especializado de maior valor, que exige um nível de competências mais elevado.

Por último, ao avaliar os vários fluxos de trabalho e tarefas que têm de ser realizadas, e ao questionar-se sobre se este trabalho deve ser feito por uma pessoa ou um algoritmo, pergunte-se se há sequer *necessidade* de ser feito. Parte deste processo de pixelização e de reconfiguração da força de trabalho implica certificar-se de que não está a contratar a pessoa certa para fazer o trabalho errado. Dê um passo atrás e questione-se: «Esta tarefa ou unidade precisa mesmo de existir?» Se não precisa, elimine a tarefa e passe à frente.

SELETOR 2. EMPREGO: TRADICIONAL OU BISCATE?

Ao longo de quase 100 anos, desde a Grande Depressão dos anos 30, os governos e os movimentos sindicais de todo o mundo insistiram na garantia do emprego a tempo inteiro como uma forma de criar sociedades mais justas e estáveis. Este contrato social permaneceu estável até à Grande Recessão de 2008, quando a convergência casual das tecnologias do telefone móvel, da conectividade em massa e do desemprego amplamente disseminado levou os cidadãos a agarrarem qualquer biscate para ganharem dinheiro através de pequenas tarefas. Esta nova economia dos biscates — também conhecida como economia colaborativa — acedeu a um poço bastante profundo de ativos subutilizados, desde os quartos privados não utilizados que foram aproveitados para arrendamentos de curta duração em plataformas como o Airbnb, até aos carros particulares que foram aproveitados para serviços de táxi partilhados em redes de transporte como a Uber e a Lyft. Estes trabalhadores ocuparam uma nova categoria laboral de que muitas empresas acabaram por depender como forças de trabalho suplementar. Estes trabalhadores não são funcionários a tempo inteiro e não são os tradicionais consultores contratados em regime de *freelance*. Em vez disso, trabalham em projetos de curto prazo, dependendo do nível de complexidade da tarefa em mãos. O modelo de trabalho em comunidade de Paul Hlivko na Wellmark é um bom exemplo desta economia dependente de biscates.

Antecipamos as tendências tecnológicas que desencadearam a economia colaborativa ao longo da última década para continuarmos a crescer exponencialmente durante os próximos anos. Através dos esforços de empresas como a SpaceX e a Virgin Orbit, grande parte dos Estados Unidos estará conectada *online* através de microssatélites até 2025, oferecendo ligação de Internet de banda estreita a todos os norte-americanos, em ambiente rural ou urbano. Esta conectividade vai aumentar o acesso aos serviços digitais das populações carentes e vai reforçar o desenvolvimento de um mercado laboral totalmente digital onde todos podem trabalhar a partir de qualquer sítio, em qualquer tipo de trabalho à distância e em qualquer função. Outras empresas estão a trabalhar em conectividades de banda estreita similares, via satélite, para o resto do mundo. Consequentemente, será de esperar que haja mais 3 mil milhões de pessoas ligadas *online* até ao final da década de 2020. Agora imagine aceder ao génio cognitivo de qualquer pessoa no planeta para realizar qualquer biscate. É um recurso extraordinário!

Com efeito, há pessoas brilhantes em todo o lado e não apenas junto à sede da sua empresa. Bill Joy, o cofundador da Sun Microsystems, disse certa vez que «as pessoas mais inteligentes trabalham sempre para outra pessoa»[3]. É verdade. As pessoas mais inteligentes não trabalham *todas* na Amazon. Ou na Apple. Ou na Google. Ou na General Motors. Ou em qualquer outra empresa. Trabalham para todo o tipo de empresas de todo o mundo. Os líderes de maior sucesso têm de perceber como aceder à inteligência cognitiva desta força de trabalho distribuída e levar essa inteligência para as suas empresas. E as plataformas de biscates orientadas para a partilha podem ajudar a criar esta adaptabilidade radical para um novo mundo do trabalho.

Estas plataformas surgiram em muitas áreas para conectarem uma força de trabalho distribuída a esta procura mundial por talento. Tornaram-se plataformas de confiança para muitas empresas e segmentos que procuram colaboradores para diversos serviços, desde a mais mundana e simples tarefa, como a inserção de dados, até serviços especializados mais complexos, como contabilidade e direito, e até áreas criativas que exigem um nível de competências mais elevado, como a conceção e o *design*. Entre estas plataformas está a Tongal para a publicidade criativa, a TopCoder para o desenvolvimento de *software*, a Workrise para operações especializadas e trabalho de campo na área da energia, e a Upwork para trabalho geral em regime de *freelance*.

As políticas do governo norte-americano estão a começar a apoiar este ecossistema de biscates e a solidificar este tipo de trabalho na nova economia. Em 2020, a maioria dos cidadãos da Califórnia votou a favor da criação de uma nova categoria laboral para os trabalhadores das plataformas digitais, distinta do trabalho a tempo inteiro e do trabalho independente como *freelancer*. Esta nova política laboral oferece especificamente aos trabalhadores das plataformas digitais um acordo híbrido de benefícios laborais, algures entre o emprego a tempo inteiro e o estatuto de *freelancer*. Tal como já assistimos com muitas inovações que surgiram na Califórnia, provavelmente veremos esta tendência de política laboral prosseguir em todo o país.

Assim sendo, como decide se a sua equipa deve assentar num tradicional modelo de trabalho a tempo inteiro, num modelo de economia colaborativa ou em algo híbrido algures entre os dois? Como afina os seletores de decisão? A resposta vai depender da sua equipa, da sua empresa, da sua indústria e da sua situação futura desejável. Não existe uma única resposta certa, mas apenas uma resposta que é a certa para si.

De facto, sabemos que há algumas respostas *erradas* a evitar. Certamente, qualquer pessoa que seja uma parte vital da vantagem competitiva da sua empresa (quer seja na área dos produtos, cadeia de fornecedores, *marketing* ou outra) deve ser um trabalhador a tempo inteiro para que o leitor consiga direcionar o seu fluxo de trabalho. A título de exemplo, os especialistas importantes para a sua empresa devem ser contratações internas. Eles ajudam a diferenciar o seu negócio da concorrência. Num outro exemplo, as equipas especializadas, incumbidas de encontrar novas vias de inovação para a sua empresa, devem ter totalmente compostas por colaboradores internos, porque vai querer dominar todas as suas energias inovadoras e não deixar que os seus concorrentes obtenham benefícios idênticos com eles.

Que tarefas devem ser desempenhadas por trabalhadores que fazem biscates? Defendemos que qualquer tarefa pode ser selecionada no botão dos biscates se for repetitiva e não essencial para a sua empresa, se não necessitar de instruções constantes sobre a forma como o trabalho é feito e se puder ser realizada por trabalhadores que não precisam de ter conhecimento interno da empresa.

SELETOR 3. ECOSSISTEMA: INTERNO OU EXTERNO?

A inclinação natural de muitas organizações tem sido, historicamente, contratar uma pessoa, quer seja a tempo inteiro quer seja parcial, para levar a cabo uma tarefa em particular. Esta prática continua a ser o modelo predominante da força de trabalho de muitas organizações. Mas não é o único. Além dos biscates realizados por *freelancers*, as empresas também se podem associar a outras organizações para realizar uma série de tarefas. Estas organizações podem ser empresas de pessoal subcontratado, fornecedores de cadeias de abastecimento ou até outros parceiros do ecossistema empresarial.

Veja-se este exemplo de uma empresa industrial que tem uma enorme variação sazonal da procura e que explora como trabalhar com o ecossistema de parceiros para criar uma equipa mais sustentável. Mike Clementi, vice-presidente executivo de Recursos Humanos da Unilever, está a testar a plataforma de partilha de talentos entre os parceiros do ecossistema da empresa. Pela sazonalidade da sua produção, a Unilever enfrenta picos de volume para os quais tem de angariar pessoal — para depois reduzir o seu número. Mas se puder estabelecer parcerias com outras empresas cujas forças de trabalho também são afetadas pela sazonalidade — embora em diferentes alturas do ano —, a Unilever poderá criar postos de trabalho estáveis durante todo o ano para os seus funcionários, que alternam assim entre várias empresas à medida das necessidades e que se requalificam para cada tarefa. Esta abordagem reenquadra a narrativa da redução de custos e do emprego sazonal externalizado numa equipa partilhada mais sustentável cujo impacto se estende a toda a sociedade. «Pense nisto como uma API [interface de programação de aplicações] para o talento», diz Mike. «Pode ligar à API quando necessita dos seus recursos.»

Como decide se determinadas tarefas devem ser executadas interna ou externamente? Esta decisão deve ser orientada pelo nível de controlo necessário para apresentar resultados a um cliente em particular. Se a tarefa depende de outras variáveis geridas internamente, provavelmente essa tarefa não será levada a cabo externamente de forma tão eficiente. Contudo, se a tarefa pode ser feita com um nível mínimo de direção por parte da gestão, ou mesmo nenhum, e se for independente de controlos internos, então trata-se de um bom exemplo de trabalho a ser executado por equipas externas.

Tal como já referimos, e vale a pena repetir, não há uma resposta certa para esta decisão. A configuração certa vai depender da sua empresa em particular. A título de exemplo, uma pequena empresa industrial com receitas de 20 milhões de dólares provavelmente tomará decisões diferentes de uma multinacional de 5 mil milhões de dólares sobre como sintonizar as decisões relativas à equipa. Ambas as decisões são válidas para as suas empresas. A afinação certa vai depender de onde está agora e onde quer estar, dentro de cinco anos, na sua situação futura desejável.

ONDE VAI TRABALHAR A EQUIPA?

Os três seletores de decisão seguintes focam-se no local de trabalho e vão ajudá-lo a determinar onde deve a sua equipa localizar-se e a qual configuração ideal para a realização dos processos e tarefas laborais: no escritório, remotamente, no país, no estrangeiro, em ambientes abertos ou fechados (Figura 7-2).

Veja-se o caso do Igor Institute, uma consultora em engenharia, com 25 pessoas, sediada em Seattle e criada em 2013. O Igor Institute desenha e constrói *hardware* para empresas de eletrónica de consumo e dispositivos médicos, focando-se na liderança de produto e na engenharia mecânica, elétrica e *firmware* [*software* que está instalado diretamente no *hardware* e que tem a função de o controlar]. Os *designers* de *hardware* tendem a ser um grupo extrovertido, que mexe constantemente com brinquedos, e o escritório do Igor Institute é um local divertido, com pianos, tambores e guitarras espalhados pelo espaço, num reflexo da personalidade do fundador.

Figura 7-2. Seletores de decisão sobre o local de trabalho

SELETOR 4: PRESENÇA

Presencial — Remota

SELETOR 5: LOCALIZAÇÃO

No país — No estrangeiro

SELETOR 6: AMBIENTE

Aberto — Fechado

Quando a pandemia chegou aos EUA, em meados de março de 2020, Aren Kaser, o presidente executivo e cofundador do Igor Institute, enviou os membros da sua equipa para casa para se resguardarem e trabalharem remotamente. Nos quatro meses seguintes, a equipa trabalhou a partir de casa através de uma multiplicidade de ferramentas colaborativas *online* e as coisas pareciam estar a funcionar relativamente bem. Contudo, a meio do verão, Aren convocou uma reunião de equipa. Sentiu que alguma coisa não estava bem e que os prazos dos projetos estavam a ficar invulgarmente caóticos.

Atendendo a que a pandemia impossibilitou a colaboração presencial, a resolução de problemas e a troca de ideias virtual demoravam mais tempo. Estas atividades exigiam mais passos e mais tempo e eram assíncronas, em vez de síncronas. Qualquer coisa que normalmente seria fácil de fazer no escritório — como pedir o contributo de um colega, do género, «Olá, como lidarias com este projeto?» ou «Já alguma vez te deparaste com esta situação?» — tornou-se muito mais difícil de discutir através de texto, Messenger ou *e-mail* quando se estava a trabalhar à distância. Neste tipo de ambiente de trabalho, os entraves à comunicação eram maiores — o que era surpreendente, tendo em conta todos os instrumentos de comunicação disponíveis — porque uma pessoa se sentia muito mais vulnerável ao escrever «Preciso de ajuda» e ficar com esse tópico *online* para sempre, do que dizer informalmente a um colega no escritório junto ao dispensador de água: «Não faço ideia de como fazer aquilo; o que é que achas?» Dizê-lo oralmente exige menos compromisso.

Quando a equipa estava a trabalhar colaborativamente, e de forma presencial, o seu objetivo estava claramente focado no sucesso do produto e do cliente. Mas quando as pessoas começaram a trabalhar em casa, o objetivo mudou um pouco e passou a ser a capacidade de resolver os problemas sozinho, sem pedir ajuda. O efeito na empresa foi notório: os projetos de equipa estavam a atrasar-se por causa da lentidão da comunicação. Até mesmo apenas alguns dias de atraso acabavam por resultar numa acumulação de trabalho, o que pressionava a equipa até ao limite dos prazos fixos dados pelos clientes. Isso raramente acontecia quando a equipa trabalhava presencialmente no escritório, antes da pandemia.

Por isso, numa reunião virtual de colaboradores em pleno verão, Aren determinou que os membros da equipa deveriam sentir-se à vontade para telefonarem uns aos outros diariamente, interromper o dia de trabalho dos colegas, forçar o envolvimento, uma vez que é fácil ignorar as mensagens, *e-mails* ou outras ferramentas de comunicação interna. Uma conversa de dois minutos pode poupar um dia inteiro de pesquisa individual. «Temos de estar confortáveis para interromper, por vezes, as pessoas quando estamos a trabalhar virtualmente», disse. No final de 2020, esta pequena mudança na comunicação da equipa ajudou o Igor Institute a aumentar em 32% as receitas anuais, ultrapassando em muito os seus pares num ano que se revelou bastante difícil.

Ao entrar em 2021, Aren antecipou que o contexto pós-covid significaria uma política de trabalho híbrida. Em vez de adotar uma política arbitrária de alguns dias por semana no escritório, a empresa precisava de encontrar uma política que definisse quando era necessário trabalhar no escritório, nas fases de projeto particularmente intensas em termos de colaboração — como a fase 1, de arquitetar, ou a fase 2, de prototipar —, ao passo que outras fases posteriores de execução do projeto poderiam ser executadas virtualmente e com uma necessidade de cooperação menos intensa. Nas fases iniciais de um projeto, era exponencialmente mais poderoso ter os engenheiros seniores de múltiplos ramos numa única sala, já que era esse o negócio da empresa: fabricar coisas que nunca tinham sido criadas e ultrapassar diariamente novos desafios de engenharia.

A lição a retirar do Igor Institute é a necessidade de escolher conscientemente o seu ambiente de trabalho, consoante o tipo de projeto que está a ser elaborado. Se a sua equipa precisa de mexer, colaborar e comunicar, o ambiente ideal é um *open space*, no escritório, ou um espaço de trabalho temporário num local geograficamente conveniente. Se a sua equipa precisa de se concentrar de forma independente, um ambiente de escritório fechado será preferível, possivelmente em casa ou num outro qualquer ponto remoto.

Entre as questões-chave a ter em conta, incluem-se as seguintes: os nossos colaboradores deveriam estar a trabalhar na empresa ou remotamente? E se trabalham à distância, como podemos garantir que interagem virtualmente? Se os nossos funcionários trabalham remotamente, como podemos aproveitar as oportunidades criadas por diferentes fusos horários, diferentes localizações geográficas e custos laborais mais baixos no estrangeiro? Por último, qual é o ambiente ideal para encorajar a produtividade e o bem-estar? É num ambiente aberto, como os escritórios com espaços amplos da era pré-pandemia, ou num ambiente fechado que estimula a concentração profunda?

SELETOR 4. PRESENÇA: PRESENCIAL OU REMOTA?

A história profissional de 2020 foi seguramente a pressão obrigatória de trabalhar a partir de casa (WFH — *work from home*), uma vez que a pandemia de coronavírus encerrou os negócios presenciais em todo o mundo e obrigou as empresas a adotar práticas de trabalho remoto. Ainda não se sabe se o movimento WFH é um pequeno sinal momentâneo na história do trabalho, mas a anterior lógica das empresas de que era necessário estar fisicamente presente mudou definitivamente. Antes da pandemia, apenas uma pequena percentagem de colaboradores a tempo inteiro trabalhava a partir de casa ou remotamente, e faziam-no porque tinham razões pessoais ou familiares para tal. No entanto, a pandemia forçou uma descentralização de todo o trabalho mais intelectual que anteriormente resistia ao trabalho remoto, fosse por razões culturais, técnicas ou organizacionais, e provou que as equipas podiam ser ainda mais inovadoras, colaborativas e produtivas enquanto remotas caso instituíssem algumas das práticas de liderança de elevado retorno que descrevemos na primeira metade do capítulo.

No novo mundo do trabalho pós-pandemia, tornou-se evidente que muitas funções podem, de facto, ser executadas remotamente e que há outras tarefas que têm mesmo de ser realizadas no escritório. Um estudo recente de investigação realizado pela plataforma de biscates independentes Upwork mostra que mais de 36 milhões de norte-americanos irão trabalhar à distância, de forma permanente, até 2025, o que representa perto de 25% de toda a população ativa dos Estados Unidos. A forma como sintoniza os seletores de decisão para o trabalho presencial ou remoto vai depender largamente das circunstâncias, valores e preferências da sua organização. Mas não se trata de uma decisão em que um exclui o outro. Pode ser um regime híbrido.

Além da sua equipa presencial, ter uma equipa parcialmente híbrida ou totalmente remota pode levar a sua organização a explorar a inteligência cognitiva do mundo inteiro, independentemente de onde as pessoas estão localizadas. Pode aumentar a sua flexibilidade para contratar e encontrar a melhor pessoa para a tarefa, quer esteja em Memphis ou em Bombaim. A localização não importa, desde que tenham uma ligação à Internet e possam utilizar ferramentas colaborativas *online* para interagirem de forma eficaz com os seus colegas em trabalho presencial e remoto.

Serão escritos compêndios sobre as melhores práticas para o trabalho híbrido e remoto. Algumas empresas poderão escolher algumas semanas ou dias para horário presencial, encorajando a colaboração e a criação de uma cultura, tal como descrito no exemplo do Igor Institute. Outras escolherão diferentes políticas e prioridades. O nosso objetivo não é ser absolutamente regulamentador, porque diferentes empresas vão ter diferentes necessidades. Antes de decidir onde sintonizar a decisão, recomendamos que identifique as razões *pelas quais* necessita de uma equipa a trabalhar presencialmente e depois compare com os benefícios de operar remotamente. É necessário para a consolidação da equipa? É necessário para as interações ocasionais nos corredores? Ou é porque é essa a forma como sempre funcionou antes da pandemia? Acreditamos que pode encontrar soluções para cada um destes resultados, criando — de forma consciente e objetiva — a estrutura de trabalho híbrida *certa* para a sua organização. A título de exemplo, pode predefinir reuniões virtuais para maximizar a colaboração e inclusão e ter centenas de funcionários envolvidos na inovação, em vez de deixar a dimensão de uma sala física ou o custo de uma grande reunião ditar o número de pessoas que podem participar na inovação ou numa conversa importante. Por outro lado, pode criar eventos presenciais no escritório para alcançar objetivos específicos, como promover as relações pessoais cara a cara, ou agendar encontros de grupo informais. Se for resoluto na criação da sua estrutura de trabalho híbrida, conseguirá maximizar a adaptabilidade radical a nível organizacional através de um modelo híbrido. Neste caso, a chave é ser *resoluto*.

Os benefícios do trabalho remoto e híbrido são reais: podem ajudá-lo a repensar a sua pegada imobiliária, reduzir os custos administrativos gerais e, simultaneamente, aumentar o bem-estar dos colaboradores no seu equilíbrio das responsabilidades pessoais e familiares. Também o pode ajudar a vencer a guerra por talentos num mercado de trabalho altamente competitivo. O prolongar da pandemia — que ainda não terminou — deu a muitos colaboradores o sabor e o gosto do trabalho mais flexível, e muitos não estão dispostos a abrir mão dele e regressar ao modo como as coisas eram antes da pandemia. Se os funcionários são consumidores de empregos — algo que acontece numa economia em crescimento —, então existe um argumento válido para que as estruturas de trabalho híbrido possam ser utilizadas como uma ferramenta para atrair e reter talento. Na realidade, uma estrutura de trabalho híbrido será uma fonte de enorme vantagem competitiva neste novo mundo do trabalho.

Por último, ao olharmos para o futuro, podemos ver que as novas tecnologias — como os sistemas avatar, realidade virtual e aumentada e rede espacial, tal como já referimos anteriormente — vão continuar a evoluir e a tornar a localização física ainda menos importante. Em breve, seremos capazes de potenciar estas novas tecnologias para tornar a colaboração e a comunicação ainda mais eficientes e sem esforço. Os trabalhadores vão exigi-lo. A tecnologia vai permiti-lo. E o mercado de trabalho vai responder. Portanto, está na hora de refletir sobre a forma como pode otimizar este futuro híbrido, porque é inevitável.

SELETOR 5. LOCALIZAÇÃO: NO PAÍS OU NO ESTRANGEIRO?

Poderá decidir que a redução dos custos de trabalho é uma parte crítica da sua vantagem estratégica e que a melhor forma de o fazer será deslocalizar algumas tarefas para o estrangeiro, para locais com uma mão-de-obra mais barata. Ou poderá considerar que ter colaboradores no estrangeiro, em diferentes fusos horários, é algo que lhe dará um dia de trabalho mais longo, mas também uma vantagem face à concorrência, uma vez que os seus funcionários noutro país podem trabalhar enquanto dorme e vice-versa. Deslocalizar tem sido uma forte tendência nas grandes empresas, ao longo das últimas três décadas, já que a globalização reduziu as barreiras ao comércio e as tecnologias informáticas permitiram comunicações globais ininterruptas entre as sedes das empresas e os mercados de trabalho no estrangeiro. É certamente um modelo que veio para ficar. A medida em que a deslocalização do trabalho funciona para si é algo que depende das suas necessidades e objetivos.

Por outro lado, poderá determinar que a sua cadeia de abastecimento é uma parte vital da sua vantagem competitiva e que uma perturbação inesperada a esse nível — tal como foi evidente na pandemia de coronavírus, quando as fronteiras nacionais se fecharam ao comércio — seria devastadora para o seu negócio. A mão-de-obra poderá ser mais barata no estrangeiro, mas o risco, e o custo potencial, para o seu negócio se essa cadeia de fornecedores fosse interrompida anularia o efeito dos custos de trabalho mais baixos no estrangeiro. Portanto, poderá preferir dar prioridade a trazer de volta para solo nacional — ou para próximo da costa do seu mercado interno — os seus parceiros fornecedores mais importantes para minimizar riscos de perturbações.

Tal como nos anteriores seletores de decisão, a escolha entre talentos no país ou no estrangeiro vai depender dos valores da sua organização, circunstâncias e preferências. Na Ferrazzi Greenlight experimentámos, em 2020, deslocalizar parte do nosso trabalho administrativo que toda a gente na empresa detestava fazer. Não tínhamos a certeza se a experiência iria resultar e se os lapsos temporais entre a equipa a tempo inteiro nos Estados Unidos e os funcionários no estrangeiro em regime de *freelancer* iriam complicar o nosso fluxo de trabalho. Mas os resultados surpreenderam-nos agradavelmente. Somos uma pequena empresa, com uma dúzia de trabalhadores a tempo inteiro. Três deles são sócios e ganham cerca de 85 mil dólares por ano. São muito talentosos no seu trabalho e na satisfação dos clientes, mas falharam na realização das necessárias tarefas administrativas, como a inserção ou classificação de dados — talvez porque simplesmente não havia horas suficientes no dia. Ou a tarefa era entediante e queriam dar prioridade ao trabalho de maior valor acrescentado. Decidimos alocar assistentes virtuais no estrangeiro — sediados na Guatemala — a cada um destes colaboradores para lhes reduzir a carga administrativa e lhes libertar tempo para se concentrarem no trabalho de maior valor para o cliente. No final do ano, os três sócios tinham-se tornado mais produtivos do que nunca e criámos trabalho sustentável para três assistentes virtuais no estrangeiro. Uma situação em que todos ganham.

SELETOR 6. AMBIENTE: ABERTO OU FECHADO?

A última consideração sobre onde pode o seu fluxo de trabalho ser levado a cabo é se esse trabalho pode ser mais bem executado num ambiente aberto e colaborativo ou num ambiente fechado e focado. Se o seu trabalho tem de ser feito sincronamente — uma tarefa após a outra — ou necessita de uma coordenação criteriosa, com múltiplos contributos, então um ambiente aberto e colaborativo poderá ser a melhor opção. Em contrapartida, se o seu trabalho pode ser feito de forma autónoma, sem contributos de outros departamentos, ou de modo não linear a qualquer momento, então esta tarefa em particular poderá ser mais adequada a um ambiente mais fechado e focado. Não é uma decisão estritamente binária. Embora algumas funções intelectuais possam ser executadas de forma independente e remota, poderão depender da colaboração presencial de curto prazo com a equipa. Esta colaboração não significa necessariamente encontrarem-se na sede da empresa — pode ser num espaço de *coworking* local ou num escritório temporário com uma localização geográfica conveniente aos membros da equipa.

FAÇA A TRANSIÇÃO

No início deste capítulo, dissemos que não se devia preocupar com a forma *como* muda a composição da sua força de trabalho antes de ter bem definidas estas seis decisões sobre o que é o local de trabalho, quem o faz e onde é executado. Agora está na altura de atravessar essa ponte para a terra prometida. Como avança para essa desejável força de trabalho de peças de Lego? O que deve ter em conta na decisão de como gerir e formar as suas várias equipas e forças de trabalho?

Assim que tiver determinado o posicionamento ideal dos seletores de decisão na sua organização, recomendamos que faça um pequeno teste, a que Mariya Filipova chama de vitória escalável (SWIN — *scalable win*), de modo a validar as suas escolhas perante a realidade das operações do dia-a-dia. Tal como as *start-ups* criam um produto viável mínimo (MVP) para determinar rapidamente se o seu produto ou oferta tem futuro no mercado, uma SWIN tem em conta o estado futuro desejável para a sua força de trabalho e realiza pequenos *testes* direcionados ou estabelece marcos para determinar se esse novo fluxo de trabalho pode de facto ser levado a cabo remotamente, assincronamente ou no estrangeiro. Cada SWIN é concebida para validar uma premissa ou cumprir um requisito para uma adoção em escala. Uma SWIN bem-sucedida revelará logo de início os entraves à sua execução, ou transformar-se-á numa SWIN de maior dimensão e, em última análise, numa implementação faseada. O seu sucesso é medido por um subgrupo do seu Grupo de Trabalho Jedi que avalia esse fluxo de trabalho específico. Uma SWIN pode ser tão mínima quanto receber um telefonema a transmitir a aceitação de um decisor-chave, ou tão ampla como lançar um novo algoritmo para automatizar um processo crítico. O importante é que as SWIN se desenvolvem sucessivamente para o aproximar do resultado desejado.

«Precisávamos de uma forma de evitar a realidade da "morte dos programas-piloto" com que muitas novas ideias se confrontam», disse Mariya, recordando o esforço que foi necessário empreender para passar da fase da escolha — no seletor de decisão — para a implementação dessa mesma escolha. «Algumas SWIN deram lugar a iniciativas que se disseminaram por toda a empresa e nos prepararam para uma bem-sucedida implementação em escala. Outras não descolaram e permitiram-nos aprender rapidamente com isso. Considerámos ambas um sucesso.»

No período em que foi vice-presidente do departamento de inovação, Mariya lançou uma série de SWIN para se aproximar do estado de finalização dos já referidos seletores de decisão. Uma das SWIN resultou no escalar de algoritmos em *call centers*, algoritmos esses que previam quem tinha maiores probabilidades de telefonar — e, em vez de esperarem que isso acontecesse, os operadores ligavam primeiro a esse cliente, de forma proativa, para oferecerem potenciais soluções. Este modelo reforçado de *call center* aumentou os níveis de satisfação de quem telefonava e libertou capacidade para os operadores humanos se ocuparem de questões que exigiam ligações mais complexas, uma empatia mais profunda e soluções criativas.

Assim que tiver sintonizado os seletores de decisão para a sua força de trabalho ideal, terá de começar a avançar nessa direção. Mas a estratégia não vive no vazio. Tal como dizia Peter Drucker, «a cultura come a estratégia ao pequeno-almoço». O que queria dizer é que, independentemente da excelência da sua estratégia, se não implementar um processo de transformação cultural que tenha em conta os fatores humanos dentro da sua empresa, a sua estratégia vai falhar. Tem de incorporar cultura, aprendizagem e desenvolvimento, bem como estruturas de incentivo, para fazer avançar a sua força de trabalho rumo à visão desejada.

Assim sendo, que considerações de capital humano e cultural deve ter em conta à medida que constrói a sua força de trabalho à semelhança de peças de Lego? Embora as particularidades de cada empresa variem de acordo com a dimensão, história, indústria e recursos, queremos apresentar-lhe algumas questões importantes que deve colocar e que ajudarão a orientar a sua equipa para o futuro. Não pretendemos, de maneira alguma, ser exaustivos, já que se escreverão livros em torno de cada uma destas considerações sobre a força de trabalho, mas estas questões são reflexões iniciais que requerem alguma investigação adicional.

COMO TREINAR AS PEÇAS DE LEGO DA FORÇA DE TRABALHO

Os conjuntos de Lego mais complexos têm uma base onde pode encaixar as peças e construir o Lego. Esta base — isto é, a organização da aprendizagem e desenvolvimento (A&D) — é a forma como as várias peças de Lego da sua força de trabalho se encaixam e criam uma base de conhecimento comum em toda a empresa. A pandemia obrigou toda a gente a seguir o caminho do *online* e também obrigou a uma verdadeira democratização da aprendizagem empresarial: todos podem ter acesso a qualquer processo de aprendizagem através da nuvem. Jeff Miller, diretor da empresa de desenvolvimento de liderança SSCA, disse-nos: «A aprendizagem e desenvolvimento está a transformar-se num verdadeiro espaço colaborativo. A A&D do futuro não cria tanto conteúdo quanto era habitual, mas funciona como uma plataforma para facilitar a aprendizagem através da colaboração, conversação e cocriação». A chave é transformar a sua organização de A&D nesta base onde diferentes peças de Lego podem aceder para obter a informação e a ligação de que necessitam para concluir uma tarefa.

À medida que aumenta a velocidade da mudança, a A&D tem de o ajudar a chegar mais rapidamente a este futuro, através de algoritmos de aprendizagem alimentados pela inteligência artificial. «Temos de fazer a transição, deixando de providenciar unicamente uma aprendizagem de competências no momento exato em que são necessárias para passarmos a fornecer uma aprendizagem antecipada de competências», sublinhou Miller. À medida que frequenta mais cursos *online* de desenvolvimento de competências, os sistemas mais eficientes de gestão da aprendizagem farão recomendações sobre o que deve aprender a seguir, da mesma forma que a Netflix e o YouTube fazem recomendações de vídeos. Mas como ninguém aprende exatamente da mesma forma, a aprendizagem baseada em tarefas terá de ser personalizada para acomodar diferentes tipos de personalidade.

Além da formação em competências específicas, as organizações também têm de alargar a natureza multifuncional do desenvolvimento de competências para facilitar a colaboração e comunicação entre as várias peças de Lego. Longe vai o tempo em que os engenheiros precisavam de ter apenas um currículo de engenharia. Hoje, vemo-los a colaborar com criativos e especialistas das áreas funcionais no sentido de redefinirem produtos e experiências para o consumidor final, tal como peças de Lego de diferentes cores se juntam para criar novas estruturas. À medida que o trabalho se torna mais fluido entre as peças de Lego, os líderes de A&D têm de garantir que a sua abordagem à aprendizagem é transversal a toda a plataforma, de modo que as diferentes camadas possam comunicar e colaborar de forma eficaz entre si.

Este modelo de aprendizagem contínua será uma característica de todas as organizações mais bem-sucedidas. No entanto, atendendo a que habitualmente aprendemos mais através da mentoria e de outros métodos informais de aprendizagem com os nossos colegas do que através de uma sala de formação formal, e atendendo a que é mais difícil reunir-se em torno de um dispensador de água virtual do que à volta de um dispensador real no escritório, também tem de conceber, de forma consciente, oportunidades de mentoria e aprendizagem informal. Desta forma, as várias partes da sua força de trabalho Lego podem aceder à base de conhecimento agregado.

COMO AVALIAR O DESEMPENHO DAS PEÇAS DE LEGO

Durante grande parte do último século, as organizações avaliaram o desempenho dos colaboradores de forma regular, por norma de ano a ano ou semestralmente, para determinarem as promoções e salários. Tanto os gestores como os trabalhadores detestam as avaliações de desempenho. Na última década, tornou-se mais habitual, na administração de empresas, proceder a *feedbacks* informais, frequentes e sempre que necessários. A título de exemplo, em 2012, a empresa de *software* Adobe parou completamente com as avaliações anuais de desempenho, sublinhando que eram irrelevantes num mundo laboral ágil que exigia melhorias contínuas.

Tendo em conta a dificuldade em avaliar o desempenho no tradicional mundo do trabalho, como poderá criar um sistema de avaliação e desempenho numa força de trabalho formada por peças de Lego quando as pessoas trabalham em condições, contextos e estruturas de incentivos diferentes? E quando a presença física não equivale à produtividade? Durante a pandemia, o terreno de jogo não era equitativo quando se começou a trabalhar a partir de casa. Alguns trabalhadores tinham crianças para ensinar em casa, outros tinham de ser cuidadores informais, e outros viviam sozinhos e sem distrações. A avaliação de desempenho não podia ser feita da mesma forma — como quando toda a gente marcava diariamente presença no escritório para trabalhar, e em que o trabalho era «visível». Quando o trabalho presencial deixou de ser necessário para a produtividade, o que se revelou importante foram os resultados e o cumprimento dos objetivos de equipa e da empresa.

Os detalhes da avaliação de desempenho irão variar entre as diferentes componentes da força de trabalho Lego e ultrapassam o âmbito deste livro, mas, de um modo geral, a avaliação de desempenho tem de mudar substancialmente, deixando de ser definida pela responsabilização por ações passadas para passar a ter uma visão de futuro — em que se avalia a rapidez com que a sua equipa adquire novas competências para realizar uma nova tarefa. O seu papel, enquanto líder responsável pela criação de uma força de trabalho com diferentes peças de Lego, é garantir que a sua equipa dispõe dos recursos necessários — desde a possibilidade de uma aprendizagem individualizada e mentoria até à existência de canais de comunicação claros — de forma a poder cumprir os objetivos da sua organização, independentemente de onde as pessoas estão fisicamente.

COMO RECONVERTER AS PEÇAS DE LEGO QUE JÁ TEM

Já dispõe de trabalhadores qualificados que, muito possivelmente, trabalham para si a tempo inteiro e que, até à pandemia, provavelmente marcavam presença nas instalações da empresa. Sem uma disrupção radical, é impossível mudar repentinamente o seletor de um extremo para o outro, tal como vimos nos primeiros tempos da pandemia. Por isso, terá de pensar na forma de colocar a sua força de trabalho existente no lugar que pretende que ela esteja. No âmbito desse processo, terá, decididamente, funcionários que vai querer reter, mas que terá de reconverter para novas tarefas e funções que se encaixam na sua nova estratégia. Ao pixelizar as funções existentes em tarefas, tal como descrito no início deste capítulo, será capaz de identificar as competências necessárias para cada trabalho e depois ajudar a sua equipa atual a melhorar as competências e a fazer a transição para essas novas funções. Nem toda a gente vai querer requalificar-se com vista a assumir novas funções e competências; algumas pessoas vão optar por encontrar novas oportunidades noutro sítio. É um aspecto normal de qualquer transição, mas tem de estar preparado para utilizar ao máximo possível a atual equipa.

Veja este exemplo daquilo que queremos dizer. Quando a pandemia surgiu, todas as lojas de retalho foram subitamente encerradas no confinamento inicial, decretado a nível nacional. Os encerramentos afetaram da mesma forma as grandes e as pequenas empresas. Na Patagonia, empresa de vestuário para atividades ao ar livre, a equipa de liderança teve de tomar uma decisão rápida sobre o que fazer com os funcionários, que já não poderiam trabalhar nas lojas por causa do encerramento forçado. Simultaneamente, a empresa começou a registar um enorme aumento do comércio eletrónico e dos pedidos de serviço ao cliente via *online*, pelo que a equipa de liderança tomou a importante decisão de reconverter os vendedores das lojas para trabalharem remotamente, a partir de casa, no atendimento ao cliente *online*. Ao fazê-lo, a Patagonia conseguiu reter os trabalhadores que tinha nos seus estabelecimentos e reconvertê-los para tarefas que eram mais urgentes.

«Aprendemos muito com esta nova forma de trabalhar. Percebemos que, com formação, muitos trabalhadores poderiam melhorar as suas competências. Também ficámos a saber que nem todos os representantes dos serviços ao cliente gostavam das interações presenciais com os mesmos, e muitos parceiros retalhistas preferiam ajudar os clientes pessoalmente», disse-nos Dean Carter, responsável global de Recursos Humanos da Patagonia. Resultado: a Patagonia dispõe agora de uma esfera de funcionários flexíveis, prontos para desempenharem funções onde for preciso: presencialmente nas lojas ou no serviço ao cliente disponibilizado *online*. «Como o nosso negócio é sazonal», explicou Dean, «isto dá-nos um nível de flexibilidade e agilidade que não teria sido possível antes. Podemos salvar postos de trabalho e, ao mesmo tempo, dar aos nossos colegas a oportunidade de trilharem dois caminhos profissionais diferentes, nas lojas e no serviço ao cliente».

A reconversão de competências é particularmente importante em determinadas indústrias e localizações geográficas onde não há um número suficiente de novas pessoas para contratar, pelo que poderá ser vital reconverter aquelas que já tem na empresa. No entanto, há estudos que revelam que a maior parte dos funcionários não ficam satisfeitos com a reconversão se esta não incrementar as suas oportunidades de progressão na carreira ou de melhoria do salário. Uma sondagem global levada a cabo pelo Massachusetts Institute of Technology (MIT) revelou que 74% dos inquiridos consideravam que o desenvolvimento de novas competências é «estrategicamente importante nas suas organizações», mas menos de um terço disse ser recompensado por desenvolver essas novas aptidões. O hiato entre os dois valores expressa-se no desapego dos trabalhadores. A sondagem mostrou que 45% dos trabalhadores gostariam de receber um convite de rescisão por parte do empregador e aplicar as suas competências noutro lado.

Subjacente à capacidade da Patagonia de requalificar as suas equipas está a excecional reputação da empresa como um excelente local para se trabalhar. Além do salário e de todos os benefícios esperados, bem como outras vantagens que distinguem um bom empregador, o objetivo explícito da empresa de «salvar o nosso planeta» incute nos funcionários uma sensação única de pertença e de espírito de equipa, uma convicção de que o seu empregador está empenhado em algo mais vasto do que maximizar lucros. O Capítulo 8 mostra como este tipo de propósitos empresariais, quando sentidos e assumidos por todos os funcionários e acionistas, aumenta a vantagem competitiva da sua empresa para vencer no novo mundo do trabalho.

Perguntas orientadoras

Como competir no novo mundo do trabalho

Que combinação de uma força de trabalho Lego nos dará uma vantagem competitiva duradoura?

O primeiro passo na reconfiguração de uma equipa consiste em pixelizar as funções existentes em tarefas a desempenhar e determinar que fluxos de trabalho merecem atenção e prioridade para um impacto estratégico, financeiro e ao nível do cliente. Uma metodologia de *workshop* em três passos, que passam por perguntar «O que é?», «E se?» e «O que funciona?», pode ajudar os líderes a reavaliarem as premissas da força de trabalho para competir num novo mundo do trabalho.

Como decidimos quem desempenha as funções e como, onde e quando devem ser realizadas no futuro?

As empresas radicalmente adaptáveis alavancam seis seletores de decisão para avaliarem de forma sistemática a maneira como o trabalho é desempenhado, quem o faz e onde é levado a cabo. As novas tecnologias, conjugadas com a experiência do trabalho remoto na pandemia, oferecem novos caminhos para criar uma força de trabalho hiperflexível no futuro. As organizações de maior sucesso vão criar e formar, resolutamente, equipas híbridas para colherem as vantagens dos benefícios do trabalho remoto e do trabalho presencial nas instalações da empresa.

8.

OTIMIZE O SEU PROPÓSITO

Quando o nosso amigo Simon Mulcahy, vice-presidente executivo e responsável pela inovação na Salesforce, soube que o último capítulo deste livro seria dedicado ao propósito organizacional, brincou dizendo que poderia não querer participar no projeto. «O propósito não é uma espécie de reflexão para terminar um livro com uma nota emocional», disse. «Na Salesforce, acreditamos intrinsecamente no propósito. Está em tudo o que fazemos.» A própria palavra *propósito* raramente é discutida na empresa, explicou. «Em vez disso, passamos bastante tempo, logo de início, a alinharmo-nos com os nossos valores fundamentais da verdade, sucesso do cliente, inovação e igualdade. Estes valores moldam cada decisão que tomamos enquanto empresa, equipas e indivíduos.»

Tal como em muitas empresas com as quais trabalhamos na nossa investigação no Instituto Go Forward to Work (GFTW), a ligação fundamental entre o propósito da Salesforce e os seus trabalhadores revelou o poder desse mesmo propósito na rápida obtenção de resultados em 2020. Desde o início da pandemia, a Salesforce rapidamente pôs as mãos à obra para ajudar os governos locais de Rhode Island e da cidade de Nova Iorque a montarem os processos de testagem à covid-19. Antes sequer de alguma empresa ter aperfeiçoado uma vacina contra o coronavírus, já as equipas da Salesforce tinham desenvolvido uma aplicação para a administração de vacinas, a Vaccine Cloud. A empresa também se aliou a vários parceiros empresariais na formação de equipas para ajudar a lançar um produto totalmente novo em tempo recorde: o Work.com, um conjunto de serviços que inclui um centro de comando para a disponibilidade do regresso ao trabalho, mais ferramentas e recursos para o rastreamento de contactos, bem-estar dos colaboradores, gestão das respostas de emergência e ferramentas especiais de gestão da mudança concebidas para ajudar as empresas a coordenar a planificação entre os trabalhadores remotos. Com tantas pequenas empresas, em particular, a lutarem para sobreviver à pandemia, a Salesforce lançou um vasto leque de recursos *online* a que poderiam aceder gratuitamente, sob a insígnia Salesforce Care[1].

Empresas como a Salesforce — com um elevado nível de empenho dos trabalhadores através de um propósito comum partilhado — estavam muito mais bem preparadas do que a maioria das demais para ocupar a posição que os tempos de guerra da pandemia exigiam. A empresa de comércio eletrónico Etsy, tal como a maior parte dos retalhistas *online*, registou subitamente um enorme aumento das encomendas nos primeiros meses da pandemia, em 2020. Contudo, no meio do caos, os funcionários da Etsy viram uma oportunidade única de demonstrar o propósito da sua empresa: «manter a humanidade comercial».

Quando os Centros de Prevenção e Controlo de Doenças dos EUA recomendaram que toda a gente usasse em público máscaras de tecido para abrandar a disseminação da covid-19, os fabricantes de máscaras de todo o mundo lutaram para satisfazer a procura. Bastaram alguns dias para a equipa de liderança da Etsy avançar e demonstrar a agilidade e engenho entre os seus fabricantes de produtos feitos manualmente. Num ápice, a Etsy planeou e lançou uma campanha de fabrico de máscaras entre os 2,8 milhões de vendedores que tinha na sua plataforma, em março de 2020.

Segundo o CEO da Etsy, Josh Silverman, «Fizemos o apelo: "Se tem uma máquina de costura, por favor, comece a fazer máscaras"». As equipas da Etsy criaram um guia, passo a passo, para o fabrico e comercialização de máscaras, que incluía *links* para moldes de costura. A equipa de informática reconverteu os seus motores de busca para evitar que surgissem máscaras de Halloween e máscaras faciais de cosmética. A Etsy disponibilizou também uma linha de apoio direta para os seus 700 maiores vendedores de máscaras e esforçou-se para confirmar a sua capacidade de produzir e expedir.

Práticas de elevado retorno para competir no novo mundo do trabalho

1. **Faça parcerias para explorar o propósito da sua organização.**
2. **Promova a apropriação do propósito.**
3. **Estabeleça um rumo para a adaptabilidade radical orientado pelo propósito.**

A Etsy sustentou os seus esforços ao fornecer anúncios gratuitos aos vendedores de máscaras. Também abriu mão de 5 milhões de dólares em receitas publicitárias, criou um período de carência para os vendedores que não conseguiam pagar as suas faturas a horas e suspendeu as ações executivas ao nível dos serviços. A Etsy elaborou um guia de sobrevivência da pandemia para todos os seus vendedores e fez pressão junto dos seus contactos no governo norte-americano para garantir que qualquer legislação de apoio financeiro incluía os empresários em nome individual que formam o âmago da sua comunidade de vendedores (97% dos vendedores da Etsy trabalham a partir de casa e 81% são mulheres)[2].

Em poucos dias, havia 20 mil novos vendedores da Etsy a produzir máscaras. Duas semanas mais tarde, o número saltou para 60 mil. A Etsy vendeu 133 milhões de dólares em máscaras em abril de 2020 e conquistou 12 milhões de novos compradores[3].

O propósito da Etsy, de «manter a humanidade comercial», impulsionou a velocidade e minúcia da sua resposta à pandemia. Ajudar estas modestas empresas domiciliares a vencerem é algo que está no âmago do propósito da Etsy. É também assim que a empresa cresce e ganha dinheiro. Os dois objetivos estão alinhados, porque a Etsy não ganha dinheiro a não ser que os seus vendedores o ganhem também.

Para empresas como a Salesforce e a Etsy mobilizarem todos os seus *stakeholders*, dentro e fora da organização, o seu propósito tinha de ser assumido e conduzido como um movimento social por todos os que integravam essas empresas. É uma lição que Keith aprendeu há alguns anos com o seu grande amigo, o falecido Tony Hsieh, e essa lição assumiu uma nova repercussão no novo mundo do trabalho, através de conversas com Susan Sobbott, ex-presidente do departamento de serviços comerciais globais da American Express, e Hubert Joly, antigo CEO da Best Buy, membros do corpo docente do Instituto GFTW.

No *best-seller De Excelente a Líder*, de 1994, Jim Collins e Jerry Porras aclamaram o tipo de empresa visionária «que existe com um propósito que vai além de apenas fazer dinheiro, que supera o teste do tempo em virtude da capacidade de se renovar continuamente a partir de dentro». Os autores davam como exemplos a Johnson & Johnson, com o seu propósito de «aliviar a dor e o sofrimento», e a Disney, cujo propósito é «usar a nossa imaginação para levar felicidade a milhões»[4]. Ter um propósito sólido e persistente foi o que levou a que estas e outras grandes empresas sobrevivessem ao longo de décadas de mudanças estratégicas e frequentes disrupções nas indústrias em que operam.

A importância do propósito nunca foi tão relevante como agora. É mais fácil lidar com as mudanças rápidas e a execução hábil exigidas pela mudança disruptiva quando os seus trabalhadores estão empenhados e se sentem inspirados pelo seu entendimento partilhado do propósito da empresa. A mudança está a ocorrer a um ritmo tão veloz que poderá haver momentos em que o propósito é o único ponto de referência mais fiável da sua empresa, o seu porto de abrigo numa tempestade.

Não se iluda: todos os aspectos da adaptabilidade radical exigem mudanças no comportamento e atitudes que vão provocar dúvidas dentro da organização relativamente ao *porquê*. Porquê a mudança? Porquê *estas* mudanças? Porquê agora? Porquê dar-me ao trabalho? Sem um propósito superior e unificador que funcione como o seu *porquê*, todas as iniciativas no sentido da adaptabilidade radical correm o risco de se afogar na maré diária do hábito e da inércia.

Por outro lado, se for capaz de ativar o propósito da sua empresa como um *movimento* entre todos os seus *stakeholders*, o seu propósito pode funcionar como uma força multiplicadora para a adaptabilidade radical. O propósito pode funcionar como um filtro para as prioridades e tomada de decisões, uma cola que une as várias partes da organização e um íman para recrutar trabalhadores, conquistar novos clientes e estabelecer novas parcerias comerciais. Para as empresas que comunicam um propósito autêntico de uma forma séria e consistente, este provou ser um motor de contínua mudança transformadora.

A razão para tal está profundamente enraizada na natureza humana. Somos criaturas inerentemente tribais. Adaptamo-nos à mudança mais depressa quando estamos motivados — em grupos coesos — por um propósito partilhado que nos dá um convincente *porquê*. Quando se trata de inspirar mudanças fundamentais nas convicções e comportamentos, a Weight Watchers, os programas de 12 passos e os grupos religiosos estão entre as organizações com registos de sucesso sem precedentes. Todas elas se baseiam na nossa necessidade inata de coesão tribal e pertença para orientarem os nossos comportamentos no sentido de um propósito idealizado e comummente valorizado.

Houve tempos em que ter uma missão partilhada era suficiente para conduzir a mudança organizacional. Os trabalhadores podiam agregar-se em torno do seu desejo coletivo de ser a maior ou a melhor. Mas as missões estão mais associadas ao como — e não ao porquê. E estão também limitadas pelas mudanças nas condições de mercado. No novo mundo do trabalho, a mudança acontece demasiado depressa para que dependa da sua missão como força unificadora. Um produto novo de uma *start-up* bem financiada pode tornar a sua missão impossível já amanhã. Em alternativa, precisa de um propósito que transcenda as incertezas do mercado, que transcenda o próprio tempo. O seu propósito deverá funcionar como o porquê que determina, a longo prazo, quais as novas missões que a sua empresa deve levar a cabo e quais são as missões atuais que estão a perder relevância e devem ser abandonadas.

«O propósito consiste em ter um impacto que o transcende, fora dos próprios lucros da empresa», disse Susan Sobbott. No período em que esteve na American Express, Susan recordava às pessoas da unidade que liderava que o seu verdadeiro propósito era ajudar as pequenas empresas a terem sucesso.

«Sugeri que poderíamos mudar as vidas de milhões de clientes, e que esses clientes poderiam mudar as suas comunidades e a economia através do nosso trabalho conjunto como equipa», recordou. «Foi como ligar um interruptor. Começámos a ver a motivação e o trabalho de equipa aumentarem significativamente porque tínhamos um propósito mais elevado.»

Nessa altura, o objetivo de Susan era atingir uma taxa de crescimento de 15% e uma redução de custos de 20%. Estas metas eram de importância vital, mas a gestão por objetivos carece de poder para motivar ou desencadear a inovação.

«Para ser honesta, nem eu me sentia motivada com isso», disse. Em contrapartida, a intenção aspiracional do propósito maior da unidade — mudar vidas e comunidades — ajudou a que todos permanecessem cientes daquilo que estavam efetivamente a proporcionar aos clientes da American Express. «Esse propósito levou-nos a alcançar os números pretendidos», concluiu Susan. «O nosso crescimento, em vez de ser a finalidade, foi o resultado.»

Quando os líderes comunicam desta forma o propósito da empresa, todas as conquistas podem ser vistas através das lentes do impacto junto dos clientes. A título de exemplo, o propósito da Starbucks é «inspirar e alimentar o espírito humano». Esse propósito, que expressa um compromisso de servir os clientes para lá do próprio interesse imediato da empresa, tem provado ser essencial na sua rentabilidade a longo prazo.

Tal como o exemplo da American Express demonstra, a importância do propósito vai muito além do posicionamento da marca como produto de consumo. Em qualquer tipo de organização, incluindo as empresas que só fazem negócio com outras empresas (B2B [*business-to-business*]), o propósito privilegia a preservação de relações de longo prazo — com os clientes, vendedores, investidores, com todo o mundo à sua volta. O propósito pode também funcionar como a luz que nos guia e que protege a sua organização de fazer movimentos de curto prazo que possam ameaçar essas relações.

Susan Sobbott enfrentou uma dessas ameaças durante a crise financeira de 2008. Quando alguns dos 7 milhões de pequenas empresas clientes da American Express começaram a atrasar os pagamentos, a instituição financeira respondeu com uma redução transversal dos limites de crédito, mesmo para os seus melhores clientes com um excelente historial de pagamentos.

Os clientes reagiram com uma sensação de traição e um sentimento de raiva. «Durante anos dissemos-lhes que "ser membro tem os seus privilégios" e eles acreditaram em nós», recordou Susan. «Entretanto, por culpa dos nossos próprios receios, estávamos a encarar os nossos clientes como o inimigo. Estávamos a privá-los de crédito quando mais precisavam dele.»

Susan liderou a mudança dentro da empresa para desfazer os estragos: «Tive de regressar ao nosso propósito e perguntar: como poderemos estar à altura da nossa vontade de ajudar as empresas a prosperar?». «Tivemos de pensar nos clientes, não em nós, e encontrar os interesses comuns dos nossos clientes, trabalhadores, empresa e acionistas.»

Susan persuadiu os seus colegas a refinarem os modelos informáticos da empresa, de modo que apenas os clientes de maior risco tivessem uma redução das linhas de crédito. Para esses foi instituído um processo de recurso, e aos gestores foi dado poder para negociarem com os clientes e abrirem exceções quando possível. Relativamente aos outros clientes que não tinham capacidade para pagar atempadamente, a equipa desenvolveu sistemas para modificar as datas de pagamento e reduzir as taxas.

Impulsionada pelo seu propósito de «ajudar as pequenas empresas a fazerem mais negócio», a American Express inovou ao dar poder aos seus trabalhadores. As pequenas empresas clientes reembolsaram a American Express com a sua lealdade. Susan frisou que a American Express foi a primeira no seu sector a recuperar da crise financeira de 2008 e a regressar ao crescimento, tendo sofrido o nível mais baixo de perdas entre os seus concorrentes.

«Tínhamos de pensar além da nossa sobrevivência e refletir sobre o legado da marca American Express», explicou. «Fomos capazes de conjugar interesses com os nossos clientes e avançar com o nosso propósito, ajudando-nos a olhar para o longo prazo. Os nossos clientes confiavam que tínhamos em conta os seus interesses, e tínhamos de estar à altura dessa promessa para manter a sua lealdade.»

As pessoas têm de estabelecer uma ligação direta emocional com o propósito da empresa, de modo que esse propósito inspire a mudança. Infelizmente, poucas empresas reconhecem esta necessidade, razão pela qual tantos movimentos de mudança no local de trabalho falham. A mudança é anunciada, as pessoas não sentem qualquer ligação, veem outros a ignorá-la e a apatia instala-se. Dificilmente a adaptabilidade radical vai aterrar solidamente entre as fileiras da equipa de liderança e mais além se as pessoas não *sentirem* pessoalmente o propósito subjacente a cada uma das metodologias que descrevemos.

O propósito é a forma como todas as práticas de elevado retorno da adaptabilidade radical cumprem a sua máxima expressão e realização. O segredo para implementar integralmente a adaptabilidade radical está em envolver as pessoas da sua equipa e de toda a organização numa otimização do propósito da empresa. Isto pode significar que ou renova o propósito existente da empresa ou explora uma nova declaração de um propósito. Este capítulo descreve as práticas de elevado retorno no sentido de otimizar o seu propósito através de três passos: formar equipas de aliados para explorar o seu propósito, promover — entre todos os membros da equipa — o sentimento de pertença individual face ao propósito e, por último, estabelecer um rumo de longo prazo movido pelo propósito para a adaptabilidade radical.

Ao longo de todo o caminho, o processo de otimização do propósito da empresa irá revelar quais os membros da sua equipa que estabelecem uma ligação mais profunda com as mudanças que o propósito inspira. Se conseguir reconhecer precocemente estes elementos da equipa e apoiá-los devidamente, eles demonstrarão ser os defensores da adaptabilidade radical. A partir da colaboração e agilidade, passando pela inovação do modelo de negócio e reconfiguração da força de trabalho, estas pessoas serão os agentes mais fiáveis da mudança no novo mundo do trabalho.

FAÇA PARCERIAS PARA EXPLORAR O PROPÓSITO DA SUA ORGANIZAÇÃO

Pode confiar em todas as práticas de elevado retorno para a colaboração, incluindo a formação de equipas de aliados, o *crowdsourcing* e a resolução colaborativa de problemas (RCP) para garantir que o propósito da sua empresa é otimizado e cocriado por tantos *stakeholders* quanto possível. Antes de mais, o processo dar-lhes-á a todos uma maior participação no resultado e um investimento mais profundo na mudança que o novo propósito representa. Um outro benefício essencial da formação de equipas de aliados para otimizar o propósito é que o processo revela os *stakeholders* mais empolgados e empenhados no novo rumo da empresa. Essas são pessoas com as quais tem de contar enquanto equipa de vanguarda da empresa para a mudança radicalmente adaptável.

Salim Ismail, autor do livro *Exponential Organizations*, diz que um só fundador de uma *start-up* pode começar a atrair investidores e trabalhadores que pensam da mesma forma ao apresentar o propósito transformador em massa (PTM) da *start-up* — que irá definir o rumo futuro da mesma[5]. As empresas estabelecidas, de todas as dimensões, podem aceder à mesma fonte de poder aspiracional, diz Salim Ismail, ao extrapolarem um propósito a partir da atual missão da empresa. A gigante dos bens de consumo Unilever é agora orientada por um propósito maior, que teria sido inimaginável aquando da sua fundação em 1929: «Fazer da vida sustentável um lugar-comum».

É uma questão de identificar o porquê subjacente ao seu como. A mudança do propósito da Microsoft é disso um bom exemplo. O propósito original da empresa, declarado por Bill Gates, sempre tinha sido «um PC em cada secretária e em cada casa, a funcionar com *software* da Microsoft». Em 2014, quando Satya Nadella assumiu o cargo de presidente executivo, estabeleceu um propósito muito mais aspiracional e duradouro para a Microsoft: «capacitar todas as pessoas e organizações do planeta para irem mais além». Este propósito, ao não estar limitado por categorias de produtos ou condições de mercado, ajudou a Microsoft a concentrar-se na sua transformação constante.

Em maio de 2016, a Microsoft abandonou o seu negócio de telemóveis e cancelou o investimento total de 7 mil milhões de dólares nesta categoria. Um mês mais tarde, a Microsoft comprou o LinkedIn por 26,2 mil milhões de dólares. Para as centenas de milhares de colaboradores da Microsoft, parceiros e outras partes interessadas, ambas as opções foram completamente compreensíveis e alinhadas com o propósito explícito da Microsoft de «capacitar pessoas». Durante anos, a Microsoft não tinha capacitado ninguém no negócio dos telemóveis, onde foi durante muito tempo um interveniente de nicho com perspetivas limitadas de crescimento futuro e lucro. Em contrapartida, integrar a vasta base de utilizadores do LinkedIn com o leque de ferramentas de *software* da Microsoft poderia ser bastante empoderador para muitos milhões de pessoas — e potencialmente muito lucrativo.

Se a sua empresa já tem uma reconhecida declaração de propósito, avalie de que forma a otimização do seu significado poderá fazer dele um autêntico motor da mudança. Susan Sobbott recomenda que inicie o processo com a avaliação da forma como a empresa vive o seu propósito. É óbvio em todas as ações levadas a cabo pelos líderes, bem como nas suas políticas, processos e planos? Recorra à resolução colaborativa de problemas para avaliar até que ponto o propósito está a comandar e a motivar a inovação. Toda a gente na empresa sabe enunciá-lo? Todos percebem os valores e princípios subjacentes? Sabem dizer como é que as decisões são tomadas relativamente a esses valores e princípios?

Encontrará algumas pistas para as respostas através das práticas de elevado retorno da adaptabilidade radical. Como é manifestado o propósito da empresa através da cultura atual de colaboração e inclusão? Através da agilidade? Através do apoio à resiliência dos trabalhadores? O propósito está presente nas suas abordagens de antecipação? E no que diz respeito à inovação empresarial e ao desenvolvimento da força de trabalho? As suas estratégias nestas áreas são conduzidas por uma visão de longo prazo, ou são mais táticas e transitórias? O propósito deve ser essencial para os seus esforços de antecipação. Se o propósito da sua empresa está desgarrado das suas escolhas estratégicas, como é que todas as equipas da empresa podem unir esforços orientados para o futuro?

Na tentativa de otimizar o seu propósito maior, provavelmente vai descobrir os primeiros frutos entre as suas atividades filantrópicas, de sustentabilidade, de comunidade e diversidade. Estas são as áreas em que já é expectável que pense e aja para lá das preocupações imediatas do lucro. Observe que atividades inspiram os níveis mais elevados de energia, concretização e paixão dentro da organização. Quais são os temas comuns revelados por estas atividades? Se geram níveis elevados de empenho entre os colaboradores, poderão apontar na direção do verdadeiro propósito da sua empresa.

Esta abordagem no sentido de definir o propósito é especialmente útil para as empresas B2B, que não vão buscar o propósito à identidade das marcas de consumo da forma que a Johnson & Johnson, Disney e Microsoft o fazem. A título de exemplo, a maior fabricante de materiais para telhados na América do Norte, a GAF, tem o seguinte propósito: «Protegemos o mais importante.» A empresa demonstra o seu propósito ao doar materiais, tempo e competências em zonas de recuperação de calamidades e em comunidades onde tem instalações.

«Estará a encontrar a sua humanidade nestes processos», diz Susan Sobbott. «Assim que descobrir a forma como já está a ter impacto nas pessoas no seu mundo, o caminho torna-se mais claro no sentido de traduzir essas ações para o seu propósito.» Susan recomenda um exercício intelectual não diferente da premissa do filme *Do Céu Caiu uma Estrela*: tente imaginar como seria o mundo se a sua empresa não existisse. Esse vazio deixado pela ausência da sua empresa reflete sensivelmente os moldes do verdadeiro propósito da sua empresa. De acordo com Susan, «a pessoa que é no seu melhor dia, altura em que está mais orgulhosa dos seus esforços, é um caminho bastante claro para o seu "porquê". Isto porque a sua ligação emocional e orgulho resultam mais do impacto que exerce do que de números.»

Através do *crowdsourcing* e da resolução colaborativa de problemas, pode envolver nestas questões os seus trabalhadores e todas as outras partes interessadas. Se tem uma declaração do propósito, eles compreendem-na? Se não tem, pergunte-lhes o que é que na empresa é para eles motivo de orgulho. Susan recomenda que questione a sua equipa. O que adoram contar à família e amigos sobre a empresa? Quando é que acham que a empresa está no seu melhor? O que gostariam que fizesse mais? Pergunte-lhes sobre o que mais os apaixona nas suas vidas, tanto no trabalho como além dele. Envolva todas as pessoas que conhecem melhor a sua empresa: trabalhadores, clientes, vendedores, fornecedores — todos os *stakeholders*. Envolva-os a todos no processo, logo de início, porque no futuro irão tornar-se, inevitavelmente, emissários do seu propósito.

Através da resolução colaborativa de problemas, pergunte a todos os trabalhadores o que ouvem dos clientes. Como fazemos os nossos clientes sentir-se? Como estamos a fazer a diferença nas suas vidas, empresas e comunidades? Estas são questões importantes. Se muitos dos seus trabalhadores tiverem dificuldade em imaginar que diferença estão a fazer na vida de outros, isso é simultaneamente um problema e uma oportunidade. A maior parte das pessoas tem dificuldade em vingar em empregos que não têm um significado e propósito. Se a sua empresa tem passado bem sem um propósito, então procure encontrar um, pois isso poderá significar um salto quântico no envolvimento e produtividade dos trabalhadores.

Vá diretamente aos seus clientes. Susan recomenda que identifique cerca de 20 clientes ideais e lhes faça perguntas similares. Para tal, poderá formar grupos para levarem a cabo exercícios RCP. Pergunte--lhes em que medida é que a sua empresa faz a diferença para eles. O que dizem que poderia ser o propósito da sua empresa? Porque o preferem a si em detrimento de outras empresas? O que fariam se a sua empresa não existisse? Faça estas mesmas perguntas a todos os que considere serem partes interessadas importantes, incluindo parceiros estratégicos, vendedores, fornecedores, beneficiários das ações de filantropia da sua empresa e membros da comunidade nos locais onde tem operações.

Ao recorrer à resolução colaborativa de problemas e às salas de grupo desta forma, poderá agregar reflexões e sensações de todos os *stakeholders*. Inevitavelmente, surgirão áreas de convergência. Consegue ver um consenso generalizado sobre a forma como a sua empresa gera maior impacto na vida dos outros? E sobre as áreas onde a sua empresa suscita maior paixão e lealdade? Existe alguma atividade na qual a sua empresa seja considerada essencial e insubstituível? Em seguida, explore a forma como estas observações se alinham com os seus resultados financeiros. Está a obter os seus rendimentos através dos produtos e serviços que geram as maiores paixões? Estas categorias que inspiram as maiores paixões poderão ser a fonte da vantagem competitiva e o nicho de atração da sua empresa?

Veja-se como o empenho da Etsy nos produtos feitos à mão é o que a distingue até dos retalhistas da área do comércio eletrónico. O propósito de «manter a humanidade comercial» é muito mais do que uma noção atrativa que faz os trabalhadores sentirem-se bem nos seus empregos. O propósito da Etsy é a fonte da sua persistente vantagem competitiva. Enquanto a equipa de liderança da Etsy estiver incondicionalmente empenhada em manter a humanidade no comércio, continuará a dominar o seu nicho multimilionário no comércio eletrónico. Ao manter as receitas e o propósito alinhados, os salutares lucros da Etsy serão um dos muitos possíveis resultados da empresa decorrentes da busca por um propósito maior.

PROMOVA A APROPRIAÇÃO DO PROPÓSITO

Identificar um propósito para a organização leva tempo. Quando Hubert Joly, membro do corpo docente do Instituto GFTW, estava a liderar o processo de recuperação da Best Buy em 2010, a empresa levou dois anos a chegar à formulação correta daquilo a que a Best Buy acabou por considerar o seu nobre propósito: «Enriquecer a vida dos nossos clientes através da tecnologia»[6].

Hubert diz que este propósito foi concebido para continuar a instar a Best Buy a ser sempre a melhor versão de si mesma. «Daqui de 20 anos», escreve ele no seu livro intitulado *The Heart of Business*, «enriquecer a vida dos clientes através da tecnologia ainda será relevante — mesmo que as televisões e os computadores deixem de existir»[7].

O primeiro desafio colocado por um novo propósito deste tipo está em como fazer dele uma realidade concreta e relevante para todas as partes interessadas. Como pode a empresa manifestar o seu propósito? Como pode o propósito ser expresso e demonstrado em ação, de modo que os *stakeholders* possam reconhecer a natureza da mudança, unir-se e cocriar com uma verdadeira paixão tribal?

No caso da Best Buy, os gestores de topo lutaram para encontrar uma forma de as suas centenas de milhares de empregados de loja conseguirem que os clientes estabelecessem uma ligação com o propósito da empresa. Como é que todos estes trabalhadores teriam de se comportar de modo que a nova promessa da Best Buy de enriquecer a vida dos clientes realmente chegasse a eles?

«Se a Best Buy fosse uma pessoa, como é que ela ou ele se comportaria?», recorda-se Hubert de ter questionado. «Qual o nosso aspecto quando estamos no nosso melhor?» A empresa levou a cabo uma série de *workshops* em 2017 com os gestores de loja e outros elementos envolvidos na gestão que tinham um contacto próximo com os clientes. Com o decorrer do tempo, concluíram que os clientes quereriam que o empregado da Best Buy fosse uma espécie de «amigo inspirador», alguém que soubesse mais de tecnologia do que eles e que os ajudasse a compreender o que melhor se encaixaria nas suas necessidades e orçamento.

Como pode o leitor formar os empregados de loja para transmitir essa mensagem? Não forma. Não consegue. Para que mudanças deste tipo se enraízem e cresçam, as pessoas têm de se sentir pessoalmente inspiradas. Cada uma delas tem de se sentir desafiada a encontrar um significado pessoal na mudança. É isso que as motivará a ir mais longe, em conjunto com os membros de equipa, e a melhorar o desempenho coletivo, cada um pelas suas próprias razões.

Às 7h30 da manhã, num sábado de 2017, os funcionários da Best Buy, das lojas de todo o país, reuniram-se durante duas horas para analisar quais os tipos de comportamentos que poderiam transmitir aos clientes a sensação de «amigo inspirador». Esta não era uma formação de vendas com um guião escrito e propostas de valor. Em vez disso, foi pedido aos empregados de loja que descrevessem o que significava para eles a amizade: «Que amigo mais admira? De que forma é que esse amigo o inspira? É esse o tipo de inspiração que vai proporcionar aos seus clientes.»

O próprio Hubert participou numa das sessões de formação em Nova Iorque e falou sobre as razões que o levavam a admirar a energia e a generosidade do seu irmão mais velho. Também ouviu uma das empregadas de loja a contar a sua história dos tempos em que tinha sido temporariamente uma sem-abrigo depois de se ter separado de um namorado violento. Os seus colegas na Best Buy ajudaram-na a superar este período difícil com carinho e atenção e a sua amizade inspirou-a.

Todos na Best Buy, incluindo os membros do conselho de administração, participaram nestes *workshops* e partilharam, nesta humilde introspeção, o que era para eles o verdadeiro significado da amizade. «Amigo inspirador» tornou-se a nova expectativa de comportamento em toda a empresa. Foi desta forma que o propósito da Best Buy teve impacto em todas as relações da empresa. Quando a empresa lançou uma campanha de *marketing*, na primavera de 2018, a nova máxima «Vamos falar do que é possível» foi pensada no sentido de levar os clientes a interagir com os empregados da Best Buy como amigos inspiradores. A nova campanha era o convite da empresa para visitar as suas lojas e estabelecer uma ligação com os seus funcionários e o seu propósito.

A Best Buy fez muitas coisas certas para gerar esta mudança global na empresa. Passo a passo, transformou o conceito de amigo inspirador num movimento enraizado em toda a organização. Atendendo a que a ideia do amigo inspirador estava relacionada com um propósito muito maior de enriquecer a vida dos clientes, a nova campanha de *marketing* da Best Buy tinha o poder de tocar o coração dos empregados de loja. Focava a atenção na importância de serem úteis, terem empatia por aqueles que sabem menos do que eles e, subtilmente, deu-lhes uma sensação de estatuto: «É um amigo inspirador para os nossos clientes. Estão a contar consigo graças ao seu conhecimento e experiência.»

É fácil esquecer que qualquer pessoa, em qualquer nível de uma organização, tem um apetite infindável pela realização pessoal. Enquanto líderes, quando conseguimos acoplar a promessa de satisfação pessoal às mudanças de que a organização necessita, a simples força da natureza humana ajudará a acelerar o ritmo da transformação. Manter a mudança como um movimento exige que os líderes mostrem que se preocupam o suficiente para os próprios participarem, partilhando também os seus próprios percursos falíveis e humildes. A mudança tem de ser um constante diálogo de duas vias nesta base aberta e vulnerável. Quando os líderes revelam humildade e dão mostras de que procuram de forma ativa o crescimento pessoal e a mudança, inspiram os membros da sua equipa a terem maior disponibilidade para confrontarem os próprios desafios perante a mudança.

Quando a Ferrazzi Greenlight foi envolvida num grande projeto de mudança transformadora na GM, o presidente regional de então participou diretamente nos *workshops*, à semelhança do que aconteceu na Best Buy. Partilhou o seu percurso pessoal com gestores de vendas distritais, a ponto de dizer no que acreditava ter de se focar para se transformar no líder que pretendia ser para tornar a transformação possível. Ao revelar a sua vulnerabilidade e humildade àquela comunidade, reforçou o ponto de que todos, do topo à base, estavam juntos naquela difícil viagem de mudança.

Os movimentos de mudança bem-sucedidos tornam-se autossustentados quando incentivam os comportamentos de criação de espírito de equipa mais diretamente relacionados com o nosso sentido tribal de pertença: disposição, franqueza, humildade e compromisso entre pares, só para enunciar alguns. Sempre que a mudança é bem-sucedida na libertação de novo valor, esse valor é concretizado a este nível dentro da organização, por entre relações interpessoais e interdependências que definem o tom de um trabalho de equipa eficaz. Estes comportamentos são, nitidamente, os mais difíceis de influenciar pelos líderes.

É simplesmente impossível incuti-los sem um envolvimento pessoal com o propósito.

As pessoas desconfiam, naturalmente, da mudança. Quando são introduzidas mudanças motivadas pela missão ou pelas vendas, muitas vezes as pessoas são instruídas a abandonar os comportamentos com que estão familiarizadas e nos quais já são experientes, e a adotar novos métodos desconhecidos e talvez pouco atrativos. Até mesmo com incentivos financeiros, as mudanças táticas, se desfasadas do propósito, raramente são capazes de manter um verdadeiro empenho dos trabalhadores. É uma das muitas razões pelas quais os estudos mostram que menos de 30% das mudanças são bem-sucedidas. Em contrapartida, a mudança motivada pelo propósito nunca tem de menosprezar os velhos hábitos por serem maus ou errados. Em vez disso, envolve os trabalhadores, ao associar a mudança ao seu próprio crescimento pessoal e à progressão na carreira.

Os empregados de loja da Best Buy foram apresentados ao conceito de amigo inspirador como um motivo de celebração. A empresa estava na ponta da cauda de um processo de recuperação longo e difícil que tinha começado em 2012. A abordagem do amigo inspirador marcou um novo capítulo empolgante na história da empresa, que prometia amplas oportunidades para os empregados de loja aprenderem e crescerem, tanto pessoal como profissionalmente.

Tornar as pessoas abertas à mudança é, simultaneamente, uma arte e uma ciência. Exige que se criem ambientes de trabalho que tornem a mudança convidativa, confortável e segura. No trabalho que realizámos com a GM no seu esforço de mudança, reconhecemos que quanto mais autênticos e abertos os gestores distritais fossem uns com os outros, mais profundos se tornariam os seus laços. Era um espaço sagrado que trabalhámos arduamente para proteger. Os participantes tinham constantemente canais abertos onde podiam reportar as fontes de resistência e os desafios que estavam a impedi-los de participar nas mudanças necessárias à transformação. Tinham um canal direto até à equipa de liderança, que estava empenhada em tomar decisões rápidas e em responder às pessoas no terreno. Quando convida pessoas a partilharem as suas lutas desta forma, tem de lhes proporcionar um ambiente psicologicamente seguro onde se podem exprimir e onde sabem que foram ouvidas.

Este último ponto é um aviso importante de que, como líder, estamos no negócio de gestão de energias. Amy Edmondson, a investigadora de Harvard que fez um trabalho inovador ao nível da segurança psicológica, estudou o importante papel que o propósito desempenha na criação da energia necessária para uma colaboração de sucesso. Ela e a sua equipa constataram que, apesar de a confiança gerada pela segurança psicológica ser essencial para a colaboração, a excelência só é alcançada através da introdução de um sentido de propósito partilhado. Na sua equação, isso traduz-se em confiança + propósito = energia. Sempre que faltar energia à equipa, avalie o nível da confiança mútua e do propósito partilhado entre os seus membros. Se existirem fragilidades num ou noutro, corre o risco de ficar sem combustível para alimentar a colaboração[8].

Inúmeros estudos atestam que o propósito é crucial para evitar o *burnout* e para motivar os trabalhadores no sentido de fazerem um esforço adicional por uma causa ou ideia que é maior do que eles. Quando a viagem se torna mais dura, o propósito pode ser um reservatório de energia e resiliência. Por razões semelhantes, a agilidade, com o seu foco na criação de valor pertinente para os clientes, está também altamente dependente do propósito como fonte de energia e impulso. Lembre-se da nota de alerta de David Frazee sobre a conceção de trabalho ágil na 3M. Para a agilidade manter a energia da equipa e atingir o pico de produtividade, a atribuição de tarefas tem de ser feita de modo a garantir que cada tarefa de equipa é suficientemente pequena para ser rapidamente alcançável, mas suficientemente grande para ter *significado*.

Ativar o propósito em toda a organização tem sido, por norma, mais difícil para as empresas B2B. Um inquérito realizado em 2019 junto de executivos de empresas B2B, e conduzido pela Association of National Advertisers [Associação Nacional de Anunciantes] dos EUA, revelou que 86% dos inquiridos concordavam que «o propósito é uma verdadeira "Estrela do Norte" para as empresas, estruturando a razão pela qual existe», mas apenas 24% consideraram que «o propósito estivesse incorporado na empresa. O propósito é ativado em toda a empresa, desde a cultura até à inovação, passando pelas operações e envolvimento com a sociedade.» Além disso, 56% de todos os inquiridos disseram que o propósito «parece mais um exercício de relações-públicas do que um compromisso a sério»[9].

Para todas as empresas, mas especialmente para as B2B, o propósito pode constituir um caminho valioso para formar equipas com os *stakeholders* exteriores à empresa — clientes, vendedores, fornecedores e outras empresas em indústrias adjacentes. Este tipo de pensamento motivado pelo propósito foi a razão pela qual a Ferrazzi Greenlight entrou em ação em 2020 e criou o Instituto GFTW. Olhámos para o nosso propósito — transformação de equipas — e vimos como, através da formação de equipas com os nossos clientes e todos os seus *stakeholders*, poderíamos criar um local central de desenvolvimento de agentes da mudança num contexto de mudança e incerteza sem precedentes.

Esta mesma abordagem reflete a forma como a Salesforce desenvolveu a sua reputação exemplar de empresa motivada pelo propósito. «Nos moldes em que definimos o nosso propósito», disse Simon Mulcahy, «o sucesso do cliente é o nosso segundo valor mais importante após a confiança. Isto significa que o nosso sucesso resulta de tornarmos os utilizadores finais bem-sucedidos e não tanto de convencer os clientes a comprarem. Há uma grande diferença, porque significa que não estamos apenas no negócio da tecnologia. O nosso propósito inclui educação, capacitação e desenvolvimento da carreira. É por isso que investimos tanto em comunidades de clientes e na Trail, a nossa plataforma de aprendizagem».

Esse compromisso reflete-se nos esforços filantrópicos da Salesforce. Quando a empresa anunciou o lançamento da sua Education Cloud, destinada a todos os estudantes desde o infantário até ao secundário, o seu fundador e presidente executivo, Marc Benioff, disse: «Uma empresa como a nossa não pode ser bem-sucedida numa economia ou num contexto sem sucesso ou onde o sistema educativo não funciona. Temos de assumir responsabilidades por todos esses aspectos»[10].

Um programa motivado pelo propósito, que tem por meta beneficiar os *clientes dos seus clientes*, tem o potencial de ir além do mero *marketing* e de se tornar um movimento poderoso. No outono de 2010, quando os efeitos da crise financeira global deixaram a economia norte-americana numa recessão, a pequena unidade de negócio da American Express liderada por Susan Sobbott elaborou um plano para levar os consumidores da época festiva a fazerem compras nas pequenas lojas. Os grandes retalhistas tinham a Black Friday e os retalhistas *online* tinham a Cyber Monday. Por isso, a American Express lançou o Small

Business Saturday [o sábado a seguir ao Dia de Ação de Graças]. A instituição financeira ofereceu anúncios gratuitos no Facebook e Twitter às suas pequenas empresas clientes e oferecia aos clientes da American Express 25 dólares de desconto quando comprassem em pequenas lojas. A popularidade deste esforço inicial relativamente modesto levou a American Express a elevar a fasquia no ano seguinte. O que começou como uma iniciativa norte-americana acabou por se estender ao mundo inteiro. Qualquer pequena empresa podia participar no Small Business Saturday, e a American Express emitiu cartões de oferta para os compradores que utilizavam outros cartões para fazer as suas compras. O presidente executivo da American Express foi citado como tendo dito: «Não quero saber se usa dinheiro». A Delta Air Lines, a Google e a FedEx aderiram àquilo que já era, na altura, um movimento, e a FedEx distribuiu dezenas de milhares de cartões de oferta de 25 dólares da American Express para recompensar os compradores por apadrinharem pequenas empresas[11].

Naturalmente, o projeto do Small Business Saturday atraiu muita atenção para a American Express e elevou o posicionamento da empresa perante os seus operadores comerciais. No entanto, isso foi apenas o resultado de uma campanha com o propósito maior de «ajudar as pequenas empresas a fazerem mais negócio». Ao gerar um movimento que foi além dos objetivos imediatos de *marketing* da American Express, a empresa foi capaz de atrair contribuições de poderosos parceiros empresariais e até mesmo de políticos. Os presidentes de câmara de grandes cidades participaram no Small Business Saturday anual lançado nos anos subsequentes e, no início da época de compras natalícias de 2014, o presidente Barack Obama fez um *tweet* numa certa manhã: «Numa altura em que assinalamos o #SmallBusinessSaturday, continuemos a encorajar o espírito empresarial sempre que o encontrarmos»[12].

ESTABELEÇA UM RUMO PARA A ADAPTABILIDADE RADICAL ORIENTADO PELO PROPÓSITO

A maior seguradora de saúde da África do Sul é uma companhia chamada Discovery. Foi fundada na era pós-*apartheid* por dois atuários de seguros que julgaram que podiam dar a volta ao propósito dos seguros de saúde. Em vez de pagarem apenas pelos cuidados de saúde quando as pessoas adoeciam, porque não oferecer seguros de saúde com o propósito adicional de ajudar as pessoas a manterem-se saudáveis?

O fundador da Discovery, Adrian Gore, sabia que 70% dos custos de saúde são motivados por doenças crónicas provocadas por más opções de estilo de vida — comer em excesso, fumar e não fazer exercício. Por isso, a Discovery lançou um produto chamado Vitality Active Rewards, que dá incentivos aos detentores de apólices para ganharem prémios por fazerem exercício físico (enquanto ligados aos seus aparelhos pessoais de ginástica), por se alimentarem bem e perderem peso[13].

A Discovery aplica a ciência da economia comportamental para dar aos detentores de apólices uma gratificação imediata por adotarem opções saudáveis. Os titulares dos cartões Vitality da seguradora obtêm 25% de desconto na compra de comida saudável em mercearias parceiras. A Discovery financia a compra do seu relógio da Apple e depois envia-lhe recompensas imediatas (créditos em lojas para um café ou um batido saudável) quando o relógio indica que terminou o treino. Também tem a opção de doar o valor da sua recompensa a uma instituição de beneficência. Se for suficientemente ativo, a Discovery vai reduzir as suas prestações mensais do relógio Apple até zero. Um estudo sobre este incentivo *loss-framed* — em que a mensagem destaca o que se pode estar a perder ao não ter determinado comportamento — provou que se trata de um instrumento excecionalmente eficaz para ajudar pessoas obesas a ficarem mais em forma[14].

Apesar de os fundadores da Discovery terem lançado o programa Vitality Active Rewards por puro instinto de que o seu propósito faria sentido, a empresa garante atualmente um enorme conjunto de dados de quase 4 milhões de titulares de apólices — e este volume de informação prova a eficácia do programa. Os dados permitem-lhe afinar os seus incentivos, de modo a maximizarem tanto a rentabilidade da empresa como as poupanças dos segurados. A eficácia do propósito do programa também é revelada nos dados: os detentores de seguros desfrutam de vidas comprovadamente mais saudáveis.

Também vivem mais anos. Em 2001, a Discovery acrescentou um produto do ramo vida que oferece incentivos semelhantes para ter uma vida longa e próspera. O seguro de vida da Discovery rapidamente se tornou o mais vendido da África do Sul, ultrapassando concorrentes que estavam no ramo há mais de 100 anos. Agora, o vasto conjunto de dados constitui uma vantagem competitiva duradoura para a Discovery tal, que as outras seguradoras sul-africanas ainda nem sequer tentaram copiar o seu singular modelo de negócio do seguro de vida.

Desde então, a Discovery alargou o seu alcance além do país natal, ao estabelecer parcerias com seguradoras nos Estados Unidos, Canadá, China e Reino Unido, sendo que todas elas criaram programas Vitality Active Rewards sob as suas próprias marcas. O modelo de negócio da Discovery orientado pelo propósito, criado com base num palpite sobre o comportamento humano, é agora a peça central de uma *holding* de serviços financeiros com receitas anuais superiores a 4 mil milhões de dólares[15]. Os dados de saúde exclusivos da Discovery são uma fonte sustentável de vantagem competitiva porque, mesmo que a indústria seguradora sofra disrupções no futuro, o propósito da Discovery, de melhorar a saúde humana, vai perdurar. Todos os dias em que os titulares de apólices da Discovery fornecem mais informações para enriquecer a base de dados da empresa, esta vai percebendo cada vez melhor o que é necessário para encorajar um comportamento humano saudável — conhecimento esse que será sempre extremamente valioso, seja qual for a forma como será utilizado.

Quando o futuro da sua empresa está ligado ao seu propósito, a sua fasquia pode elevar-se acima da disputa diária da competitividade. No caso da Discovery, o seu propósito ajudou os fundadores da empresa a perceber que poderiam melhorar a vida dos clientes e, simultaneamente, ganhar mais ao encorajar os seus segurados a manterem-se saudáveis.

Na Best Buy, Hubert Joly colocou o propósito da empresa no centro da abordagem de inovação do seu negócio. «Isso mudou totalmente a nossa estratégia e a forma como fazemos negócio», disse. A empresa levou a cabo meses de análise intensa de dados para identificar novas áreas de oportunidade — um processo de inovação empresarial motivado pelo propósito. A Best Buy aumentou o *zoom* nas indústrias envolvidas em necessidades-chave humanas — segurança, saúde e bem-estar, alimentação, entretenimento e comunicações — e perguntou: «onde podemos enriquecer a vida das pessoas através da tecnologia?» Onde pode a empresa diversificar além do seu modelo de retalho, no sentido de criar relações duradouras com os clientes através de soluções tecnológicas?

Em 2019, a empresa lançou uma nova unidade, chamada Best Buy Health, que tem por objetivo trazer para o mercado tecnologias de saúde pessoais e caseiras. Para uma população global com uma expectativa de vida crescente, a Best Buy Health prevê que a unidade venha a fornecer ferramentas de monitorização remota e serviços de coordenação de cuidados de saúde como benefícios dos planos dos seguros de saúde. A nova unidade passou por aquilo a que Hubert chama de teste das quatro perguntas:

- Encaixa-se no nosso propósito enquanto empresa?
- É bom para o cliente?
- Podemos fornecer?
- *E* podemos ganhar dinheiro?[16]

Repare na ordem das questões, que ajuda a definir uma empresa orientada pelo propósito. Quando há ideias de negócio que não se encaixam no propósito da empresa, não vale a pena avançar para a questão seguinte. Isto deve-se sobretudo ao facto de, quando utiliza o propósito para impulsionar a inovação na empresa desta forma, abre muitas mais possibilidades do que poderia imaginar.

Se Hubert não tivesse feito esta ligação explícita entre o propósito e a estratégia, a sua equipa nunca teria reconhecido muitas outras oportunidades de negócio. O objetivo de «enriquecer vidas através da tecnologia» impulsionou a unidade de reparação da Best Buy, Geek Squad [esquadrão dos cromos], a expandir a sua oferta e a oferecer ajuda para todos os tipos de problemas técnicos, e não apenas de tecnologia comprada na Best Buy. A empresa desenvolveu equipas de conselheiros internos para oferecerem as melhores soluções de entretenimento caseiro, que são mais bem concebidas no local e não na loja — e não seria isso que um amigo inspirador faria?

O valor último do propósito é apoiar diretamente a evolução perpétua da organização enquanto organismo radicalmente adaptável. A visão de uma empresa *criada para durar*, recorrendo a um termo de Jim Collins, é aquela que cresce enquanto trilha um caminho orientado pelo propósito, rumo a um futuro incerto, com os produtos, serviços e lucros a traduzirem-se como resultados do seu progresso no sentido do seu propósito máximo.

Em 2018, Larry Fink, presidente executivo da BlackRock, a maior gestora mundial de ativos, agitou o mundo financeiro com a sua carta anual aos CEO. Intitulada «Um sentido de propósito», apelava aos presidentes executivos das empresas que desejam o investimento da BlackRock para articularem um propósito claro da empresa, inerente às suas estratégias. «Sem um propósito, nenhuma empresa, pública ou privada, consegue atingir o seu potencial máximo», escreveu. Sem um propósito de longo prazo, as empresas «vão sucumbir às pressões do curto prazo para distribuir dividendos e, pelo caminho, sacrificar os investimentos no desenvolvimento dos trabalhadores, inovação e despesas de capital que são necessários ao crescimento de longo prazo». Desde então, tem alertado os presidentes executivos de que a BlackRock considera que as empresas sem planos credíveis para um futuro neutro em termos de emissões de CO2 não são investimentos atrativos: «risco climático é investimento de risco».[17]

Já citámos o exemplo da transformação da GM no sentido de ter uma frota automóvel neutra em emissões de carbono. Em todo o mundo, as empresas estão a usar o propósito para fazerem a transição para um novo futuro energético que os seus fundadores não reconheceriam. A antiga petrolífera estatal norueguesa, agora batizada Equinor, anunciou que 49% dos seus lucros de 2020 tiveram origem em investimentos em energias renováveis[18]. Assente no propósito de «transformar os recursos naturais em energia para as pessoas e em progresso para a sociedade», a Equinor desinvestiu nas *holdings* das bombas de gasolina e da prospeção de petróleo de xisto e fez uma parceria com a BP (antiga British Petroleum) para construir um gigantesco projeto eólico *offshore* [no mar] em Brooklyn, Nova Iorque, como área de testes para projetos eólicos em toda a costa Leste dos Estados Unidos[19].

A BP, conhecida pelo desastroso derrame de crude da plataforma Deepwater Horizon, no Golfo do México, em 2010, abraçou desde então um novo propósito de «reinventar a energia para as pessoas e o planeta». O propósito sublinha a estratégia de longo prazo da empresa de reduzir em 40% a produção de petróleo e gás, suspender a exploração em novos países e desenvolver instalações para o carregamento de carros elétricos.

Apresentou candidaturas em vários grandes Estados norte-americanos para se tornar um fornecedor de energias renováveis aos consumidores através de uma nova subsidiária, a BP Energy Retail.

As transformações nestas empresas enormes, com grandes investimentos de capital, são inéditas. É como se a antiga New York Central Railroad, dos anos 50, tivesse expandido a sua atividade para o transporte aéreo com uma New York Central Air ou tivesse usado a sua posição no mercado do gasóleo para lançar uma rede New York Central de postos de combustível. Qualquer uma das antigas companhias ferroviárias norte-americanas, se tivesse abraçado um propósito de como «manter a América em movimento», poderia ter impulsionado a reputação das suas marcas para uma excelência de serviços ao oferecer aos viajantes ecossistemas interligados de serviços de transporte. As companhias ferroviárias poderiam ter transformado as suas estações de comboios em *hubs* para fazerem a ligação a aeroportos e autoestradas. Em vez disso, mantiveram-se em linha com as suas missões originais, abrindo caminho a fusões, falências e esquecimento.

Ironicamente, à medida que avançamos no ano de 2021, vemos como o propósito da GM a levou ao negócio da ferrovia! Ao ter investido milhares de milhões para fabricar veículos que não exigem a combustão de combustíveis fósseis, a GM tornou-se líder nas pilhas de combustível e de hidrogénio e nas tecnologias de armazenamento de energia necessárias para todos os tipos de transporte movidos a energias limpas. Resultado: a GM está a fazer parcerias e a partilhar o seu conhecimento com a fabricante de locomotivas Wabtec Corporation e com a empresa de camiões pesados Navistar[20]. Ao substituir os famosos motores de combustão interna por um novo compromisso para com pilhas exclusivas e tecnologias de propulsão, a GM abriu um conjunto infindável de oportunidades de licenciamentos e parcerias nas áreas da neutralidade carbónica, transportes amigos do ambiente e armazenamento de energia.

A GM é hoje muito mais do que uma fabricante automóvel e é impossível dizer como é que esta empresa orientada por um propósito será nos próximos anos. Aceitar este tipo de incerteza total como fonte de oportunidade ilimitada é o que significa ser, de facto, radicalmente adaptável. E esta capacidade é, sem dúvida, aquilo que separa os melhores dos restantes no novo mundo do trabalho.

Perguntas orientadoras
Como competir no novo mundo do trabalho

A sua empresa mobiliza-se em torno de um propósito suficientemente aspiracional e bem articulado que orienta e inspira todas as partes interessadas?
As empresas que expressam um propósito autêntico e com significado irão ser as líderes na atração de talento e investimento e são mais resilientes perante a adversidade. O propósito de uma empresa deve olhar para lá da missão de aumentar a quota de mercado e concentrar-se nas mudanças a nível macro que distinguem a empresa dos produtos ou serviços que vende.

O propósito da nossa empresa orienta a nossa estratégia de inovação e de modelo de negócio para o futuro?
Nas empresas radicalmente adaptáveis, o seu propósito é um motor-chave da estratégia empresarial e das iniciativas de inovação, e não apenas uma aspiração isolada. O propósito de uma empresa define os produtos e serviços que a empresa oferece e ajuda a equipa de liderança a manter-se fiel aos valores centrais, mesmo quando os mercados e as circunstâncias forçam mudanças na procura.

FUTURÓLOGO

Imagine que o relógio está em contagem decrescente para a meia-noite e para a chegada de um novo ano, dentro de dez anos. Está a olhar em retrospetiva, para uma década que foi inédita na história da Humanidade. As tecnologias, modelos de negócio e estilos de força laboral mudaram de formas imprevisíveis e muito mais depressa do que alguém poderia prever. Para alguns, terá sido uma década de desafios e oportunidades inimagináveis. Para outros, uma década de tumultos, declínio e desastre.

Feliz Ano Novo! Faça uma pausa e pergunte ao seu futuro eu, que está dez anos à frente, o que poderia ter feito melhor para se preparar. Que opções tomou nesses dez anos — para si, para as suas equipas, para as suas empresas — para se manter competitivo no emergente novo mundo do trabalho? Aplicou as lições deste livro? Empenhou-se nas técnicas que comprovámos serem de elevado retorno? Coelevou e formou equipas com pessoas de fora da sua equipa nuclear para trabalharem consigo?

Ou, quando as coisas se tornaram difíceis, voltou às velhas práticas, que eram aquelas com que estava familiarizado? O leitor e a sua organização adaptaram-se à mudança apenas de forma relutante? Ou praticou a adaptabilidade radical de forma proativa, no espírito de catapultar a sua carreira e a sua organização para a frente? A sua capacidade para permanecer radicalmente adaptável ao longo dos imprevisíveis anos que estão para vir poderá ser uma das únicas coisas com as quais poderá contar.

Comece a partir de qualquer ponto. À medida que for aplicando o que lê neste livro e for experimentando os seus procedimentos de elevado retorno, vai descobrir que os elementos de adaptabilidade radical funcionam como um círculo virtuoso, em que cada elemento aumenta a eficácia de todos os outros. Tem a oportunidade de começar hoje, de ser um agente de mudança, de liderar as suas equipas numa constante reinvenção através dos sete elementos da adaptabilidade radical.

Veja-se como a Indeed, o maior *website* mundial de procura de emprego e de contratações, já utilizou a adaptabilidade radical para prosperar no novo mundo do trabalho. Sediada em Austin, no Texas, a Indeed foi fundada em 2004 e dá lucro desde 2007. No início de 2020, estava a crescer há cinco anos consecutivos — a uma taxa anual de 40%. O segundo trimestre de 2020, quando se registou um abrandamento económico provocado pela pandemia, foi o primeiro trimestre *de sempre* em que a empresa sofreu uma quebra, mas a Indeed recuperou rapidamente e as receitas de 2020 igualaram os resultados de 2019. Esta rápida recuperação foi uma consequência direta de anos de prática das competências-chave de liderança: colaboração, agilidade, resiliência e antecipação em toda a organização. Em conjunto, estes elementos criaram um ciclo reforçado que potencia o modelo de negócio de inovação e flexibilidade laboral da Indeed, tudo ao serviço do seu sólido propósito empresarial.

A Indeed era uma pequena empresa tecnológica com cerca de 500 colaboradores quando foi adquirida em 2012 pelo Recruit Group, um conglomerado japonês. No ano seguinte, Hisayuki «Deko» Idekoba, quadro superior do Recruit Group, assumiu as funções de presidente executivo da Indeed. Levou consigo a excecional cultura de antecipação empresarial promovida na empresa-mãe, nos termos da qual o planeamento estratégico de «médio alcance» tem um horizonte temporal de sete a dez anos. A equipa de liderança de Deko instituiu o planeamento regular de cenários como uma ferramenta para antecipar a mudança durante os ciclos económicos. No início de 2020, a liderança da Indeed já esperava, há vários anos, um abrandamento do ciclo económico — e já tinha desenvolvido planos detalhados sobre como reagir em cada cenário.

«Graças a Deko e à nossa relação com o Recruit Group, o planeamento de cenários tornou-se um músculo que toda a equipa de liderança desenvolveu extensivamente», disse Chris Hyams, o atual presidente executivo da Indeed. «Éramos capazes de pensar verdadeiramente a longo prazo, e isso deu-nos uma enorme vantagem nos primeiros tempos da pandemia.»

Na primavera de 2020, quando a pandemia atirou para o desemprego 25 milhões de norte-americanos, alguns sectores da economia, ainda assim, registaram uma forte escassez de mão-de-obra. As indústrias do ramo alimentar e dos cuidados de saúde confrontaram-se com uma procura extrema por trabalhadores essenciais. Os grandes retalhistas com operações globais foram inundados com encomendas de compradores *online*. Todos elos precisavam de incorporar novos talentos do dia para a noite. Mas como é que contrata *imediatamente* 5 mil novos trabalhadores, quando a sua organização está habituada a integrar mil pessoas num período de três meses e a sua equipa de recrutamento tem a mesma dimensão que anteriormente? Como é que consegue, sequer, selecionar tantas candidaturas?

Foi aqui que a Indeed viu a oportunidade de alavancar o propósito da empresa, de modo a ajudar os seus clientes a um nível muito mais profundo. A Indeed é uma empresa profundamente orientada pelo seu propósito. Todos os que trabalham na empresa — da rececionista aos engenheiros de *software*, passando pelos comerciais e pelo CEO — lhe podem dizer de que forma contribuem para o propósito da Indeed: «ajudamos pessoas a conseguirem emprego».

A Indeed já tinha o objetivo estratégico de estar «mais próxima do processo de contratação». Na sua forma mais básica, a procura por emprego é um processo de quatro passos: procura, candidatura, entrevista e contratação. Para chegar mais perto deste último passo da contratação, a Indeed tinha de realizar muito trabalho intermédio para que os três primeiros passos avançassem de forma mais rápida e fácil. Não é uma concretização irrelevante para uma plataforma como a Indeed, que recebe mais de mil milhões de candidaturas por ano. Neste processo de transformação, a equipa de liderança da empresa aplicou cada um dos elementos da adaptabilidade radical.

Antes de mais, a Indeed alinhou o seu propósito com as necessidades dos clientes e entrou em contacto com todos os grandes empregadores que estavam a contratar trabalhadores essenciais — quer tivessem sido clientes da Indeed quer não — e ofereceram-se para os ajudar de forma *gratuita*. Ao mesmo tempo, as equipas da Indeed responsáveis por clientes bem-sucedidos telefonaram a esses mesmos clientes e aconselharam-nos a suspenderem as suas subscrições mensais se não estivessem a contratar naquele momento. Para quê pagar por uma coisa se não está a obter valor da mesma? Poderá parecer um contrassenso estar a oferecer o seu produto gratuitamente ou a incentivar os seus atuais clientes a cancelarem as subscrições, mas foi precisamente isso que a Indeed fez, *porque* um dos principais valores da empresa é o de que os clientes pagam pelo desempenho. E ao oferecer os seus serviços a organizações necessitadas, a Indeed gerou um enorme espírito de boa vontade junto dos clientes.

Em segundo lugar, a equipa de liderança atribuiu à equipa interna da empresa responsável pela aceleração de produtos a tarefa de reformular todo o processo de recrutamento do cliente e mobilizar um pensamento ágil para o reconstruir através de um processo mais simples e rápido. (O acelerador é um programa de incubação que permite aos trabalhadores apresentarem novas ideias de negócio à equipa executiva, que utiliza um modelo de investimento de capital de risco para financiar os projetos da incubadora.) Em quatro semanas, a equipa de aceleração desenvolveu um novo serviço altamente automatizado que reunia e selecionava os currículos dos candidatos, agendava entrevistas automaticamente e, no caso de alguns clientes, até fazia ofertas de emprego. A Indeed utilizou depois este serviço para ajudar uma grande seguradora de saúde europeia a contratar mais de 65 mil novos colaboradores em seis meses — um resultado que teria sido inimaginável com as abordagens tradicionais de recrutamento.

Em terceiro lugar, a Indeed inovou através da sua carteira de produtos corporativos. A empresa rapidamente criou uma nova plataforma de entrevistas por vídeo que respondia à necessidade urgente dos empregadores de levarem a cabo entrevistas de emprego de modo seguro e prático. Além disso, os líderes da Indeed queriam oferecer uma experiência digital fácil a quem procurava emprego, de modo que pudessem candidatar-se e responder a entrevistas de emprego apenas com alguns cliques. Os líderes também queriam automatizar os fluxos de trabalho e eliminar 80% do tempo de recrutamento despendido pelos seus clientes em tarefas manuais e administrativas. Depois de ter testado este protótipo de vídeo com alguns clientes, a Indeed convidou 2500 clientes a participarem num «Tour Virtual de Contratação por toda a América». A Indeed disponibilizou 20 milhões de dólares em publicidade gratuita para atrair para o *tour* as pessoas que estavam à procura de emprego, o que resultou em 90 mil entrevistas e 20 mil contratações. Tudo virtualmente!

Em quarto lugar, a Indeed potenciou a colaboração através da inclusão e da coelevação, de modo a criar uma cultura de empresa resiliente num ano recheado de emergências de saúde pública, protestos pela justiça social e incerteza económica. A 4 de março de 2020, um dia depois de a Indeed ter enviado para casa os seus 10 mil trabalhadores, realizou a sua primeira reunião de empresa totalmente virtual. A questão mais importante da reunião dizia respeito aos 250 trabalhadores do serviço de *catering* da sede da empresa, em Austin, que tinha ficado vazia — levando a que ficassem repentinamente desempregados. A equipa de liderança da Indeed respondeu à situação comprometendo-se a apoiar estes trabalhadores durante a pandemia, apesar de serem trabalhadores temporários — pelo que, tecnicamente, não eram trabalhadores da Indeed.

Durante os períodos de instabilidade social, em 2020, os Grupos de Recursos de Inclusão da empresa, liderados pelos trabalhadores, tornaram-se plataformas profundamente valiosas, através das quais os funcionários da Indeed na Europa e na Ásia também podiam participar nas discussões sobre justiça racial na América. «Os Grupos de Recursos de Inclusão tornaram-se o elo que manteve unida toda a cultura da empresa quando toda a gente estava a trabalhar remotamente», disse Chris Hyams. Sublinhando que estes grupos tinham sido formados em 2016, acrescentou que «isto só foi possível porque tínhamos uma base sólida e uma infraestrutura para a inclusão e colaboração antes de a pandemia ter surgido».

E, por último, a Indeed desenvolveu a sua própria estratégia laboral para competir neste novo mundo do trabalho. Para criar uma força de trabalho resiliente, pixelizou as sua tarefas laborais e as tentativas de acomodar as preferências de cada funcionário — no sentido de trabalharem a tempo inteiro no escritório, a tempo inteiro remotamente ou num regime híbrido. Chris frisa que este é apenas o começo de um processo contínuo de ajustamento. Ao contrário da maioria das *start-ups*, a Indeed foi fundada com a abertura de instalações em dois locais — em

Austin, no Texas, e em Stamford, no Connecticut. «Temos a necessária humildade e experiência de ter gerido um negócio híbrido desde o início para sabermos que é verdadeiramente difícil», disse Chris. «Temos uma convicção inicial que iremos testar, avaliar e recalibrar no futuro, à medida que for necessário.» Testar, avaliar resultados e recalibrar são aspectos essenciais de todos os elementos da adaptabilidade radical.

O exercício de antecipação da Indeed agilizou toda a resposta rumo ao novo mundo do trabalho. A cada trimestre, a equipa de liderança escolhia vários temas e levava a cabo, ao longo de meio dia, exercícios de planeamento de cenários em torno dos mesmos: «Como seria a Indeed se fosse dez vezes maior? Como é que este aumento de dimensão influenciaria o planeamento de receitas, a inovação de produtos futuros e a segmentação de clientes? Que impacto teria na nossa resposta a um abrandamento económico?» Este tipo de questões ajudou a dar à equipa um enquadramento em torno do qual deviam alinhar a estratégia, identificar sinais de alerta precoces e planear novas oportunidades. Este exercício regular de antecipação, que preparou a empresa para os tumultos de 2020, é o que ajudará a empresa a antecipar problemas nas próximas décadas.

Agora é tempo de enveredar por este caminho. Como líder de equipa e agente de mudança na sua empresa, cabe-lhe a si subir ao palco e fazer este tipo de escolhas para impulsionar a sua carreira e a sua empresa.

Desestabilizar ou ser desestabilizado. Estamos todos perante encruzilhadas. Por esse motivo, esperamos que dissemine os elementos de liderança destas práticas de elevado retorno para lá dos quatro cantos da sua empresa — para as organizações sem fins lucrativos nas quais é voluntário e para os governos que elege. Todas as comunidades podem beneficiar com a prática da adaptabilidade radical. Temos uma responsabilidade coletiva de ajudar a orientar outras organizações na sociedade para que avancem rumo ao futuro. Para liderar, não para reagir. Inspirar abundância para todos e não apenas para alguns eleitos. Para incluir, não para dividir.

A próxima década vai oferecer novas possibilidades infinitas de prosperidade, mas apenas se deixarmos de especular sobre o futuro do trabalho e nos tornarmos pregadores da aprendizagem, crescimento e adaptação em conjunto. No Instituto GFTW continuaremos a investigar e a desenvolver as práticas de elevado retorno da adaptabilidade radical. Convidamo-lo a juntar-se a nós neste movimento. Torne-se membro do nosso corpo de docentes. Ajude-nos a criar uma rede global de agentes de mudança. Esta jornada ainda agora começou e há muito mais para aprender. Em conjunto, cocriaremos os modelos de sucesso neste novo mundo do trabalho.

NOTAS

CAPÍTULO 1

1 Danger Ranger, «Remembering Larry: A Man for Our Time», *Burning Man Journal*, 18 de abril de 2019, https://journal.burningman.org/2019/04/opinion/serious-stuff/remembering-larry-a-man-for-our-time.

2 Burning Man, «Event FAQ», https://burningman.org/event/preparation/faq/#qwhatisburningman, acedido a 22 de julho de 2021.

3 Lara Richards, «All of London's Michelin-Star Restaurants Doing Takeaway and Delivery», *TimeOut*, 29 de janeiro de 2021, www.timeout.com/london/news/all-of-londons-michelin-star-restaurants-doing-takeaway-and-delivery-012921.

4 Sarah Drumm, «How to Pivot Properly», *Raconteur*, 27 de outubro de 2020, www.raconteur.net/business-strategy/risk/pandemic-pivot.

5 *Ibid.*

6 Alfred Chua, «China Airlines Eyes Continued Growth in Profitable Cargo Market», *Flight Global*, 8 de abril de 2021, www.flightglobal.com/airlines/china-airlines-eyes-continued-growth-in-profitable-cargo-market/143215.article.

7 John Rettie, «The Art Cars and Mutant Vehicles of Burning Man 2019», *Motortrend*, 11 de setembro de 2019, www.motortrend.com/features/art-cars-mutant-vehicles-burning-man-2019.

8 «Award for Tsunami Warning Pupil», *BBC News*, 9 de setembro de 2005, http://news.bbc.co.uk/2/hi/uknews/4229392.stm.

9 Ned Rozell, «1946 Tsunami Survivor Shares Her Story», Alaska Science Forum, Universidade do Alasca, Fairbanks, Geophysical Institute, 31 de dezembro de 2014, https://www.gi.alaska.edu/alaska-science-forum/1946-tsunami-survivor-shares-her-story.

[10] Florin Diacu, *Megadisasters*: The Science of Predicting the Next Catastrophe (Princeton, NJ: Princeton University Press, 2010).

[11] «Award for Tsunami Warning Pupil».

[12] *Ibid.*

CAPÍTULO 2

[1] Keith Ferrazzi, «How Virtual Teams Can Outperform Traditional Teams», hbr.org, 26 de setembro de 2012, https://hbr.org/webinar/2012/10/how-virtual-teams-can-outperfo-2.

[2] Karen Sobel-Lojeski, «The Subtle Ways Our Screens Are Pushing Us Apart», hbr.org, 8 de abril de 2015, https://hbr.org/2015/04/the-subtle-ways-our-screens-are-pushing-us-apart.

[3] «What Happens at an Amish Barn Raising?», *Amish America*, https://amishamerica.com/what-happens-at-an-Amish-barn-raising, acedido a 22 de julho de 2021.

[4] Amy C. Edmondson, *The Fearless Organization: Creating Psychological Safety in the Workplace for Learning, Innovation, and Growth* (Nova Iorque: John Wiley & Sons, 2018).

[5] GitLab, «Asynchronous Collaboration», em «How Do You Collaborate and Whiteboard Remotely?», https://about.gitlab.com/company/culture/all-remote/collaboration-and-whiteboarding/#asynchronous-collaboration, acedido a 22 de julho de; Dropbox, «What Is Asynchronous Communication?», https://experience.dropbox.com/resources/asynchronous-communication, acedido a 22 de julho de 2021.

[6] Brené Brown, «The Power of Vulnerability», filmado em junho de 2010, TEDxHouston, vídeo, 20:03, https://www.ted.com/talks/brene_brown_the_power_ofvulnerability?language=en. Esta TEDx Talk foi visualizada mais de 52 milhões de vezes.

[7] Arvind Malhotra, Ann Majchrzak, Lâle Kesebi e Sean Looram, «Developing Innovative Solutions through Internal Crowdsourcing», *MIT Sloan Management Review*, verão de 2017, https://sloanreview.mit.edu/article/developing-innovative-solutions-through-internal-crowdsourcing.

CAPÍTULO 3

[1] Keith Ferrazzi com Noel Weyrich, *Leading Without Authority: How the New Power of Co-Elevation Can Break Down Silos, Transform Teams, and Reinvent Collaboration* (Nova Iorque: Currency, 2020).

[2] John W. Tukey, «The Future of Data Analysis», *Annals of Mathematical Statistics* 33, n.º 1 (março de 1962): 1–67.

[3] Ron Carucci, «Executives Fail to Execute Strategy Because They're Too Internally Focused», hbr.org, 13 de novembro de 2017, https://hbr.org/2017/11/executives-fail-

-to-execute-strategy-because-theyre-too-internally-focused; Bridges Business Consultancy Int., «20-Year Results from Surveying Strategy Implementation», http://www.bridgesconsultancy.com/wp-content/uploads/2016/10/20-Years-of-Strategy-Implementation-Research-2.pdf.

4 Fred Wilson, «Why Early Stage Venture Investments Fail», usv.com, 30 de novembro de 2007, https://www.usv.com/writing/2007/11/why-early-stage-venture-investments-fail/.

5 Richard Nieva, «YouTube Started as an Online Dating Site», cnet.com, 14 de março de 2016, https://www.cnet.com/news/youtube-started-as-an-online-dating-site/.

6 Darrell Rigby, Sarah Elk e Steve Berez, *Doing Agile Right: Transformation without Chaos* (Boston: Harvard Business Review Press, 2020).

CAPÍTULO 4

1 Larry Dignan, «Apple's Q4: Mac, iPad, Apple Watch Sales, Services Shine Ahead of iPhone 12 Sales», *Between the Lines* (blogue), ZDNet, 29 de outubro de 2020, www.zdnet.com/article/apples-q4-mac-ipad-apple-watch-sales-services-shine.

2 American Psychological Association, «Building Your Resilience», 2012, www.apa.org/topics/resilience.

3 Mary Baker, «Gartner Survey Reveals 82% of Company Leaders Plan to Allow Employees to Work Remotely Some of the Time», Gartner, *press release*, 14 de julho de 2020, www.gartner.com/en/newsroom/press-releases/2020-07-14-gartner-survey-reveals-82-percent-of-company-leaders-plan-to-allow-employees-to-work-remotely-some-of-the-time.

4 Organização Mundial da Saúde, «Mental Health in the Workplace», WHO, www.who.int/teams/mental-health-and-substance-use/mental-health-in-the-workplace, acedido a 22 de julho de 2021.

5 Matthew Gavidia, «How Has Covid-19 Affected Mental Health, Severity of Stress among Employees?», *American Journal of Managed Care*, 20 de abril de 2020, www.ajmc.com/view/how-has-covid19-affected-mental-health-everity-of-stress-among-employees.

CAPÍTULO 5

1 Jim Kouzes, «Looking Out the Window at the Future of Learning», ATD Links (blogue), Association for Talent Development, 28 de setembro de 2010, www.td.org/newsletters/atd-links/looking-out-the-window-at-the-future-of-learning.

2 Paul Saffo, «Six Rules for Effective Forecasting», *Harvard Business Review*, julho–agosto de 2007, https://hbr.org/2007/07/six-rules-for-effective-forecasting.

3 Departamento de Previsão da Universidade de Houston, «25% of Fortune 500 Practices Foresight», www.houstonforesight.org/25-of-fortune-500-practices-foresight, acedido a 22 de julho de 2021.

4 «Preparing for a Pandemic», *Harvard Business Review* (maio de 2006): 20–40, https://hbr.org/2006/05/preparing-for-a-pandemic.

5 Bill Gates, «The Next Outbreak? We're Not Ready», TED Talk, 2015, transcrição, www.ted.com/talks/bill_gates_the_next_outbreak_we_re_not_ready/transcript.

6 Leo Tilman, *Agility: How to Navigate the Unknown and Seize Opportunity in a World of Disruption* (Virgínia: Missionday, 2019).

7 *Ibid.*

8 Eamon Tiernan, «Wimbledon Had Pandemic Insurance and Are Getting $226 Million», *7News*, 9 de abril de 2020, https://7news.com.au/sport/wimbledon/wimbledon-had-pandemic-insurance-and-are-getting-getting-226-million-c-966783.

9 Tony Hsieh, *Delivering Happiness: A Path to Profits, Passion, and Purpose* (Nova Iorque: Grand Central Publishing, 2013).

10 Angela Wilkinson e Roland Kupers, «Living in the Futures», *Harvard Business Review* (maio de 2013), https://hbr.org/2013/05/living-in-the-futures.

11 Damien McGuinness, «How a Cyber Attack Transformed Estonia», *BBC News*, 27 de abril de 2017, www.bbc.com/news/39655415.

12 NATO Cooperative Cyber Defence Center of Excellence, «Locked Shields», 2021, https://ccdcoe.org/exercises/locked-shields.

13 Amy Maxmen e Jeff Tollefson, «Two Decades of Pandemic War Games Failed to Account for Donald Trump», *Nature*, 4 de agosto de 2020, www.nature.com/articles/d41586-020-02277-6.

14 Adam Grant, «Building a Culture of Learning at Work», Strategy + Business, 3 de fevereiro de 2021, www.strategy-business.com/article/Building-a-culture-of-learning-at-work.

CAPÍTULO 6

1 Mary Barra, «General Motors Intends to Lead the Auto Industry and the World to a Net-Zero-Carbon Future», *Pulse* (blogue), LinkedIn, 28 de janeiro de 2021, www.linkedin.com/pulse/general-motors-intends-lead-auto-industry-world-future-mary-barra.

2 Chris Isidore, «GM Unveils Its Next "Big" Electric Vehicle: The Tiny Bolt EUV», *CNN Business*, 15 de fevereiro de 2021, https://edition.cnn.com/2021/02/14/business/gm-chevrolet-bolt/index.html.

3 Barra, «General Motors Intends».

4 Theodore Levitt, «Marketing Myopia», *Harvard Business Review* 38 (1960): 45–56.

5 Brooke Henderson, «We're Eating a Lot More Pizza during the Pandemic; Why Domino's Is Getting the Biggest Slice of the Pie», *Fortune*, 12 de agosto de 2020, https://fortune.com/2020/08/12/coronavirus-food-trends-takeout-delivery-pizza-dominos-covid.

6 Rachel Pittman, «Domino's Fights Delivery Driver Shortage with Robots», *QSR Magazine*, 24 de outubro de 2019, www.qsrmagazine.com/exclusives/domino-s-fights-delivery-driver-shortage-robots.

7 «The Future of Delivery Is Self-Driving», Domino's, https://selfdrivingdelivery.dominos.com/en, acedido a 22 de julho de 2021.

8 Research and Markets, «$34 Billion Delivery Robots Market — Global Forecast 2024: Reduction in Delivery Costs in Last-Mile Deliveries Driving Growth», Intrado Globe Newswire, 14 de fevereiro de 2019, www.globenewswire.com/news-release/2019/02/14/1725475/0/en/34-Billion-Delivery-Robots-Market-Global-Forecast-2024-Reduction-in-Delivery-Costs-in-Last-Mile-Deliveries-Driving-Growth.html.

9 American Sleep Apnea Association, «Informação sobre a apneia do sono para clínicos», www.sleepapnea.org/learn/sleep-apnea-information-clinicians, acedido a 22 de julho de 2021.

10 Larry Keeley, *Ten Types of Innovation: The Discipline of Building Breakthroughs* (Hoboken, NJ: John Wiley & Sons, 2013).

11 August Brown, «Black Creatives Helped Turn Clubhouse into the Next Tech Unicorn. But Who Stands to Gain?», *Los Angeles Times*, 1 de fevereiro de 2021, www.latimes.com/entertainment-arts/music/story/2021-02-01/clubhouse-app-hip-hop-black-creatives-billion-valuation.

CAPÍTULO 7

1 Ver a página «Our Company» da Anthem, em www.anthemcorporateresponsibility.com/our-company, acedida a 22 de julho de 2021.

2 Clayton Christensen Institute, «Jobs to Be Done», www.christenseninstitute.org/jobs-to-be-done, acedido a 22 de julho de 2021.

3 Robert S. Duboff, *Market Research Matters: Tools and Techniques for Aligning Your Business* (Nova Iorque: John Wiley & Sons, 2000).

CAPÍTULO 8

1 Salesforce, «Salesforce Care: Supporting Small Businesses through Covid-19 Recovery», News & Insights (blogue), Salesforce, 8 de abril de 2020, www.salesforce.com/news/stories/salesforce-care-supporting-small-businesses-through-covid-19-recovery.

2 Etsy.

3 Etsy.

4 James C. Collins, *Built to Last*, 3.ª ed. (Nova Iorque: HarperBusiness, 2002) [Publicado em português pela Casa das Letras, com o título De Excelente a Líder, em 2007].

5 Salim Ismail, *Exponential Organizations: Why New Organizations Are Ten Times Better, Faster, and Cheaper Than Yours (and What to Do About It)* (Nova Iorque: Diversion Books, 2014).

6 Hubert Joly e Caroline Lambert, *The Heart of Business: Leadership Principles for the Next Era of Capitalism* (Boston: Harvard Business Review Press, 2021) [Publicado em português pela Editorial Presença, com o título *O Coração do Negócio*, em maio de 2022].

7 Joly e Lambert, *Heart of Business.*

8 Rob Cross, Amy Edmondson e Wendy Murphy, «A Noble Purpose Alone Won't Transform Your Company», *MIT Sloan Management Review*, 10 de dezembro de 2019, https://sloanreview.mit.edu/article/a-noble-purpose-alone-wont-transform-your-company.

9 Association of National Advertisers (ANA), «B@B Companies Face "Purpose Paradox"», comunicado de imprensa da ANA, 11 de fevereiro de 2020, www.ana.net/content/show/id/pr-2020-purpose-paradox.

10 David Gelles, «Marc Benioff of Salesforce: "Are We Not All Connected?"», *New York Times*, 15 de junho de 2018, www.nytimes.com/2018/06/15/business/marc-benioff--salesforce-corner-offfice.html.

11 Drew Neisser, «Singing the Praises of Small Business Saturday», *Fast Company*, 12 de novembro de 2012, www.fastcompany.com/3002870/singing-praises-small-business--Saturday.

12 Elena Schneider, «Honoring Small Business, Obamas Go Book Shopping», *New York Times*, 29 de novembro de 2014, www.nytimes.com/2014/11/30/us/honoring-small--business-obamas-go-book-shopping.html.

13 Regina E. Herzlinger, «The Vitality Group: Paying for Self-Care», Caso 9-310-071 (Boston: Harvard Business School, 2021).

14 Adrian Gore, «How Discovery Keeps Innovating», McKinsey & Company, junho 2015, https://healthcare.mckinsey.com/how-discovery-keeps-innovating.

15 «Discovery Ltd.», *Bloomberg*, https://www.bloomberg.com/quote/DSY:SJ?sref=vyXb MhDm, acedido a 23 de agosto de 2021.

16 Joly e Lambert, *Heart of Business.*

17 Andrew Ross Sorkin, «BlackRock's Message: Contribute to Society, or Risk Losing Our Support», *New York Times*, 15 de Janeiro de 2018, www.nytimes.com/2018/01/15/business/dealbook/blackrock-laurence-fink-letter.html.

18 Nathaniel Bullard, «How an Oil Company Becomes a Renewables Company», *Bloomberg Green*, 6 de maio de 2021, www.bloomberg.com/news/articles/2021-05-06/the--climate-transition-how-an-oil-company-becomes-a-renewables-company.

[19] Ver secção «Sobre nós», na página da Equinor, em www.equinor.com/en/about-us.html, acedida a 22 de julho de 2021.

[20] Breana Noble, «GM, Wabtec Partner for Zero-Emission Locomotives», *Detroit News*, 15 de junho de 2021, www.detroitnews.com/story/business/autos/general-motors/2021/06/15/gm-wabtec-partner-zero-emission-locomotives-ultium-batteries-hydrotec-fuel-cells/7698018002.

ÍNDICE REMISSIVO

AGRADECIMENTOS

O presente livro não existiria se não fossem todos os agentes de mudança empresarial, empreendedores e líderes de opinião que, no início da pandemia, em 2020, se uniram com uma visão comum para um mundo melhor e ajudaram a lançar o Instituto Go Forward to Work (GFTW). Entre eles incluem-se os membros do corpo docente do instituto, Peter Diamandis, Leo Tilman, Hubert Joly, Susan Sobbott, Mariya Filipova, Niko Canner, David Kidder, Mike Clementi, Najoh Tita-Reid, Taryn Marie Stejskal, Edward W. Sim, Michael Keithley, Rich Agostino, Angela Lane, Susan Quackenbush, Joselyn DiPetta, Todd Barrs, Ron Storn, Diana McKenzie, Sergey Gorbatov, Helen Russell e Sandy Rezendes.

Os resultados da investigação levada a cabo no Instituto GFTW, que constituem a base de cada capítulo do livro, foram generosamente cocriados e apoiados por parceiros como David Wilkie, Eric Lent e Sydney Stroup da World 50; Tony Bingham e Ann Parker da ATD; Steven Raymond Beauchamp, Michael Haske, Jill Donohue e Jen Deegan da Paylocity; Ranjit de Sousa, Michelle Anthony, Mary-Clare Race e Frank Congiu da LHH; Mindy Grossman, Gail Tifford, Christy DeSantis, Mark Russo e Tim Patno da WW; Michael Dell, Bobbie Maldonado, Susan Haas, Sara Downey, Jon Hyde, David Metta e Trisha Pollock da Dell; Rob Locasio, Manlio Carrelli, Jon Borques e Kate Twillmann da LivePerson; Carmine De Sibio, Mark Weinberger, Sarah Francis, Brittany Rooney e Joe Dettman da EY; Frank Calderoni, Sara Baxter-Orr, Alice

Hansen e Adam Cooper da Anaplan; Marc Benioff, Jay Thayer e Monica Youngblood da Salesforce; CeCe Morken e Whitney Bisplinghoff da Headspace; Sampath Sowmyanarayan, Jeff Dietel, Tami Erwin, Massimo Peselli, Stacy Cummings, Tony Delsignore, Denise Corbett, Amy Jefferson, Eric Spadafora, Jason Stevens e Vikas Batra da Verizon; Dan Adika, Maor Ezer e Shane Jackson da WalkMe; Adam Selipsky, Jackie Yeaney, Stephanie Richardson e Rory Heath da Tableau; Rajiv Ramaswami, Qabil Shah, E. J. Bodnar, Pam Sanders, Cheryl Knight, Kathie Kuziel e Ben Gibson da Nutanix; bem como Eric Mosley, Chris French, Patti Fletcher, Stacey Hinckley, Lauren Grady, Cara Bradley, Amy Rice, Jaime Castro e Jill Kazanjian da Workhuman. Estamos profundamente gratos a todos pela vossa visão e empenho.

DE KEITH

Gostaria de fazer um agradecimento especial a toda a minha família das sextas-feiras à noite, que me manteve emocionalmente estável ao longo de toda a pandemia e que me apoiou em todas as noites e fins de semana, madrugadas dentro, de investigação e escrita — Shadi, Josh, ChuChu, Seano, Michael, Blair e Ben. E também a Austin, que fez um incrível esforço extra para trazer agilidade e novas tecnologias à minha vida e empresa.

Ao meu amor, Kale, que me inspirou a continuar a inspirar os outros e que, nos momentos em que estive mais em baixo, me ajudou a levantar. Aos meus filhos, Jacobo, Jack e Tim, que são o meu leme constante e firme. E, claro, obrigado à minha mãe, por tudo aquilo que sou e pelo que sou capaz de fazer pelos outros.

Sinto-me igualmente grato a Paul Hill, que contribuiu com textos e que durante anos compareceu sempre que era solicitado; ao meu agente literário, Esmond Harmsworth, da Aevitas Creative Management, pela sábia orientação estratégica e pelos comentários editoriais; e a Noel Weyrich, que não só fez com que tudo acontecesse como também se tornou um amigo leal!

Obrigado a Kian, meu velho amigo e novo coautor, que é há anos uma grande influência na minha reflexão sobre tecnologia e disrupção. E todos os agradecimentos são poucos a Taryn Waters pela sua contínua liderança e amizade.

DE KIAN

Agradeço à minha mãe, Victoria Gohar, pelo apoio incondicional. Um ano de grande disrupção trouxe oportunidades, esperança e amor. E agradeço à minha família de escrita do Transformational Leadership Council (TLC): Sam Horn, Peggy Cappy, Donna Steinhorn, Cherie Clark, Martin Rutte e Elisabeth Misner.

DE KEITH, KIAN E NOEL

Agradecemos a todos aqueles que contribuíram, de inúmeras formas, para o desenvolvimento deste livro nos nossos prazos acelerados. Pelos seus generosos contributos diretos para estes capítulos, muito obrigado pela amável cooperação de Cathy Clegg, Pam Klyn, Telva McGruder, Mike Dennison, Eric Starkloff, Virgil Miller, Blake Voltz, Nicole Evans, Fabian Garcia, Dan Futter, Anup Sharma, Andy Sieg, David Frazee, Lindsay Keyser, Eddie Roger, Sarah Elk, Gary Foster, Jan Bruce, Bill Martin, Laura Chambers, Kristin Rand, Krystal Zell, Sera Lavelle, Sara Torres, Brenda Plechaty, Paula Wilbourne, Rick Ambrose, Jen Easterly, Jonathan Becher, David Reid, Eric Pulier, Colin Sprake, James DeJulio, Vijay Murugappan, Paul Hlivko, Rachel Sumekh, Dan Rifkin, Vinay Nadig, Aren Kaser, Jeff Miller, Dean Carter, Simon Mulcahy, Josh Silverman, Ivan Misner e Chris Hyams.

Pela ajuda e conselhos enquanto especialistas nos devidos assuntos, agradecemos a Nell Watson, Gayle Tzemach Lemmon, Matan Berkowitz, Kevin Noble, Andre Wegner, Avi Reichental, Dan Wellers, Clinton Bonner, Andy Hines, Matt Heller e Marc Goodman.

Gratos também à avaliação de todos os nossos pares, que nos deram um *feedback* absolutamente valioso: Angela Lane, Ozden Onder, Margaret Lazo, Amanda Hodges, Maarten Van Beek, James Sweeney, Nancy Lycan, Julieta Schuster, Ulrich Betz, Jeff Miller e Thomas Birr.

A toda a equipa da Ferrazzi Greenlight, os nossos mais sinceros agradecimentos pelo enorme esforço no sentido de nos manterem unidos e de seguirmos em frente. Um agradecimento especial a Jim Hannon, diretor de operações da Ferrazzi Greenlight, e a Greg Seal, o mais antigo e leal amigo de Keith e sua figura paternal.

A Rob Whitfield e James Wakefield, que mantêm a solidez da nossa fundação, e a Ronen Olshansky, Aaron Frankel, Alexa Geronimo, Amanda Bhardwaj, Kaitlyn Parent, John Galvin e Patty Natili, que deram nova vida ao que fazemos e à nossa cultura de trabalho.

E pela infindável criatividade e trabalho árduo, nas circunstâncias mais difíceis e imprevisíveis, agradecemos a Kimberly Stewart, Patrick Kealy, Eni Selfo, Ian Galvin, Deb Conrad, Austen Gardiner, Michele Mucio e Nick Woloszyn. A Bruce Upbin e Karen Benezra, que iniciaram o percurso da GFTW e trouxeram o coração, sabedoria e agilidade desde o início desta investigação.

Obrigado a Adi Ignatius e Melinda Merino, da Harvard Business Review Press, que viram a possibilidade de um novo mundo do trabalho a surgir com os meses de crise e incerteza. E a toda a equipa da HBR Press, incluindo Dan McGinn, editor executivo da *Harvard Business Review*, e Sarah Moughty, editora executiva da hbr.org, pelo compromisso para com a excelência no decurso de todo o processo de edição.

Fazemos ainda um último agradecimento aos muitos milhares de pessoas que participaram no trabalho do Instituto GFTW e que continuam a coelevar-se connosco, rumo ao nosso propósito comum. Os próximos anos serão anos de profunda incerteza e de oportunidades ilimitadas. A nossa expectativa é que, com a sua ajuda, o Instituto GFTW seja um farol de visão e esperança que nos alente continuamente a seguir em frente neste empolgante novo mundo do trabalho.

SOBRE OS AUTORES

KEITH FERRAZZI é fundador e presidente do conselho de administração da Ferrazzi Greenlight, uma empresa de consultoria em gestão e formação que trabalha com o foco na transformação das maiores empresas e governos do mundo.

Licenciado pela Harvard Business School, Keith tornou-se o mais jovem diretor de *marketing* de uma empresa listada na *Fortune* 500 quando esteve na Deloitte e, mais tarde, assumiu os cargos de diretor de *marketing* e chefe de vendas na cadeia Starwood Hotels.

Contribuiu com inúmeros artigos para a *Harvard Business Review*, *Forbes*, *Fortune* e *The Wall Street Journal*, e está no topo da lista do *The New York Times* dos autores líderes de vendas — com as obras *Círculo de Confiança*, *Nunca Almoce Sozinho* e *Liderar sem Autoridade*.

A sua missão é transformar equipas para que estas transformem o mundo.

KIAN GOHAR inspira as principais organizações mundiais a aproveitarem a inovação e dá tudo por tudo para solucionar problemas complexos.

Antigo administrador executivo da XPRIZE Foundation e da Singularity University, Kian deu formação a equipas de liderança de dezenas de empresas que fazem parte da *Fortune* 500.

É um orador muito procurado para eventos públicos sobre inovação e já marcou presença na CNBC, NPR e Axios. Fez o seu percurso académico na Northwestern University, London School of Economics e Harvard Business School.

NOEL WEYRICH é coautor e editor de mais de 20 livros sobre liderança empresarial e memórias pessoais. Divide o seu tempo entre Filadélfia e Nova Iorque.